国家社会科学基金西部项目资助：明朝西南驿递制度研究（项目批准号：12xzs019；结项证书号：20162053；鉴定等级：良好。）

国家社科基金丛书
GUOJIA SHEKE JIJIN CONGSHU

明朝西南驿递制度研究

A Study on the Post System in Southwest China of
the Ming Dynasty

赵平略 著

人民出版社

目　录

前　言

对于保证政令畅通，国家机器正常运转，驿递是非常重要的。"早在三千多年前的商朝，我国古代交通已有所发展，根据甲骨文、金文、出土实物及古籍记载，商朝不仅有了'车马'、'步辇'和'舟船'等交通工具，而且开始建立'驲传'制度，进行有组织的通信活动。到了春秋战国时期，战争频繁，又修筑了许多通行战车的道路。中原各国陆路交通纵横交错，还沿途设立了'驲置'，即驿站。"[①] 古代的"驲"指驿站专用的车马，《尔雅》谓"驲"与"遽"都是"传"，"传"即驿站给人用的车与马。段玉裁认为，驲是尊者所用之车，则遽就是卑者所用之车了。驿站不会专门给普通人提供车马，所谓的卑者，就是指官府的差人了。驲的主要功能是送人，驿是驿马与驿站，"驲"与"驿"后来就通用了。递即传递，因传递公文往往要用驿站，所以后来也用递指驿站。但严格来说，二者的功能有区别，驿送人，递送物（主要是传递公文）。虽然驿与递的功能有区别，但二者都是运送，使用同一交通线，同样需要交通工具，有时也很难截然分开，所以，一般叙述的时候就未加区分。本项目的研究亦包括驿与递两个方面，不做专门的区分。

中国古代普遍设立了驿递制度，至明朝时，驿递制度已经相当完善，管

---

① 王崇焕：《中国古代交通》，商务印书馆 1996 年版，第 3—4 页。

理制度，供应制度，都已经非常成熟。但在明朝的西南地区（今川、黔、滇、渝），驿递情况非常复杂。西南地区从民族成分看，有几十个少数民族，现今认定的五十五个少数民族，绝大部分在西南地区都有分布，还有不少民族只有西南地区才有。从政治上看，有朝廷完全控制的流官统治地区，有土官、流官共同管理的地区，有纯粹由土官管理的地区，还有土官、流官都管理不了的"生地"。从文化上看，如成都等地文化相当发达，与中原地区相比，毫不逊色，而一些地区从未设立学校等教育机构。从对外交流看，一些地区水陆交通都很发达，对外交流十分活跃，一些地区则十分封闭。从军事上看，卫所军队与土司军队并存。同是军人，有正式军人，有后备军人，有本地的军人，有外省来屯种的军人，还有犯罪充军的军人。从经济上看，刀耕火种与牛耕铁器并用。从人口组成上看，有商人、军人、农民、市民，有相当于农奴的土司治下的百姓，有完全不与官府来往的所谓"生苗"……总之，西南地区的情况十分复杂，这也就决定了西南地区驿递的运行会与中原地区驿递的运行有诸多不同。

不了解西南地区的特殊性，就不能很好地、全面地了解明朝历史，也无法解释清楚一些历史现象。如关于著名哲学家王守仁，都知道王守仁被贬为贵州龙场驿驿丞，到了龙场后，王守仁粮食不够吃，要自己开荒种地，没有地方住，先是自己搭草棚，后来住进了一个山洞。驿丞何以会缺粮？何以会没有地方住？驿丞都住不下、吃不饱，驿站的功能如何发挥？如果不了解西南地区驿递制度的特殊性，对这些问题无论如何也解释不清楚。本项目的研究既希望对明朝西南地区驿递的情况有一个全面的了解，更着眼于西南地区驿递的特殊性的考察。

第一章　明朝驿递制度与西南驿站的设立

第一节　明朝驿递制度

一、驿与递

驿递一般包含两个方面的内容，一为驿，一为递。明朝驿递制度也不例外。驿的功能主要是接待过往官员或公差，负责其在驿站内的住宿与饮食，提供车马船只等运输工具，并负责护送至下一驿站。《明史·职官志》："驿。驿丞典邮传迎送之事。凡舟车、夫马、廪糗、庖厨、稠帐，视使客之品秩，仆夫之多寡，而谨供应之。支直于府若州县，而籍其出入。"① 从负责给使客提供"舟车、夫马"的任务看，驿站相当于现在的车站。不同的是，车站针对任何能够支付车票费用的人都提供运输服务，且因为提供运输服务而取得收入，运送的人次愈多，收入愈高；而驿站提供的马匹、船只只针对特殊人群，且只有投入，没有收入。从负责给使客提供"廪糗、庖厨、稠帐"的任务看，驿站相当于现在的宾馆，但宾馆也是针对任何能够支付食宿费用的人提供服务，提供的服务越多，宾馆的收入也就越多；而驿站还是只针对特殊人群，无偿提供食宿，只有投入，没有收入。服务的对象越多，

---

① （清）张廷玉等纂修：《明史》，李克和等校点，岳麓书社 1996 年版，第 1088 页。

驿站的负担就越重。

递包含两个方面，一是传递公文，二是运递粮物。传递公文的功能由铺承担，相当于后世的邮政所。同样的区别是，邮政所要收邮资，而明朝传递公文的铺不收费。递运粮物的功能由递运所承担，相当于后来的运输公司。递运所同样不能收费，运输公司则靠运输货物赚钱。"递运所。大使一人，副使一人，掌运递粮物。洪武九年始置。先是，在外多以卫所戍守军人传送军囚，太祖以其妨练习守御，乃命兵部增置各处递运所，以便递送。设大使、副使各一人，验夫多寡，设百夫长以领之。后汰副使，革百夫长。"① 汰了副使，革了百夫长，只是减少了递运所设置的官员，而其功能并未变化。

明朝国家层面的驿递管理机构设在兵部，由车驾清吏司负责。"凡邮传，在京师曰会同馆，在外曰驿，曰递运所，皆以符验关券行之。"② 明朝初年，将南京公馆改为会同馆，以招待四方宾客。永乐初年，在北京设会同馆。会同馆有正大使一名，副大使二名。弘治年间，礼部主客司添设一名主事，专一提督。"车驾司的具体职掌是：（一）管理两京会同馆及全国水马驿、递运所和急递铺。（二）管理给驿符验（勘合火牌）。（三）制定并执行邮驿典章制度，如应付勘合条例、给船条例及拨夫条例等。（四）掌管邮驿的开设、关闭和变更。凡新开地方堪设驿分、递运所，或旧设驿所距离较远，往复不便，需要添设，必须派人实地勘察，并将位置、距离及交通情况绘成地图，连同所需马、驴、车、船等数目上报。经批准后，工部负责营造驿所，吏部委派官员，礼部颁发印信，所需要丁夫由有关部门派充。（五）对邮驿行政进行监督检查管理。南京兵部车驾司下设六科。都吏科，掌管马快船只调动，发给船票勘合，按照差拨条例，管理总库及经费收支。递发科，按照给驿条例，应付勘合火牌，掌管前站及三关摆渡。马政科，掌管军马数字，点

---

① （清）张廷玉等纂修：《明史》，李克和等校点，岳麓书社 1996 年版，第 1088 页。
② （清）张廷玉等纂修：《明史》，李克和等校点，岳麓书社 1996 年版，第 1025 页。

验马匹，制定营官管马职责，收买马匹，烙印标记，处理老马，并处理违制整合。会同科，掌管南京会同馆马匹征派及馆夫编制。力士科，管理南京各城门、衙门、陵卫等守卫人员。草料科，管理各草料场及经费收支。除了兵部外，还有一个与邮驿有密切关系的机构，即通政司。……出纳帝命，通达下情，关防诸司出入公文，奏报四方臣民实封建言，陈情申诉及军事声息灾异等事。"① 国家层面对驿递的管理其实相当细致，给驿符验都由兵部直接颁发，但这竟然也不能杜绝冒滥。

驿站由驿丞负责管理。明朝的官员分级制度是九品十八级，驿丞未入流，在九品十八级之外。驿丞的考核三年一次，明朝前期，各省驿丞的考核都由吏部负责。宣德四年（1429 年），"巡按贵州监察御史吴纳言：'贵州所设各马驿路通云南，往来者多，驿丞凡考满赴京，往来动经二年，土官衙门多委土人总甲署事，驿夫被害，马皆瘦损，有妨传递。乞依云南事例，驿臣三年一次赴布政司考核，九年通考给由赴京为便。'从之"②。自此，贵州驿丞改为三年一次赴布政司考核，九年通考时赴吏部。云南驿丞亦同贵州驿丞一样，先是三年一次赴部考核，后改为三年一次赴布政司考核，九年通考时赴吏部。亦有资料认为云南九年一次赴部考核是正统年间的事例，即其实行是在贵州实行这一措施之后。但吴纳的奏疏既然以云南为例，一定是云南已经有此制度。"正统元年九月癸卯，四川行都司建昌卫军民指挥使司土官指挥使安均奏：'本卫所属白水等土官、驿丞，俱乞照云南土官事例，三年、六年赴布政司考复任，九年通考赴部。'上以建昌地方艰于往复，从之。"③则四川建昌卫的驿丞考核制度亦改同云南、贵州，其后广东、广西亦改同云南、贵州。南北直隶改为三年一次赴巡按御史考核，九年赴部考核。驿丞考

① 刘广生主编：《中国古代邮驿史》，人民邮电出版社 1986 年版，第 268—269 页。
② 贵州民族研究所编：《明实录贵州资料辑录》，贵州人民出版社 1983 年版，第 201 页。吴纳，弘治《贵州图经新志》、郭子章《黔记》均作吴讷，当是。宣德三年任贵州巡按御史。
③ 黎邦正、刘重来、郑家福编：《明实录类纂·四川史料卷》，武汉出版社 1993 年版，第 100 页。

核时，要将接待过的使臣公差的花名册上报，否则要被调查。

递运所大使的考核与驿丞相同，先是三年一次赴部，后多改为三年一次赴布政司考核，九年一次赴部考核。

为了保证公文传递的顺利与及时，明朝广设急递铺。洪武二十六年（1393 年）规定，每十里设一铺，铺长一名，铺兵 4 至 10 名。每铺设有日晷，以验时刻。递送公文的铺兵摇着铃，听到铃声，铺长就要出铺迎接。铺长收到公文，检查公文封装无损后，即刻交与铺兵递送至下一铺，不分昼夜。一昼夜为一百刻，每三刻行一铺，即每 43.2 分钟要走完一铺。

递送公文要求及时，如果延误，铺兵就会受到相应的处罚。如一昼夜要行三百里，每耽误三刻，就要受二十下笞刑。接到公文后不立即送往下一铺，也要笞二十。铺兵有保护公文封装完整的责任，如果封皮磨损，也要被打。如果铺舍损坏没有修理，铺兵减少没有增补，相关责任人就要受到处罚。

二、军站

驿站与军站有明显区别。驿站中的驿丞由布政司考核，是文官，驿吏与夫役是民；军站中的站夫是军，管理军站的一般是百户。如嘉靖《贵州通志·职官》中"赤水卫"条载："阿永站管站百户一员。摩泥站管站百户一员。落台站管站百户一员。""永宁卫"条载："永宁站管站百户一员。永宁铺管铺百户一员。"①

站、堡、驿、铺有明显区别。站是军站，负责扛抬；驿是驿站，负责接待、护送；铺负责传送公文；堡负责据险守卫，盘查行人。嘉靖《贵州通志·职官》中"清平卫"条记载："清平站管站百户一员。清平堡管堡百户一员……清平驿，驿丞一员，吏一名。""兴隆卫"条记载："兴隆站管站百户一员。东坡站管站百户一员。重安堡管堡百户一员……黄平驿，驿丞一

---

① （明）谢东山修，（明）张道纂：《贵州通志》，贵州省图书馆影印明嘉靖三十四年刻本，第 313—315 页。

员，吏一名。"可见，站堡人员都是军人，管站与管堡的都是军官，一般是百户。驿丞与驿吏则都是文职人员。

> 贵州站二百七十九名，龙里站三百三十名，新添站三百二十一名，平越站二百二十四名，黄丝堡二十四名，杨老站二百九十五名，清平站三百三十六名，兴隆站四百八十名，威清站三百六十五名，平坝沙作站二百二十六名，普定站二百二十四名，安庄站四百一十八名，白水堡三百四十名，北口堡四百八十七名，查城站三百三十四名，南口堡四百八十八名，安南尾洒站二百三十六名，尾洒堡四百四十八名，普安湘满站三百二十二名，新兴站三百二十五名，亦资孔站二百八十四名，毕节站三百二十五名，周泥站三百名，乌撒站二百名，瓦甸站二百一十一名，黑张站三百二十三名，普德归站二百十六名，倘塘站二百二十名，沾益站三百三十五名。尾洒递运所运夫五百零八名，亦资孔递运所运夫五百一十名。先年革去递运所，而以此夫一并食粮，帮助站夫扛抬云。①

这段文字有几个信息。第一，站夫的职责就是扛抬。第二，递运所最初是普遍设立的，但后来多数被撤掉了。所以这里的记载就只有尾洒与亦资孔两个递运所。第三，递运所最初的职责并非扛抬，只是在撤销后，才将递运所的人员改为扛抬人员，与站夫相同。第四，在贵州，站、堡、递运所的职责并没有绝对的区分，书中将这些人全部算为夫，递运所的为运夫，军站的为站夫。第五，由于递运所与堡的建置并不一致，而递运所最终承担的是与站同样的扛抬任务，则各站的劳务轻重区别可能较大。如尾洒一地，有尾洒驿、尾洒站、尾洒堡与尾洒递运所四个单位，尾洒堡有夫四百四十八名，尾洒递运所有夫五百零八名，尾洒站有站夫二百三十六名。贵州的站堡多达二十多个，共有夫近万名，而尾洒一地竟有夫共计多达一千一百九十二名，几

---

① （明）谢东山修，（明）张道纂：《贵州通志》，贵州省图书馆影印明嘉靖三十四年刻本，第294页。

乎占贵州总数的八分之一。

贵州各站、堡、递运所总计有夫八千九百一十六名，加上尾洒与亦资孔两个递运所一千零一十八名，总计达九千九百三十四名。据万历二十五年（1597年）统计的数字，贵州的"军户五万九千三百四十户，一十八万四千六百一丁口"，夫占了这一数字的十八分之一。

"贵州站，在治城东南二里新添关内。洪武中，建贵州诸站，军人专执递运，其役最劳，旧制不给粮。弘治间都御史孔镛建议，始月给粮三斗。"① 站军不给粮，而仍负责递运，其生计就依靠屯田解决。

四川有一些站与驿不分的情况。杨正泰先生在介绍一些驿站时，指出这些驿又名什么军站，如新都驿，又名新都军站；沙河驿，又名沙河军站；隆山马驿，又名隆山军站；柏林马驿，又名柏林军站等。② 这些地方的驿站与军站合并了，或者撤销了军站，而由驿站代行军站的职责。

三、铺

"从前文报系由驿站传递，驿所在筑土为障，可资捍卫，故亦曰堡，堡之中柴米油盐床榻等物，可资宿食，人夫牛马，可备替换。故亦曰铺，曰站。"按《宣威县志稿》此段文字，驿站、堡、铺均是同一对象。但该书同一段中又说："寻常文件则由铺司转递，每十里为一铺，遇人烟稀少处，展至十五里或二十五里不等。故初制十里设一驿长，实则每驿所管有少至二、三铺者，每铺设铺司二人，以壮健善走者充之。"③ 则铺与驿有明显区别。驿下设铺，每驿少则二铺、三铺，多则近十铺。"洪武十六年置邮通云南，筑道路，各广十丈，准古法，以六十里为一驿，于是本境有霭益、倘塘、可渡三驿，后所军屯、铺、堡同时成立，堡所在即驿所在，铺亦设于其间。于

---

① （明）沈庠修，（明）赵瓒纂，《贵州图经新志》卷一，贵州图书馆影印弘治刻本。
② 杨正泰：《明代驿站考》（增订本），上海古籍出版社2006年版，第99页。
③ 陈基栋修，缪果章纂：《宣威县志稿》，《中国方志丛书》第34号，民国二十三年铅印本，第652页。

是霑益、倘塘、可渡三驿更以铺堡名，均归乌撒卫管辖。"① 这段文字意义有些含混，既然驿与铺、堡同时成立，说明驿是驿，铺是铺，堡是堡，三者并非同一对象。后来堡被废弃，只存驿站，而堡与驿本在同一地点，且同名，人们因此分不清堡与驿的分别。而驿同时也承担铺的功能，在驿站所在地，铺与驿就合而为一。"霑益、倘塘、可渡三驿更以铺堡名"，并不是说驿、铺、堡没有分别，而是在这三个地方，后来只有驿站存在了。

铺的职责是传递公文，各地铺司兵人数多寡不一。地处冲途，辖地广阔，铺司兵就多；地处偏僻，辖地又小，需要的铺司兵也就相应要少得多。

> 宣慰司一百四十四名，思州府四十四名，思南府、婺川县、印江县共八十一名，镇远府七十名，铜仁府二十名，石阡府二十名，程番府五名，贵州卫五十七名，龙里卫六十六名，新添卫三十九名，平越卫六十一名，清平卫三十五名，兴隆卫二十四名，都匀卫七十五名，平坝卫三十三名，普定卫一百零六名，安庄卫七十五名，安南卫六十一名，普安卫一百零一名，毕节卫六十名，乌撒卫一百五十九名，赤水卫四十一名，永宁卫三十六名。②

贵州一省，铺司兵共一千四百一十三名，各地差别颇大，乌撒卫一百五十九名，宣慰司一百四十四名，而程番府仅有五名。但这样的差别有其合理性。乌撒卫包括今天贵州的威宁彝族回族苗族自治县、赫章县，云南的宣威市，是一个人口众多、地域广阔的卫，且处于云贵边界，远离省城，公文递送的路途远，任务重，因而铺司兵很多。贵州宣慰司亦有着广阔的辖地与众多的人口。而程番府是省城，又与贵州卫、贵州宣慰司地理相连，因而传递公文的任务并不重，只有五名铺司兵。

---

① 陈基栋修，缪果章纂：《宣威县志稿》，《中国方志丛书》第 34 号，民国二十三年铅印本，第 653 页。

② （明）谢东山修，（明）张道纂：《贵州通志》，贵州省图书馆影印明嘉靖三十四年刻本，第 294 页。

据天启《滇志》所载，云南一省共有铺一百六十四，驿站六十七，各州县铺数量不等。如昆明县有七铺，富民县四铺，宜良县四铺，罗次县七铺，晋宁州三铺，归化县一铺，呈贡县三铺，安宁州四铺，禄丰县四铺，三泊县、易门县各一铺。各铺司兵不等。如昆明县"铺司兵，军民共五十二名，军二十九，民二十三"，富民县铺兵八名，宜良县十二名，罗次县十九名，晋宁州十四名，归化县五名，呈贡县十五名，安宁州十九名，禄丰县二十四名，三泊县三名，易门县五名。昆明县七铺，有铺兵五十二名，平均每铺达七名以上；富民县每铺只有二名，不到昆明县的三分之一。云南部分地区以户为单位承担铺的递送工作。如河阳县有"军户七百九十九，民户九百九十九，杂役户四百九十五，马站户一百三十八，铺兵户三十"，平均每八十二户中，有一户铺兵户。阳宗县"军户二百五十二，民户一百八十七，杂役户三十四，马站户八，铺兵户五"①，平均每九十七户中，有一户铺兵户。

四川面积更大，铺也更多。例如忠州有州门等十铺，铺司兵五十七名。②铺司兵有的以户为单位应役，如江津县铺司兵五十三户，江津全县四千八百六十三户，平均每九十一户中有一户负责递送公文的工作。③

铺的职责是传递公文，但因为两个驿站之间相距较远，过往官员及公差的午餐不好解决，一些铺也就成了他们歇息及吃午饭的地方，称为中火铺。如镇远相见铺，就属于中火铺。

四、递运所

递运所是明朝驿递制度中的重要组成部分。洪武二十年（1387年），在今贵州境内建亦资孔递运所、尾洒递运所。在现有的明代贵州史籍中，见于记载的仅有此两个递运所。这两个递运所后来亦革去："尾洒递运所运夫五

① （清）李熙龄等纂修：《重修澄江府志》卷七，清道光二十七年刻本。
② （清）吴龙簸纂：《忠州直隶州志》卷一，清道光六年刻本。
③ 陈世松主编：《四川通史·元明卷》，四川人民出版社2010年版，第66、281页。

百零八名，亦资孔递运所运夫五百一十名，先年革去递运所，而以此夫一并食粮，帮助站夫扛抬云。"① 递运所虽然革去了，但递运所的人并未遣散，而是仍然有月粮，只是任务改为与站夫一同扛抬。

《明实录》载："洪武二十三年十二月己巳，给赐四川成都各府、县水马驿及递运所役夫钞二万三千六百一十五锭。"如此则最迟在洪武二十三年，四川已经设立了递运所。但四川递运所到底始设于何年，设置了多少递运所，则不清楚。据《明会典》记载，四川有成都、柏林、五路（阆中县）、苍溪、神宣（广元县）、宁茶、叙州、重庆、云根（忠州）、夔州、万县、嘉定、泸州、永宁等递运所，乌撒军民府的在城、黑章、赤水河递运所。乌撒府的三个递运所后来均被革除，是从云南进京走湘黔驿道后，这条路不重要了的缘故。

"正德十四年二月庚午，革四川保宁府柴石、高桥二驿，增设栢（百）林递运所及奉节县尖山坝巡检司。"② 百林递运所的设置属于四川驿递的调整，革去柴石、高桥二驿，增设递运所与巡检司各一，政府支出的俸银并不需要增加。而革去二驿，不见将驿务归并到其他驿的记载，则增设的递运所当承担了原来驿站的功能。

"纳溪水马驿，在县治内。纳溪递运所，在县西南小江岸。"③ 水马驿与递运所都以"纳溪"为名，而并不设置在同一地点，说明二者承担着不同的功能。"明洪武初设水马站及递运所，后改站为驿，驿设驿丞一员，所设大使一员，俱未入流。"④ 梁山站改为梁山驿，驿与递运所并存，亦说明二者

---

① （明）谢东山修，（明）张道纂：《贵州通志》，贵州省图书馆影印明嘉靖三十四年刻本，第294页。

② 黎邦正、刘重来、郑家福编：《明实录类纂·四川史料卷》，武汉出版社1993年版，第66页。

③ （清）赵炳然等修，（清）徐行德等纂：《纳溪县志》，《中国方志丛书》第364号，清嘉庆十八年修，民国二十六年铅字重印本，第224页。

④ （清）朱言诗等纂修：《梁山县志》，《中国方志丛书》第378号，清光绪二十年刊本，第840页。

承担着不同的功能，站的功能可以被驿或递运所取代。

"尾洒递运所运夫五百零八名，亦资孔递运所运夫五百一十名，先年革去递运所，而以此夫一并食粮，帮助站夫扛抬云。"① 可见，递运所设置之初，人员不少。如果以七分屯田的比例计算，两个递运所专执递运的仍然有一百五十人之多。递运所后来之所以裁掉，缘于其职责与驿和军站有重复。因为公文传达有铺，接待过往官员与官差有驿，而负责扛抬有站。裁掉递运所，让递运所的夫转为扛抬夫，也说明递运所的职责确实与军站的职责有较大的重叠。

云南不见递运所设置的情况，"洪武九年各省多设递运所，掌运递粮物等。但云南未普遍设立这种机构。所谓'云南有驿无递'，即指这种情况而言"② 。云贵二省军卫颇多，扛抬夫役并不缺乏，尤其是明朝前期，卫所制度尚未出现问题的时候，扛抬夫役更是有充分保障。所以，不设或少设递运所，甚至设了递运所也会裁掉，都是正常的事情。"明洪武初设水马站及递运所，后改站为驿，驿设驿丞一员，所设大使一员，俱未入流。"③ 梁山水马站改为水马驿，正是因为递运所与军站的功能相同，存一即可。

五、巡检司

"明制，在州县境内，凡于关隘要冲之处，多设巡检司分治。《明会典》卷139说：'洪武二十六年定，凡天下要冲去处，设立巡检司。'由于云南地形的限制，交通道路沿线为经济发达地区，驿道通往边塞，军事防御上的要冲之地，也多是交通要冲，故驿道上多有巡检司设置。"④ 巡检司本不属于驿递制度中的单位。如陆广河巡检司，"陆广河，在陆广驿下，置巡检司，

---

① （明）谢东山修，（明）张道纂：《贵州通志》，贵州省图书馆影印明嘉靖三十四年刻本，第294页。

② 黄恒蛟主编：《云南公路运输史》第1册，人民交通出版社1995年版，第45页。

③ （清）朱言诗等纂修：《梁山县志》，《中国方志丛书》第378号，清光绪二十年刊本，第840页。

④ 陆韧：《云南对外交通史》，云南民族出版社1997年版，第208页。

以盘诘行者"①，设置巡检司的目的是盘诘过往行人，已有陆广驿，新设置的巡检司就不会与驿务有干涉。再如建水县，先有箐口巡检司，随后再设曲江驿。箐口巡检司，"永乐五年设，有官吏弓兵"。曲江驿，"永乐九年，驿丞何俊杰建"。② 巡检司设有弓兵，显然是为了战斗的需要，而不是以递送为职业。驿与巡检司建于不同的时间，也说明二者是出于不同的需要而建。问题也就在这里，既然二者设置的时间不同，而二者的功能都是必需的，以先设之机构代行未设之机构的事务，就是一个很自然的选择。设了巡检司，而未设驿站，驿站的事务就可能交给巡检司代管。设了驿站，未设巡检司，巡检司的职责就可能交给驿站行使。

"汤池巡检司，在县西三十里，洪武二十四年置汤池驿，弘治初年改驿为司。"③ 汤池先设有汤池驿，未设巡检司，则汤池驿很可能要承担一些巡检司应该负责的盘查奸伪等事。但驿站只有文官文吏，盘查应该是军人的事情，驿站完成这一使命会有一定的难度，因而有后来的改制。因为不是新设立巡检司，而是改驿为巡检司，驿站的事务就会让巡检司代行。这样，西南边地的许多巡检司就成了驿递制度的一个部分。

"正统九年三月丁卯，徙四川眉州鱼耶镇巡检司并水驿于本州两河口。"④ 这是把驿站置于巡检司的管理之下。"阿赛，明初俄罗铺村副头目，以谙夷语，迎送得宾欢心，土府保充板桥驿土驿丞，赴京进贡。正德中，麓川叛贼过江侵扰，赛斩首级三颗，升为巡检，仍管驿丞事。"⑤ 阿赛就是以巡检兼驿丞。而阿赛因为有功而由土驿丞升为巡检，说明巡检的地位要高于

---

① （明）谢东山修，（明）张道纂：《贵州通志》，贵州省图书馆影印明嘉靖三十四年刻本，第249页。

② （清）祝宏等纂修：《建水县志》，《中国方志丛书》第257号，民国二十二年重刊本，第94页。

③ （明）刘文征：《滇志》，古永继校点，云南教育出版社1991年版，第180页。

④ 黎邦正、刘重来、郑家福编：《明实录类纂·四川史料卷》，武汉出版社1993年版，第55页。

⑤ 侯应中纂：《景东县志稿》，《中国方志丛书》第146号，民国十二年石印本，第382页。

驿丞。所以，四川眉州井水驿属于鱼耶镇巡检司管辖，就是可行的了。

但巡检司毕竟不是正式驿递的单位，较多巡检司与驿递并没有直接的联系。如陆广河，既有陆广驿，也有陆广河巡检司。应该说，在明朝西南地区，巡检司是驿递制度的补充。

六、驿递制度的法律保障

为了保证驿递的畅通，维护驿递制度的稳定，明王朝制定了很多法律条款。

第一，从人员补充上为驿递制度提供保障。

驿递制度中的各种服役人员会逐渐老病死亡，需要不断补充，这种补充有固定途径，《大明会典》卷一百六十三载，军、民、驿、灶、卜、工、乐诸色人户，并以籍为定，若诈冒脱免，避重就轻者，杖八十。原系驿户，世世代代都是驿户；原系当地民户轮流充当，则当地民户依然轮流充当；原系军户，军丁的补充亦有固定的途径。明代法律对此都做了明确的规定。据《大明会典》载，永乐时期，辽东、云南、四川等地驿站，俱用囚军，与民夫一起走递。而边卫没有地方政府或军队组织的地方，就安排官军服役，"逃亡事故，照例清勾"（卷一百四十八），清勾就是补充军丁的固定办法。

同时，由于驿递任务繁重，驿道沿线的老百姓会不断逃亡，承担驿递的军人也会逃亡，这就使得驿递服役人员的缺口越来越大。为了减轻驿递服役人员的负担，并弥补不断出现的驿递服役人员的缺口，明朝政府就让充军犯人担任驿递工作。《大明会典》卷一百七十六载，凡犯人判为充军，浙江、河南、山东、陕西、山西、北平、福建并直隶应天、庐州、凤阳、淮安、扬州、苏州、松江、常州、和州、滁州、徐州人，发云南、四川属卫。当时贵州并未单独建布政司，今贵州所属地域基本上都在云南、四川二布政司的范围之内，发往云南、四川，实际上也就包括了整个西南地区。虽然充军是为了补充军卫，但因为西南地区的军卫承担了驿递的很大一部分工作，这一规

定，也为西南地区驿递人员的补充提供了一个重要途径。据《大明会典》卷
一百七十六载，正统五年（1440 年）规定，贵州、四川、云南等地的囚犯，
无力赎罪的，发本处沿边递运所，充军摆站。依照明朝法律，犯人可以用钱
或实物赎罪。洪武年间，知府、知州等犯该笞四十以下者，可以纳铜赎罪。
永乐十一年（1413 年）规定，除死罪情重者依律处治，情轻者可以赎罪，
斩罪赎钞八千贯，其余依次减少。正统五年的这一规定，既让罪犯可以因之
减轻处罚，也让贵州、四川、云南等地的驿递人员得到了很好的补充。这扩
大了西南地区驿递人员的补充途径。

　　第二，维护驿递正常秩序的法律保障。

　　驿递的供应有固定的预算，如果驿递的接待超过规格，驿站就难以承担
超过的负担。驿递的夫役数量也是固定的，如果乘驿的人增多，或乘驿人的
行李没有限制，驿递的夫役也无法承受。因而，要维护驿递的正常秩序，就
要对乘驿资格做出严格限定，并对随意超出规定的行为做出严厉的处罚。明
朝法律对这两方面都有明确的规定。在乘驿资格上，不仅做出了总体的明确
规定，涉及西南地区特殊情况的，亦做出了相应的特殊规定。如《大明会
典》卷一百四十八"应付通例"中规定，凡云南赴任官，旧例，陆给驴车，
水给红船，不支廪给。这是考虑到云南路途遥远，因而特地放宽了乘驿条
件。嘉靖中这一规定进一步放宽为新选云贵并川陕行都司所辖地方官一体应
付。"应付通例"对进贡人的乘驿也做了十分明确的规定。

　　对于违反乘驿规定的人员，明政府亦有明确的惩罚准则。这些准则针对
的情况十分明确，不仅涉及不该乘驿而乘驿，也包括多支驿廪、赍带私物等
各种情况。据《大明会典》卷一百七十六载，冒充使臣乘驿者杖一百，流三
千里；为从者减一等；驿官知而应付者与同罪；不知情、失盘诘者笞五十；
其有符验而应付者不坐。多支廪给，多带私物，都要受到处分。赍带私物者
十斤杖六十，每十斤加一等，罪止杖一百；驿驴减一等；私物入官。这是很
严厉的处罚准则。

　　要维护驿递的正常秩序，一是不该乘驿的不能乘驿，二是应该乘驿的能

够乘驿。如果应该乘驿，驿站不给驿，明朝政府同样制定了相应的处罚条例。据《大明会典》载，凡朝廷调遣军马及报警急军务，以及报送朝廷文书等，故不遣使给驿者杖一百，因而贻误军机者斩。

第三，对驿递供应的法律保障。

明朝官员考核，任内是否完纳钱粮，是一项重要指标，其重要性相当于今天的一票否决。《大明会典》卷十二载，宣德五年规定，天下官员三年、六年考满者，所欠税粮，立限追征；九年考满，任内钱粮完足，方许给由。官员考查当然有很多内容，但如果钱粮没有按规定数量征收，就一票否决了。弘治十六年（1503 年），又对这一条做了更为严格的规定：凡天下官员三、六年考满，务要司考府，府考州，州考县，但有钱粮未完者，不许给由。钱粮之中，包括驿递供应的部分，则驿递供应有着法律的保障。当然，有法不依或执法不严的现象仍然普遍存在，如不完纳钱粮，官员就不能通过考核，朝廷之所以一再强调这一规定，说明这一规定并未得到很好的执行。如贵州的财政往往靠四川、湖南协济，但总是被拖欠："查四川乌撒、乌蒙、镇雄、东川四府，每年协济贵州本色粮壹万肆千叁百贰拾肆石，折色粮银叁千壹百两，查每年解纳不及拾分之叁。播州协济粮银每年叁千壹百陆拾肆两柒钱，杨酋拒命，逋负不纳，自万历十八年至二十七年，未完银约贰万玖千捌百叁拾余两。酉阳每年协济银柒百两，自万历十九年起至二十七年，共欠贰千玖百陆拾余两……湖南一道所辖长、衡、郴府州县，每年协济贵州粮银叁万柒百贰拾两，递年递负，不以时纳。自万历十四年起至二十七年，共拖欠银伍万叁千陆百伍拾两零，而长沙府属逋欠尤甚。"[①] 乌撒、乌蒙、镇雄、东川协济贵州的银两完纳不足十分之三，播州应该协济贵州的银两，十年间欠了近三万两，即播州仅支付了一百七十余两，不足百分之一。湖南应该协济贵州的钱粮，从万历十四年开始拖欠，至万历二十七年仍未完纳，说明完纳钱粮的规定并未得到很好的执行。尤其是协济外省的钱粮，更难以得到充

---

① （明）郭子章：《黔记》，赵平略点校，西南交通大学出版社 2016 年版，第 466 页。

分的保证。贵州应得的钱粮被拖欠，贵州驿站的供应也会受到影响。

第二节　明朝西南驿站的设立

一、四川驿站的设立

洪武十四年（1381 年）冬天，置水马驿二十余处，其中四川二十处，为成都府的木马驿，眉州的眉州驿、青神驿、平羌驿，嘉定州的下坝驿，叙州府的宣化驿、牛口驿、江安驿、李庄驿，泸州的纳溪驿、黄舣驿、牛脑驿、汉东驿，重庆府的石羊驿、蔺市驿、铜锤驿、漕溪驿、周溪驿、仙女驿，夔州府的施州驿、龙溪驿、石臼坝驿、南木隘驿、高唐驿。① 洪武十五年，四川增设五驿，为播州宣慰使司的郴塘驿、地松驿、上塘驿，贵州卫的平坝驿、新溪驿。② 当时贵州尚未设布政司，贵州卫属四川都司管辖。洪武二十一年，在四川建昌府增建九驿。洪武二十八年五月，增置武关、清桥二驿；七月，在会川卫军民指挥使司增置四驿，即马松、大龙、黎溪、会川。③ 建文四年（1402 年），又于雅州设苍溪、龙滩、虎跳三驿；永乐六年（1409 年），在天全六番招讨司置太平驿。④ 永乐十年，在马湖府设蛮夷驿。但《明实录》所载四川置驿情况并不完整，《明实录》记载洪武十九年革去了四川的木寨、梅树、槐树、永宁四驿，正统五年革四川叙州府安边驿。这些革去的驿建于何时，《明实录》均未记载。

四川的驿道主要有湖广至成都驿道，由巴山驿，经万流驿、高唐驿、永

---

　　① 黎邦正、刘重来、郑家福编：《明实录类纂·四川史料卷》，武汉出版社 1993 年版，第 1232 页。

　　② 贵州民族研究所编：《明实录贵州资料辑录》，贵州人民出版社 1983 年版，第 27 页。

　　③ 黎邦正、刘重来、郑家福编：《明实录类纂·四川史料卷》，武汉出版社 1993 年版，第 1235 页。

　　④ 黎邦正、刘重来、郑家福编：《明实录类纂·四川史料卷》，武汉出版社 1993 年版，第 1236 页。

宁驿、安平驿、南陀驿、五峰驿、巴阳驿、周溪驿、集贤驿、瀼途驿、曹溪驿、云根驿、花林驿、丰陵驿、东青驿、涪陵驿、蔺市驿、龙溪驿、木洞驿、朝天驿、鱼洞驿、铜鏸驿、㶚溪驿、石羊驿、石门驿、汉东驿、史坝驿、牛脑驿、神山驿、黄舣驿、泸川驿、纳溪驿、黄坝驿、江安驿、龙腾驿、李庄驿、汶川驿、牛口驿、真溪驿、宣化驿、月波驿、下坝驿、沉犀驿、三圣驿、凌云驿、平羌驿、峰门驿、青神驿、石佛驿、眉州驿、武阳驿、龙爪驿、木马驿、广都驿，至锦官驿。

由陕西到成都驿道，由黄坝驿，经神宣驿、沙河驿、龙潭驿、柏林驿、施店驿、槐树驿、锦屏驿、隆山驿、柳边驿、富村驿、云溪驿、秋林驿、皇骅驿、建宁驿、五城驿、古店驿、广汉驿、新都驿，至锦官驿。

再有重庆至成都的陆路驿道，由朝天驿，经白市驿、来凤驿、东皋驿、峰高驿、龙桥驿、安仁驿、珠江驿、南津驿、阳安驿、龙泉驿，至锦官驿。

重庆至潼川驿道，由朝天驿，经土陀驿、合阳驿、太平驿、平滩驿、嘉陵驿、龙溪驿、盘龙驿、隆山驿、柳边驿、富村驿、云溪驿、秋林驿，至潼川州。

成都府北至龙州路，由锦官驿，经新都驿、广汉驿、皇骅驿、金山驿、西平驿、武平驿、古城驿、小溪驿，北至陕西文县界。

成都府西南至会川卫，由锦官驿，经唐安驿、白鹤驿、百丈驿、雅安驿、新店驿、箐口驿、沉黎驿、河南驿、镇西驿、利济驿、龙泉驿、泸沽驿、溪龙驿、泸川驿、禄马驿、阿用驿、白水驿、巴松驿、大龙驿，至会川卫。

成都至松潘军民府，由锦官驿，经永康驿、太平驿、寒水驿、安远驿、护林驿、长宁驿、来远驿、镇平驿、归化驿、古松驿，至松潘军民府。

重庆至播州宣慰司，由朝天驿，经百节驿、白渡驿、东溪驿，安稳驿、松坎驿、桐梓驿、播川驿、永安驿、湘川驿，再由乌江驿，往南达贵阳。

二、贵州驿站的设立

贵州驿站的设置晚于四川。贵州驿的设置时间在史籍中记载不同，弘治《贵州图经新志》及嘉靖《贵州通志》均作洪武十五年（1382 年），万历《贵州通志》及《黔记》作洪武五年。杨正泰《明代驿站考》（增订本）作洪武十五年。贵州驿站多建于洪武十五、十六、十七年，似无单于洪武五年建一贵州驿，而十年后再建第二个驿站之可能。与贵州相邻的地区驿站建设亦在这期间。洪武十四年，诏建岳州府至辰州府的十八个驿站。当然，明朝对贵州统治权的行使始于洪武四年十二月贵州卫的设置，是否设卫时就设了驿，还有待进一步考证。洪武十四年九月，朱元璋命傅友德为征南将军，蓝玉、沐英为左右副将军，率军征云南。十五年一月，云南平定。云贵两地的驿道因以开通，驿递制度亦渐完善。洪武十五年二月，朱元璋遣使晓谕水西、乌撒、乌蒙、东川、芒部、沾益等地土司头目，"今遣人置邮驿通云南，宜率土人随其疆界远迩开筑道路，其广十丈。准古法以六十里为一驿。符至，奉行！"洪武十五年，增置湖广、四川马驿十四处。湖广九驿，其中有思州宣慰使司的平溪驿，思南宣慰使司的梅溪、相见驿。贵州建布政司后，思州宣慰使司和思南宣慰使司都属于贵州。四川五驿：播州宣慰使司曰柳塘、地松、上塘，贵州卫的平坝、新溪。①播州宣慰使司原属四川，杨应龙叛乱平定后，播州被一分为二，一部分划归贵州，一部分划归四川。雍正年间，原播州宣慰使司划归四川的部分也划归贵州。《明实录·太祖实录》载，洪武十四年置马驿十八，自岳州至辰州府凡一千八十一里，以六十里为一驿；洪武十六年，"罢湖广各驿守，饷军人。先是，大兵讨云南，命自岳州至贵州置二十五驿，一驿储粮三千石，小旗一人领军十人守之。至是，荆州等卫言，云南已平，将士各还卫所，而所留旗军亦宜代还。诏从其请"。则

---

① 贵州民族研究所编：《明实录贵州资料辑录》，贵州人民出版社 1983 年版，第 27 页。

自洪武十四年至十六年之间，辰州至贵州的驿站已经设置。此次撤的是官兵，而不是驿站。这些官兵也并非专门防守驿站，而是因为驿站储有大批军粮，所以派专人守卫。洪武二十一年，湖广五开至靖州置十二驿。

《明实录》所载贵州驿站的设置亦不完全。根据弘治《贵州图经新志》、嘉靖《贵州通志》、《黔记》、万历《贵州通志》等史料，明代贵州驿道，最主要的是湖南通云南的主干道，从湖南入贵州后，依次为平溪、清浪、镇远、偏桥、黄平、清平、平越、新添、龙里、贵州、威清、平坝、普利、安庄、关山岭、查城、尾洒、新兴、湘满、亦资孔等二十驿。"道宽4—5尺，路面用石块铺设，边邦用石料支砌，坡处用条状砌坎。至今，驿道遗迹仍断续可见。"①

明时，贵州与四川相连的驿道有三条，第一条经奢香所开九驿，由贵州卫到永宁卫；第二条从贵阳北行，到达播州宣慰司；第三条由黄平到达播州宣慰司。

由贵州到永宁卫，经过龙场驿、陆广驿、谷里驿、水西驿、奢香驿、金鸡驿、阁雅驿、归化驿、毕节驿、层台驿、阿永驿、赤水驿、摩尼驿、普市驿到达永宁卫，是贵州与四川相连的西线。其中，龙场至毕节九驿即奢香夫人所开的九驿。

由贵阳北行，经札佐驿、底寨驿、养龙坑驿到达播州宣慰司，是贵州与四川相连的中线。

由黄平亦可到达播州宣慰司，这是贵州与四川相连的东线。黄平原本隶于播州宣慰司，后改属平越军民府。

到都匀卫有都镇驿、来远驿。都镇驿在都匀府北七十里，今麻江县城内，原隶平越卫。来远在都匀府城北一里，原隶都匀卫。弘治八年（1495年），从都御史邓廷瓒请，二驿均改隶都匀府。② 来远驿往南到平浪长官司，

① 贵州省盘县特区地方志编纂委员会编：《盘县特区志》，方志出版社1998年版，第387页。
② 贵州民族研究所编：《明实录贵州资料辑录》，贵州人民出版社1983年版，第560页。

再南到丰宁长官司，通广西南丹州，明朝时未有官道。

由四川彭水到婺川，再经思南、石阡，到镇远，有水陆通道，未设驿。

由思州府，经大有、大龙、长岭、田坪，有通道到达铜仁府，未设驿站。但因为是铜仁府通往省城的必经之道，仍然设有属于官府接待机构的公馆。

另据杨正泰《明代驿站考》（增订本），连接黎平府交通的尚有黄团驿，属黎平府，在今贵州黎平县城东。铜鼓驿，属黎平府，在今贵州黎平县城内。铁炉驿，属黎平府，在今贵州黎平县东北中黄。江团驿，属黎平府，在今贵州黎平县东北敦寨。三里坪驿，属黎平府，在今贵州黎平县东北稳江。西楼驿，属黎平府，疑在今贵州黎平县境内，确地待考。"初步开辟靖州到黎平驿道，此道自湖南靖州向西经永坪、石家（上述为湘境）、西楼、三里、江团、铁炉、铜古、黄团（上述为黔境）8 驿至黎平府，全程约 80 公里，路宽 1.7 米，路面以鹅卵石镶嵌。"① 以《黔东南苗族侗族自治州志·交通志》所描述的次序来看，可以肯定西楼驿在黎平县境内。

三、云南驿站的设立及以堡代驿

洪武十五年二月，朱元璋遣使"谕水西、乌撒、乌蒙、东川、芒部、沾益诸酋长曰：'今遣人置邮驿通云南，宜率土人随其疆界远迩开筑道路，其广十丈。准古法以六十里为一驿。符至，奉行！'"② 云南一经平定，既设立了驿站。据天启《滇志》载，云南最早设立的驿站是新建驿，建于洪武十四年。但这一记载可能有误。洪武十四年十二月二十二日，明军才占领昆明，当来不及在当年挥兵建水，并设置一新建驿。且云南其他驿站设立时间都要比此晚，断无此时单独建此一驿的可能。明朝云南驿站的建设应该始于

---

① 黔东南苗族侗族自治州志编委会编：《黔东南苗族侗族自治州志·交通志》，贵州人民出版社 1993 年版，第 113 页。

② 贵州民族研究所编：《明实录贵州资料辑录》，贵州人民出版社 1983 年版，第 25 页。

洪武十五年二月朱元璋派人置邮驿之后。洪武十五年，建路甸驿；十六年，建滇阳驿、宝秀驿、丽江军民府在城驿、因远驿等驿；十七年建邓川州驿、曲部驿；十八年建广西府在城驿、维摩驿、阿母驿；十九年建安宁驿、禄脿驿、禄丰驿、虚仁驿、怀州驿等驿。建于洪武年间的还有汤池驿、金齿驿、定边驿、新田驿、姜驿、马龙驿、沙木和驿、易龙驿等驿，建于永乐年间的有曲江驿、澜沧驿、清水驿等驿，建于弘治年间的有板桥驿。①

"除驿站外，驿道上还设堡，或以堡代驿，加强军事护卫力量，《明太祖实录》卷187记载洪武二十年十二月：'遣前门郎石壁往云南，谕西平侯沐英等，自永宁至大理，每六十里设一堡，置军屯田，兼合往来递送，以代驿传。'于是，自曲靖火忽都至云南前卫易龙，设五堡，自易龙至云南右卫黑林子，设堡三，自黑林子至楚雄卫禄丰，设堡四，自禄丰至洱海卫普溆，设堡七，自普溆至大理赵州，设堡二，自赵州至德胜关，设堡二，人称便焉。'洪武末年，曲靖至大理交通沿线设堡23个。堡设于交通要道上，同样也担负驿传任务，堡丁多由军人充任，正德《云南志》卷二说：'云南有驿无递，故以堡代之，有驿必有堡，堡主递送，领以百户，世职其事，实以军人，世役其事。'正统六年（公元1441年），又增'设云南大理卫下关、永平、沙木和、漾濞上、漾濞下五堡。''到万历年间，云南各卫御共军堡五十三。'这些堡中，有36堡设于驿道，以代驿传。"② 以堡代驿，只针对设了堡而未设驿的地方而言，并非所有的地方都以堡代驿。

云南的驿递线路主要有从四川经贵州的驿道，自四川峡口驿起，经江门驿、江安驿、永宁驿、普市驿、摩泥驿、赤水驿、新添驿、阿永驿、层台驿、毕节驿、周泥驿、黑章驿、瓦店驿、倘唐驿、沾益驿、炎方驿、松林驿、南宁驿、马龙驿、易龙驿、杨林驿，至滇阳驿。

由贵阳亦资孔驿至昆明的道路，由亦资孔驿，经平夷驿、白水驿、南宁

---

① 本段所引建驿时间见（明）刘文征：《滇志》，古永继校点，云南教育出版社1991年版。

② 陆韧：《云南对外交通史》，云南民族出版社1997年版，第208页。

驿、易龙驿、杨林驿，至滇阳驿。

昆明西行至金齿卫及景东府道路，经安宁驿、禄脿驿、禄丰驿、舍资驿、路甸驿、峨崀驿、吕合驿、姚安府、沙桥驿、普淜驿、云南驿、定西岭驿、德胜关驿、洱西驿、样备驿、打牛坪驿、永平驿、沙木和驿，至金齿卫。

由定西岭南行，由定西岭驿，经定边驿、新田驿、板桥驿，至景东府。

由大理府北至丽江府，由大理府，经邓川州驿、观音山驿、鹤庆府在城驿，至通安州在城驿。

由云南府出发，经利浪驿、武定府，至武定府和曲驿。

由云南府出发，经晋宁驿、江川驿、澄江府、通海县、曲江驿、新建驿、宝秀驿，至元江府因远驿。

由云南府出发，经汤池驿、和摩驿、普陀驿、广西府在城驿、英武驿、福德驿、发助驿、花架驿、速为驿、广南府在城驿，达广西安隆长官司界。

第二章　明朝西南驿递管理制度

第一节　驿递管理机构

明朝国家层面的驿递管理机构在兵部，由车驾清吏司负责。"凡邮传，在京师曰会同馆，在外曰驿，曰递运所，皆以符验关券行之。"① 省级的驿递管理机构是驿传道，驿传道的管理由提刑按察使司的副使或佥事负责，贵州驿传则由清军道兼理。"按察司副使、佥事分司诸道。提督学道，清军道，驿传道（十三布政司俱各一员，惟……贵州清军兼驿传。）"② 这一清军兼驿传的设置一直沿用到明末。《黔记》载："按察使一员，副使四员，佥事二员。一提督学校道，驻省城，巡行各属。一清军，兼理驿传道，驻省城。"③

云南、四川两省的驿传亦由两省的提刑按察使司负责，天启《滇志》："按察使一，副使七，佥事四，副使、佥事，俱分理各道，驿传、清军道，驻省城。"

四川的驿传管理机构在嘉靖、万历年间曾有过多次变化。"嘉靖三十一年三月壬辰，四川抚按官上茶政三事：'一、茶法、水利原总属一佥事统理，

---

① （清）张廷玉等纂修：《明史》，李克和等校点，岳麓书社 1996 年版，第 1025 页。
② （清）张廷玉等纂修：《明史》，李克和等校点，岳麓书社 1996 年版，第 1081 页。
③ （明）郭子章：《黔记》，赵平略点校，西南交通大学出版社 2016 年版，第 446 页。

后益以驿传，职守不专，以致奸弊日滋，请复旧规，改驿传属之协堂副使便。……'上户部，覆可，从之。"因为茶政之事与驿递由同一官员负责，造成当事官员精力不够，引起茶政紊乱，为了保证茶政，四川抚按提出要复旧规，茶政与水利佥事成为专职，驿传移由另一副使管理。茶叶生产与买卖在四川占有很重要的位置，因而要设立专官。复旧规，就说明四川驿传的管理已经有过变化。四川抚按官的这一提议得到了朝廷认可。

"嘉靖四十三年正月壬寅，命四川兵备副使仍驻建昌卫城，清军副使兼管驿传事，移驿传副使分巡上川南道。从抚按官议也。"[1] 四川曾经专设驿传副使，但后来形势变化，需要加强上川南道的管理，于是让驿传副使分巡上川南道，而以清军副使兼管驿传。嘉靖三十一年（1552 年）的改变并不是专设驿传副使，从嘉靖三十一年至嘉靖四十三年之间，驿传管理还有一次变化，副使从兼管驿传改为专司驿传。

"万历三年正月庚戌，以巡抚四川曾省吾奏：'改四川屯田，归并清军道副使，驿传归并盐法水利茶法道佥事，改铸关防，换给敕书。'"[2] 清军副使兼管驿传事由嘉靖朝延续到了万历朝，万历三年（1575 年），曾省吾才建议改变这一管理格局，清军副使兼管屯田，驿传归并到盐法水利茶法道佥事。四川的驿传管理机构又一次发生了变化。

这一管理格局仅仅维持了五年。"万历八年六月丙午，上以近来边腹地方兵备、守、巡及武职参、游等官添设太多，并非旧制，各抚按会议裁革，以称朝廷省事尚实至意，各省因会题应裁方面官：……四川督粮右参政一员，水利驿传佥事一员，叙、马、泸兵备佥事一员。"四川按照朝廷的要求，上报了裁省官员计划，这一计划得到了朝廷的完全认可，于是四川驿递管理格局再一次发生了变化。"万历八年十一月丙子，裁四川督粮右参政及盐茶、

---

① 黎邦正、刘重来、郑家福编：《明实录类纂·四川史料卷》，武汉出版社 1993 年版，第 70 页。

② 黎邦正、刘重来、郑家福编：《明实录类纂·四川史料卷》，武汉出版社 1993 年版，第 70 页。

水利驿传佥事与叙泸兵备佥事。粮务归并右布政，盐茶、水利、驿传归并清军副使，叙、马、泸兵备归并分巡副使。"此后不再见有新的变化。

提刑按察司是驿传的管理机构，但驿丞的考核却由布政司负责，则实际上布政司也与驿传的管理有关系。明朝开始没有设置巡抚一职，后来各省渐设，成为一省的最高军政长官，当驿传出现各种问题时，巡抚也要出来处理相应的问题。如贵州巡抚郭子章、云南巡抚闵洪学，都曾亲自出面解决本省的驿传问题。

驿站的管理机构在西南地区很是复杂，在贵州，驿站的管理有五种情况：

第一，驿站由府直接管理。如平溪驿由思州府直接管理，普利驿由安顺军民府直接管理，镇远府直接管理镇远、偏桥、清浪三个驿，都匀府直接管理来远、都镇两个驿。

第二，驿站由州管理。安庄驿由镇宁州管理，查城驿由永宁州管理，普安州管理新兴驿、湘满驿、亦资孔驿、尾洒驿等四个驿。

第三，驿站由军卫管理。新添驿由新添卫管理，平越驿由平越卫管理，清平驿由清平卫管理。

第四，驿站由土司衙门管理。贵州驿、威清驿、平坝驿、龙里驿、龙场驿、陆广驿、谷里驿、水西驿、奢香驿、金鸡驿、阁鸦驿、归化驿、毕节驿、札佐驿、养龙坑驿等十五驿，还有万历十年载革的渭河驿，均由贵州宣慰使司管理。

第五，驿站由典史带管。万历年间播州平定后，播州一分为二，一部分属四川，一部分属贵州，原属播州管理的湄潭、岑黄、白泥、鳌溪亦改属贵州，四驿原各设驿丞一员，贵州巡抚郭子章因四驿不属冲路，裁掉驿丞，让各县典史带管驿站。在此之前，贵州没有由县管理的驿站。

云南驿站的管理情况与贵州略有不同。

第一，驿站由府直接管理。云南府直接管理滇阳驿、板桥驿，永昌府直接管理金齿驿、沙木和驿、蒲缥驿、潞江驿，顺宁府直接管理顺宁驿、观音水井驿、牛街驿、锡铅驿、右甸驿、枯柯驿，蒙化府直接管理样备驿、开南驿，鹤庆府直接管理在城驿、观音山驿，景东府直接管理景东驿、板桥驿，广南府直接管理在城、速为二驿，二驿万历四十一年（1613年）裁革，印收土官处。此外，临安府的新建驿，寻甸府的易龙驿，曲靖府的南宁驿，大理府的洱西驿，楚雄府的峨睩驿，也都属府直接管理。

第二，驿站由州管理。建水州的曲江驿、石屏州的宝秀驿、邓川州的邓川驿，晋宁州的晋宁驿，安宁州的安宁驿与禄脿驿，嵩明州的杨林驿，路南州的和摩驿，罗平州的多罗驿，马龙州的马龙驿，腾越州的腾冲驿与龙川江驿，镇南州的沙桥驿，姚州的普溯驿，北胜州的清水驿与澜沧驿，赵州的德胜关驿与定西岭驿，和曲州的和曲驿、姜驿、虚仁驿、环州驿，均由州管理。

第三，驿站由县管理。江川县的江川驿、南宁县的白水驿、定边县的定边驿与新田驿、广通县的舍资驿与路甸驿、楚雄县的吕合驿、通海县的通海驿、禄丰县的禄丰驿、云南县的云南驿、永平县的永平驿与打牛坪驿等，均由县管理。

第四，驿站由土司管理。景东府辖有景东驿、板桥驿，蒙化府辖有样备驿、开南驿，两个府的知府均是世袭土官。

第五，由土官与流官共同管理。沾益州有两个知州，一为流官知州，一为世袭的土官知州，沾益州管辖沾益驿、倘塘驿、炎方驿、松林驿四个驿站。安宁州、邓川州均下辖有驿站，亦各有一流官知州与一土官知州。不仅州有此种情况，一些县也有两个知县，一为流官知县，一为土官知县，云南县就是如此。而云南县亦辖有云南驿，故对于云南驿来说，实际上亦由土官与流官共同管理。

四川的驿站管理情况与云南、贵州大致相似而不尽相同。

第一，驿站由府或州县管理。成都府有木马驿、珠江驿、永康驿、安仁驿、南津驿、阳安驿、龙泉驿、唐安驿、广汉驿、金山驿、长宁驿、护林驿、安远驿、寒水驿、太平驿，这些驿站分属成都府下各州县管理。保宁府有锦屏驿、柳边驿、问津驿、盘龙驿、九井驿、朝天驿；顺庆府有嘉陵驿、龙溪驿、平滩驿；叙州府有汶川驿、来节驿、真溪驿、月波驿、龙腾驿、都宁驿、隆桥驿；重庆府有朝天驿、百节驿、土闹坝驿、白市驿、木洞驿、土沱驿、僰溪驿、白沙驿、白渡驿、汉东驿、龙溪驿、东皋驿、峰高驿、安稳驿、东溪驿、来凤驿、便阳驿、曹溪驿、花林驿、云根驿、丰陵驿、涪陵驿、东青驿、蔺市驿、黔南驿、太平驿；夔州府有永宁驿、南陀驿、高塘驿、巴中驿、五峰驿、巴阳驿、集贤驿、瀼途驿、分水驿；龙安府有武平驿、小河驿、水进驿、小溪驿、古城驿、西平驿；潼川州有皇华驿、云溪驿、五城驿；眉州有眉州驿、武阳驿、青神驿；嘉定州有凌云驿、平羌驿、三驿驿、沈犀驿、下坝驿；邛州有白鹤驿；泸州有泸川驿、立市驿、江门驿、纳溪驿、史坝驿、牛脑驿、神山驿、江安驿、通邮驿；雅州有雅安驿、百丈驿、箐口驿、新店驿；乌撒军民府下辖有在城驿、瓦甸驿、周泥驿、黑张驿、层台驿、普德归驿。这些驿站分属各府或各府的州、县管理。

第二，驿站由土司管理。播州宣慰使司有乌江驿、湘川驿、松坎驿、播川驿、仁水驿、桐梓驿、永安驿、昌田驿、湄潭驿、沙溪驿、鳌溪驿、岑黄驿、白泥驿、黄平驿，永宁宣抚司有永宁驿、赤水驿、普市驿、摩泥驿、阿永驿，天全六番招讨司有太平驿，黎州安抚司有沈黎驿。

第三，驿站由驻军管理。松潘等处军民指挥使司有古松驿、镇平驿、归化驿、三舍驿，叠溪守御千户所郁即长官司有来远驿，建昌卫军民指挥使司有阿用驿、泸川驿、白水驿、溪龙驿、泸沽驿、禄马驿。

第四，驿站不设驿官，由相关官员兼领。盐井卫的驿传就未设驿官，申请设立驿官时，也没有得到吏部的同意。洪武二十八年（1395年）正月"置四川盐井卫军民指挥使司儒、医、阴阳学官。时本卫新置，以儒医、阴阳学、井仓库、驿传未设官为请。吏部议：'仓库官以镇抚兼之，驿官以百户领谪卒当传者兼之，儒学等官宜从其请。'从之"①。多一官则多一官的费用，所以吏部不同意将缺官全部补上，驿丞虽缺，但驿夫本是谪卒充当，管理这些谪卒的百户正好兼领驿站事宜，这是一个可行的安排。

第五，驿站由巡检司管理。巡检司主缉捕盗贼，盘诘奸伪，设于各府州县关津要害处，往往也在驿道上，巡检与副巡检都是从九品，比驿丞的地位高，故亦有以之管理驿站事务的。正统九年（1444 年）三月，"徙四川眉州鱼耶镇巡检司井水驿于本州两河口。从判官李瑛等奏请也"②，井水驿即属于鱼耶镇巡检司管理。

驿站由府或州县管理是明朝驿递制度中最为常见的形式，而在西南地区，驿站由土司管理亦是一种常见的形式。四川驿站由巡检司代管，云南驿站由土官与流官共同管理，又是西南地区之特例。

第二节　驿递人员的构成与管理

"明置箐口、新店上下二驿，驿丞各一员，驿史各一名，抄牌各一名，箐口夫十二名，各马十匹，新店夫十五名，马十二匹，新店下驿明崇祯间裁，箐口亦寻废。"③"驿史"显系"驿吏"之误。在荥经县，明朝驿站的人员构成包括四种：驿丞、驿吏、抄牌、夫。

驿吏、抄牌、夫三种人员均属驿丞管理。驿吏、抄牌是驿站内部的工作人员，驿丞管理起来颇为方便。而夫不一定是驿站内部的工作人员，较多的是当地政府或土司、军卫派给驿站的劳役人员。

荥经县驿站有驿丞、驿吏、抄牌、夫，西南其他驿站不一定都有这样的

①　黎邦正、刘重来、郑家福编：《明实录类纂·四川史料卷》，武汉出版社 1993 年版，第 46 页。

②　黎邦正、刘重来、郑家福编：《明实录类纂·四川史料卷》，武汉出版社 1993 年版，第 55 页。

③　张赵才等纂修：《荥经县志》，《中国方志丛书》第 369 号，民国四年刊本，第 165 页。

人员配置。嘉靖《贵州通志》详细地记载了贵州职官的设置情况，就仅仅涉及驿丞与驿吏两种人员，没有抄牌一职。夫肯定是有的，没有记载，说明不在驿站的编制之中。

郑珍的《遵义府志》记载："湘川、永安、乌江三驿，库、馆、厨、书各四名，凡一十二名，名七两二钱，共八十六两四钱。募夫，湘川七十名，永安五十名，乌江三十名，凡一百五十名，名七两二钱，共一千零八十两"；真安州"乐源、乐道二驿，管驿各一名，名日支三分，岁十两八钱，共二十一两六钱；抄牌书手各一名，募夫各一十六名，凡三十四名，名七两二钱，共二百四十四两八钱"；桐梓县"播川、桐梓、松坎、夜郎四驿，馆夫、厨、书共一十三名，名七两二钱，共九十三两六钱。募夫，驿五十名，凡二百名，名七两二钱，共一千四百四十两"；仁怀县"永镇、永定、儒溪三驿管驿各一名，名日支钱三分，共三十二两四钱。募夫驿一十六名，抄牌、书手各一名，凡五十一名，名七两二钱，共二百六十七两二钱"。① 则遵义府所属各州县驿递人员的构成就不同。遵义县所属三驿中实际上有驿丞、库夫、馆夫、厨师、书手及招募的夫六种人员。真安州所属乐源、乐道二驿，仁怀县永镇、永定、儒溪三驿中，有管驿、抄牌、书手及募夫，只有四种人员。抄牌与书手的职责有什么区别，已经不详。桐梓县四驿馆夫、厨、书共十三名，没有库夫一职。一个府内都有如此差别，可知在西南地区，驿站人员的构成存在较大区别。

《桐梓县志》中提到桐梓县共有四个驿站，其中夜郎驿设巡检一员，播川驿、松坎驿、桐梓驿各设驿丞一员，四驿有馆夫、厨夫共十三名，另有募夫，"每驿五十名，凡二百名，每名七两二钱"②。

书手在驿站中普遍设置。嘉靖三年，贵州巡按御史陈克宅《疏陈驿传五

---

① （清）黄乐之、（清）平翰等修，（清）郑珍等纂：《遵义府志》，《中国方志丛书》第152号，清道光二十一年刊本，第291页。
② 周西成等修，犹海龙等纂：《桐梓县志》，《中国方志丛书》第154号，民国十八年刊印本，第157页。

事》云："三、清查役占。言各驿传官吏多以水马夫役，别充门厨、书手等名色，猾者得以规避，而役者负累逃亡，宜清出以均役使。"① 意谓书手等本有专职，但各驿官吏往往以驿站夫役代替，何以要这样呢？因为没有专门的书手，书手的工食银也就留下了，相关官员就可以吞掉这一份工食银。驿站夫役去当书手，夫役就要另派，这又增加了老百姓的负担。门厨、书手都这样，百姓增加的负担就不小。所以陈克宅上疏朝廷，请求清查。云南、四川驿站中未见关于书手的记载。

除了驿站的人员以外，还有军站与递运所、铺的人员，亦属于驿递人员。站与铺的人员均属于军队管理。嘉靖《贵州通志》载："贵州卫屯城站铺官军二千三百一十六户，五千三百九十七丁口"，新添卫"屯城站铺司官军二千三百五十七户，二万一千九百七十七丁口"，平越卫"屯城站铺司官军民三千一百五户，二万一千九百七十九丁口"。② 各卫所的人口均包括站与铺的人员，这些人员的管理也由卫所负责。该书称铺司人员为"铺司兵"，亦可见铺司人员与驿站人员在性质上的区别。

一、驿丞

驿站的负责人称为驿丞，没有品级，"驿丞典邮传迎送之事。凡舟车、夫马、廪糗、庖馔、裯帐，视使客之品秩，仆夫之多寡，而谨供应之。支直于府若州县，而籍其出入"③。

在明朝西南地区，不仅管理驿站的机构千差万别，呈现十分复杂的局面，驿丞的身份也较为复杂，至少有如下八种情况：

第一，驿丞为世袭土官。在云南，永坪县永坪驿驿丞李氏与打牛坪驿驿丞杨氏，楚雄府镇南州沙桥驿驿丞杨氏，蒙化府样备驿驿丞尹氏，景东府景

---

① 贵州民族研究所编：《明实录贵州资料辑录》，贵州人民出版社 1983 年版，第 702 页。

② （明）谢东山修，（明）张道纂：《贵州通志》，贵州省图书馆影印明嘉靖三十四年刻本，第 333—334 页。

③ （清）张廷玉等纂修：《明史》，李克和等校点，岳麓书社 1996 年版，第 1088 页。

东驿驿丞与板桥驿驿丞云氏，顺宁府顺宁驿、观音水井驿、牛街驿、锡铅驿、右甸驿、枯柯驿六个驿的驿丞，寻甸府易龙驿土官奄氏，腾越州龙川江驿驿丞王氏，大理府洱西驿土驿丞张氏，赵州德胜关驿土驿丞王氏，云南县云南驿土驿丞袁氏，鹤庆府在城驿土驿丞田氏，观音山驿土驿丞郭氏，都是世袭土官。四川播州宣慰司的桐梓驿驿丞，永宁宣抚司的永宁驿驿丞，建昌卫的阿用驿驿丞、白水驿驿丞、溪龙驿驿丞，均是土官。

第二，驿丞为流官。虽然明朝西南驿站驿丞的成分复杂，但流官仍相对占多数。如贵州的贵州驿、平坝驿、普利驿、关山岭驿、安庄驿、湘满驿、新兴驿、尾洒驿、亦资孔驿、龙里驿、黄平驿等驿站的驿丞，均是流官。

第三，两个驿丞并列，一为流官驿丞，一为土官驿丞。大理府洱西驿，赵州德胜关驿，云南县云南驿，鹤庆府在城驿、观音山驿，均设有两个驿丞，流官、土官各一。

第四，驿丞原为流官，后改为土官。永昌军民府的沙木和驿，洪武二十年置流官驿丞，万历十三年（1585 年）改为土官驿丞。

第五，驿丞原为土官，后改为流官。贵州龙场九驿一直由贵州宣慰司管辖，驿丞亦由宣慰司辖下的小头目兼任，正德年间，王阳明由兵部主事贬为龙场驿驿丞，是由土官改为流官。

第六，未设驿丞，驿务由当地少数民族头目分管。如万历时期的贵州金鸡驿，头目卧这负责驿站的马匹，头目夜莫负责驿站的费用；奢香驿，头目化沙负责驿站的马匹，头目以则负责驿站的费用。

第七，有的驿站驿务由其他驿的驿丞代管。如云南可渡驿，驿务由相邻的倘塘驿驿丞代管。

第八，未设驿丞，但专设有管理驿务的人员。这就意味着管理驿务的人员要做驿丞该做的事情，但并不享受驿丞应得的待遇。"遵义县设三驿，乌江、湘川、永安，各丞一员；正安州二驿，乐源、乐道，无丞官，置管驿。桐梓县四驿，播川、桐梓、松坎，各丞一员，夜郎有巡检。仁怀三驿，儒溪、永镇、山盘，无丞官，置管驿。"① 清朝时，遵义的驿丞与管驿同明朝一样。"湘川、永安、乌江驿丞三员，岁各本折米三十六石，共银三十四两一钱二分八厘。"每位驿丞每年有十一两多俸银。"永镇、永定、儒溪三驿管驿各一名，名日支钱三分，共三十二两四钱。"② 每名管驿每年只有十两多一点。管驿的俸银比驿丞的俸银略少。

驿丞身份的不同，决定了驿丞管理的不同。流官驿丞每三年一次由布政司考核，而土官驿丞是世袭，只需要按照土司袭替的手续办理袭职就可以了。

明朝州县官员不多，驿丞也是官员之一，也常常参与县上的其他事务。"紫府元关，在城内西北文昌宫，字极端劲，前后书明万历知州胡应正，判官于祥光、吕范；吏目乔建，学正刘宗周，训导苏东，驿丞王一位。嘉庆八年掘地得之。"③ 这位叫王一位的驿丞显然参与了紫府元关的修建事务，因而得以与汉州其他官员一道刻名石碑。这说明在一般的州县中，驿丞还是有一定地位的。

二、驿吏

嘉靖《贵州通志》中提到贵州的驿站，每个驿的编制均为驿丞一员，驿吏一员。"查城驿，驿丞一员，吏一员……安庄驿，驿丞一员，吏一员。"④

嘉靖《寻甸府志》载："易龙驿司吏一员。"⑤ 驿站的吏又称司吏。

---

① （清）黄乐之、（清）平翰等修，（清）郑珍等纂：《遵义府志》，《中国方志丛书》第152 号，清道光二十一年刊本，第584 页。

② （清）黄乐之、（清）平翰等修，（清）郑珍等纂：《遵义府志》，《中国方志丛书》第152 号，清道光二十一年刊本，第291 页。

③ （清）刘长庚等修，（清）侯肇元等纂：《汉州志》，《中国方志丛书》第387 号，清嘉庆十七年刊本，第1604 页。

④ （明）谢东山修，（明）张道纂：《贵州通志》，贵州省图书馆影印明嘉靖三十四年刻本，第311 页。

⑤ （明）王尚用修，（明）张腾纂：《寻甸府志》上，上海古籍出版社影印明嘉靖刻本，第24 页。

"广西府在城铺，立铺司一名，挂号本府，原未设铺，只有铺兵四名，一应公文俱发在城驿吏填挂，明万历二十五年，经制每名年给银三两六钱，余两州余银内按季支给开销，今仍旧例。"① 在城铺只有铺兵，公文就要由在城驿的驿吏填写，可见铺司兵不负责文书的填挂，站丁与驿夫也不会负责文书的填写，但铺递来往的公文都需要填写登记，如果设了铺，就由铺司填写，而云南广西府因为未设铺，只有铺兵，所有的公文都要由在城驿的驿吏填写。一般来说，站丁、驿夫及铺司兵都没有文化，无法承担填写文书的事务。驿站每天都有财物进出，需要管理钱物、记账，这些往往也是驿吏的事情。驿丞是管理者，驿吏的工作主要是协助驿丞管理驿务。

三、驿夫

纪慧娟等人认为明朝的驿递夫役佥派方式可以分为两个阶段："从明初至弘治初年为驿递夫役佥派方式的第一阶段，其主要特征是依照民户交纳田粮的不同数量佥派夫役，并由民户亲身服役。……从弘治初年至明末为驿递夫役佥派方式的第二阶段，其主要特征是纳银代役、官募民当。"② 从现有资料看，西南地区也多少出现过这种变化，但并不普遍，尤其是少数民族老百姓亲身服役的方式，基本上没有变化，一直延续到了明末。

在一个标准的驿站中，夫役人员必不可少。如平溪驿，额定马驴六十匹头，至少需要三名以上的马夫，因为还需要牵马送客，则需要的马夫更多。六十匹头马驴，至少需要三十名以上的马夫才能够顾得过来。来往的客人要住宿，需要客房服务人员；要吃饭，就需要厨师；食材需要采买，就要有采买的人员。而这各种各样的人员，就是驿站中的驿夫。据刘广生《中国邮驿

---

① （清）周垛等修，（清）李绶等纂：《广西府志》，《中国方志丛书》第 270 号，清乾隆四年刊本，第 98 页。

② 纪慧娟、宗韵：《明代驿递夫役佥派方式之变化》，《安徽师范大学学报》2003 年第 1 期。

史》，福建瓯宁城西水驿，马八匹，驴六头，船十只，有夫百名。① 福建的这个驿并非大驿，就有百名驿夫，可见驿夫在驿递体系中，是一个较为庞大的群体。但在西南地区，夫不一定是驿站内部的工作人员，较多的是当地政府或土司、军卫派给驿站的劳役人员。在为驿站服劳役时，他们由驿站的驿丞管理，不服劳役时，则不属驿丞管理。他们与驿丞的管理关系仅仅是临时的。驿丞要对他们行之有效地进行管理，往往要依靠安排他们前来服役的政府或土司。

天启《滇志》中载三泊县禄丰驿、赵州德胜关驿有库夫一职，石屏州宝秀驿有库夫、馆夫各一名，楚雄县吕合驿有馆库、门子，定边县定边驿、新田驿均有馆夫，路南州和摩驿有门库、馆夫。则驿站中有馆夫、库夫、门子等职，各驿不一定全设。

实际上，驿夫还包括负责扛抬的站夫和负责递送文书的铺司兵。但站夫与铺司兵均由军队管理，管理起来的难度相对小一点。

第三节　驿站、驿道、桥梁及渡船的维护与管理

一、驿站与驿道的管理及维护

"明时各地驿站规模大小不等，但建筑规格大体相仿，大同小异。一般的驿站有厅堂、仪门、鼓楼、厢房、仓库、厨房、马房等。驿舍的营建修缮归工部管。福建瓯宁城西水驿，洪武二年建，中为厅，左右为房六，房为燕居所。前为穿廊，中为十字过廊，左右为六，南为前厅。大南为鼓楼。前厅之右有小厅三间。为各官憩止之所。小厅北为庖厨。又北为驿官住宅。此驿有船十只，马八匹，驴五头，夫百名"②，西南地区驿站的大小与此相差不

---

① 刘广生主编：《中国古代邮驿史》，人民邮电出版社 1986 年版，第 285 页。
② 刘广生主编：《中国古代邮驿史》，人民邮电出版社 1986 年版，第 285 页。

大。《重修花林驿记》载，花林驿有正厅一间，左右廊庑十间，鼓楼三间。①
四川花林驿共有 14 间房，不包括马厩。云南"易龙驿驿馆改为察院，驿官
公廨前厅三间，后厅三间，两厢房六间"②，驿站共十二间房，不包括马厩。
清朝的驿站大小也大体相当。清朝贵州皇华驿六十匹马，有马棚八间、役房
六间、差房三间；龙里驿五十匹马，有马棚三间；新添驿有十五间马棚。十
来间房与十来间马厩，是明清时期西南地区一般驿站的规模。

铜仁府未设驿，但设有游鱼铺、田垱坪、坝黄、坝盘、省溪、提溪、凯
土、客寨、桃映等公馆。田垱坪公馆"在城南七十里，本府万山司、思州府
黄道司交界之所，嘉靖二十七年守巡道议允建。正厅三间，后厅三间，前后
厢房左右各二间，仪门三间，大门楼一座，前有影壁"③。公馆与驿站的大
小亦相当。实际上，公馆也起着与驿站基本相同的作用，因为驿站是朝廷的
建置，批复起来要麻烦得多，但过往官员需要招待，需要有休息的地方，所
以各地就常设立公馆，解决过往官员的接待问题。从田垱坪公馆的情况看，
公馆与驿站不同的是公馆没有马厩，只负责接待官员，而不负责提供马匹。

有的驿站没有房子。如龙场驿，因为由当地头目带管，所以没有驿丞住
房；因为来往的官员与官差都住在老百姓家里，所以也不需要客房；马也由
老百姓养在自己家里，也没有马棚。因此王阳明被刘瑾构陷，贬为龙场驿驿
丞的时候，一开始借住在老百姓家里，后来自己搭草棚，再后来住在山洞
里，直到当地老百姓帮他建了房子以后，王阳明才有一个正式的住所。王阳
明写有多首诗详细记载自己这一段生活经历。《初至龙场无所止结草庵居之》
中的草庵："草庵不及肩，旅倦体方适。开棘自成篱，土阶漫无级。迎风亦
萧疏，漏雨易补缉。灵濑响朝湍，深林凝暮色。群僚环聚讯，语庞意颇质。
鹿豕且同游，兹类犹人属。污樽映瓦豆，尽醉不知夕。缅怀黄唐化，略称茅

① （清）吴龙簸纂：《忠州直隶州志》卷一，清道光六年刻本。
② （明）王尚用修，（明）张腾纂：《寻甸府志》上，上海古籍出版社影印明嘉靖刻本，第27页。
③ （明）万士英修纂：《铜仁府志》，黄尚文点校，岳麓书社2014年版，第55—56页。

茨迹。"草棚很小，进去出来都得低着头，尽管如此，王阳明对这个草棚还是颇为满意。对于一个跋涉了几千里，又在他人的家中借宿了一段时间的人来说，有一个属于自己的草棚，确实是一件很值得高兴的事情。再后来，王阳明找到了一个山洞，这就是现在的阳明洞，王阳明找到这个洞后很高兴，一连写了三首组诗，题为"始得东洞遂改为阳明小洞天"，其中一首是这样的："古洞闷荒僻，虚设疑相待。披莱历风磴，移居快幽垲。营炊就岩窦，放榻依石垒。穷窒旋薰塞，夷坎仍扫洒。卷帙漫堆列，樽壶动光彩。夷居信何陋，恬淡意方在。岂不桑梓怀，素位聊无悔。"在王阳明看来，山洞就像是专门等待着自己的。驿丞要自己搭草棚，要住在山洞里，说明当时的龙场驿站确实没有房屋。

驿站没有房屋，这在西南地区的驿站中比较少见，但龙场九驿多是这种情况。这条驿道不当冲途，来往人员不多，故而如此。

在明朝西南驿递制度中，驿站与驿道的维护也会成为一个问题。驿站与驿道刚建好时不用考虑维修费用，但各种赋税固定下来以后，就难以另外增加维修费用。驿站的开支是分项的，驿丞要把每年的用度造册上报。如果驿站处于僻途，接待任务少，固定的费用都用不完，可以用于驿站与驿道的维修。如果驿站处于冲途，固定的费用本身就不够，维修费用就会有问题了。但驿站与驿道总会需要维修，谁来承担这一职责呢？一般是谁管理谁维修。"知府，掌一府之政，宣风化，平狱讼，均赋役，以教养百姓。……凡宾兴科贡，提调学校，修明祀典之事，咸掌之。若籍帐、军匠、驿递、马牧、盗贼、仓库、河渠、沟防、道路之事，虽有专官，皆总领而稽核之。"[1] 知府这一职位至少在两个方面与驿站的维护工作相关。因为要管理驿递与道路，驿站与驿道破败了，当然要负责维修，这是一个方面。而维修驿站需要经费，也只有分派给当地老百姓承担，而"均赋役"也是知府的职责。"知县，掌一县之政，凡赋役、岁会实征，十年造黄册，以丁产为差……凡养

① （清）张廷玉等纂修：《明史》，李克和等校点，岳麓书社1996年版，第1086页。

老、祀神、贡士、读法、表善良、恤穷乏、稽保甲、严缉捕、听狱讼，皆躬亲厥职而勤慎焉。"① 县境内的事务都是知县的事务，当然包括驿站与驿道的维护，赋役与丁差更是与这一职责直接关联。

维护驿站与驿道不仅是地方官的职责，同时也与地方的形象有关系，上级官员经过，看见驿站破败，自然对主管官员印象不好。地方官要千方百计让经过的官员满意，并希望有权势的官员在过境时对自己留下好的印象，就要主动地维护好驿站与驿道。

"大龙驿，卫志在治北六十里，明崇祯五年参将苏迪筑营重修。"② 大龙驿至于需要重修，说明已经破败至极了，而重修时由参将苏迪负责，则是动用了军队。

二、桥梁的修建与管理

桥梁的修建与维护是驿道畅通的一个重要保证。修建桥梁的主体有多种情况。如贵阳南济番河上的桥为贵州宣慰使宋昂建；赤水河"当云贵驿道，始以舟渡，寻为浮桥。然南北近岸处水浅，桥船不能及岸，人犹病涉。正统初，卫人任英造小船维之，桥始与岸接。景泰间，指挥安义、王谦，百户陈旺皆相继葺之，人甚便焉"③，"万历十二年，御史毛在造浮桥，行不病涉"④，景泰间所建浮桥已经无存，故万历年间，毛在要重造浮桥；贵阳南明河上的霁虹桥由镇远侯顾成所建；贵阳二桥、三桥由巡按御史萧良与都指挥同知焦得等组织修建，水西驿道上的麦驾桥由宣慰史安观修建。

一般来说，桥的修建遵从属地原则，即在州县境内，就由州县组织人力修建。如在郭子章的支持下，永宁知州吴天祐修建盘江浮桥，平越同知杨可

① （清）张廷玉等纂修：《明史》，李克和等校点，岳麓书社 1996 年版，第 1087 页。
② （清）杨昶等修，（清）王继会等纂：《会理州志》，《中国方志丛书》第 367 号，清同治九年刊本，第 860 页。
③ （明）谢东山修，（明）张道纂：《贵州通志》，贵州省图书馆影印明嘉靖三十四年刻本，第 262 页。
④ （明）郭子章：《黔记》，赵平略点校，西南交通大学出版社 2016 年版，第 238 页。

陶修建麻哈江浮桥。在卫所境内，就由卫所组织修建。都匀府与都匀卫同城，重安江浮桥就由都匀府推官罗德星与守备薛绍瑄等共同修建。在土司境内，当然由土司组织修建，水西驿道上的麦驾桥就由宣慰使安观修建。但有时河道宽广，或地形复杂，当地无力组织修建，就需要更高一级的政府机构广募钱财，组织修建。如麻哈、重安江、盘江浮桥，就由贵州巡抚郭子章组织人员修建。乌撒野马川干河桥，就由贵州巡按御史宋兴祖组织修建。如果政府无力或无心修建，一些急公好义的人会捐钱修建，或捐钱倡建。如汉州灵公桥就由当地乡民涂文显捐资修建，汉州姚景桥由当地乡民姚景捐资修建，汉州东南的罗经桥由乡民罗经捐资修建。"戴文元，叙府戴家湾人……其后裔曰孝曾，孝曾子友璋，均笃行好善，梅桥、接龙桥，孝曾倡募，三建三圮，郁郁以终。友璋迁地选石，毁家倾囊而后成，至今利赖焉。"[①] 江安县的举人戴文元，不仅自己急公好义，而且其后代也都乐于行善，倾尽家产，建了梅桥、接龙桥。

"灵公桥，西连蜀郡，北达关陕，往来当道，士夫驿使，商旅络绎不绝，诚要道也，旧有徒杠，不时损坏，行者有仆踬之苦，但遇当道历节一次，地方修葺须苦一次，搔扰甚大。"[②] 从此段文字可以看出，桥的管理仍然遵从属地原则，即桥在何地，就由所属地方政府、土司或卫所负责管理。"桥既成。吴知州进曰：事之始作也不易，而善终难。浮桥岁当小修，三岁敝纲，当大修，费将安出？予曰：市田若何？三桥当孔道，滇黔共之，滇两台陈中丞、宋直指二公助金五百有奇，滇梅方伯五十金，黎平守井济博八百有奇，皆田甃也。吴曰：市田匪人，始以腴诳官，二三年后暗易以石田，则法穷。安南、安庄、清平、平越，四卫故有赈田，改为桥田，则田不价而利永。"[③]

---

① 严希慎等修，陈天锡等纂：《江安县志》，《中国方志丛书》第 375 号，民国十二年铅印本，第 235 页。

② （清）刘长庚等修，（清）侯肇元等纂：《汉州志》，《中国方志丛书》第 387 号，清嘉庆十七年刊本，第 1274 页。

③ （明）郭子章：《黔记》，赵平略点校，西南交通大学出版社 2016 年版，第 225 页。

因为遵从属地原则，永宁州建了盘江浮桥，永宁州知州吴天祐就要考虑维修桥梁的费用。而设桥田，是筹集维修桥梁资金的重要方法，即用桥田的租金维修桥梁，这样，桥梁的维修就能够得到很好的资金保证。

三、渡船的管理

渡船亦是驿递交通中的重要一项，在四川，水路交通发达，水驿颇多，渡船费用作为驿站费用的一项，分别由不同单位负责。"峡口水驿，在县东南七十里……又明时本县应役夫八十五名，应递马四十匹，船八只。"① 云南与贵州渡船不多，渡船的添置与维修都指定由当地政府或土司负责。"宣慰司陆广、落折、沙溪诸渡额于宣慰安仁部夷置，思南府府前上下诸渡，额于水德江司、蛮夷司置，镇远府镇阳江、焦溪、永安、下坪渡，额于本府置，铜仁府渔梁、西门二渡额于铜仁等司置，石阡府苗民司前渡本司置，永宁州盘江渡额于慕役司、沙英寨二处三年轮置。"②

---

① （清）徐行德等纂：《纳溪县志》，《中国方志丛书》第364号，清嘉庆十八年修，民国二十六年铅字重印本，第224页。

② （明）谢东山修，（明）张道纂：《贵州通志》，贵州省图书馆影印明嘉靖三十四年刻本，第18页。

第三章　明朝西南驿递供应制度

第一节　驿递的费用[①]

作为专门的接待迎送机构，驿站的开销不少。郭子章说："环黔三十余驿，驿岁费二千金，共六万金。"[②] 云贵通道上的驿站因为接待任务重，驿站的开销确实不少。如镇远驿，定额马驴四十八匹头，马价与草料银每年二千七百八十两，供馆银三百六十两，仅此两项，每年即达三千一百四十两；还有四只站船，每年需要修理，有时需要添加；还有铺陈等，也是一笔不小的费用。每年的费用应该接近四千两。而如龙场九驿等驿，每年的费用不会太高。三十个驿站，总的费用接近六万两，不是一个夸张的数字。而且贵州许多驿站的费用并未直接计算出来，而是以亲身应役、自备答应等方式完成的，也无法计算。如果将这部分也考虑进来，贵州驿站的开销要远远大于这一数字。

四川驿递费用，万历五年（1577 年）八月，"四川抚按奏，该省驿传站银共十二万五千八百九十余两，自奉例裁省，节年余银积有前数，请抵充万

[①] 驿递的费用实际上很复杂，因为驿递还包括各军站，则各军站的费用实际上也是驿递费用。但考虑到各军站的费用仅仅只有军士的月粮，甚至只有各军站的屯田来供应，因而本节不做专门分析。

[②] （明）郭子章：《黔记》，赵平略点校，西南交通大学出版社 2016 年版，第 535 页。

历六年征额。许之"①。而这一数字显然也不包括驿递的各种无偿劳役。江津4863户中，"水马驿夫320户，红马船夫153户，医13户，兽医1户，捕猎1户，铺兵53户"②。江津一地为驿递服务的共有506户，他们提供的服务自然不会是政府出钱购买，即使政府出钱，也只是对整体劳务的微不足道的补偿。洪武二十五年（1392年）秋七月，"巫山县民言：'南木隘驿道险隘，艰于送递，驿马相继走毙。惟奉节有仙女驿，古道坦夷，由仙女驿至施州，地［境］皆宽平，若加开凿，实永久之利。'上遣行人李靖往治驿道，仍相度屯田之所。于是立屯五处：曰新村中坝；曰马口，曰石家曹，曰石轩泙，曰枝陇坝。命刑部以罪囚当罚充军者往屯之。"③李靖治驿道而立屯，屯田就是为驿递夫役而设。对于充军罪囚，不需要考虑给他们相应的报酬，但如果不提供田地，则这些罪囚无以为生，驿站的运行也就得不到保证。如果将四川驿递的这一部分无偿劳动也折算成工钱考虑进来，驿递的开支将会是一个很大的数字。

据天启《滇志》记载："各驿站银，除动支商税课银、马场、站田、站丁及土司夷目通火亲当外，实编马站支销银三万三千四百七两三钱三分八厘三毫一丝七忽四微，协济贵州站银，科朝年二千五百两，常年一千五百两。"亦即云南驿站每年费用的很大部分不以银两计算，而是由各驿站站丁或土司自行承担，因而有一大笔费用没有办法统计。如在北胜州，"澜沧驿站马七匹，系高土官目把应当，本州给马料麦十四石、廪粮麦二十石、廪米小菜共银十二两二钱二分。清水驿站马七匹，系永宁、北胜、蒗蕖、阿高三土官目把应当，本州给马料麦十四石、廪粮麦十石、廪米小菜共银九两一钱一分。俱于存留粮内支。协济贵州站银三十五两……铺司七名，系土司夷民轮充，

① 黎邦正、刘重来、郑家福编：《明实录类纂·四川史料卷》，武汉出版社1993年版，第1224页。
② 陈世松主编：《四川通史·元明卷》，四川人民出版社2010年版，第281页。
③ 黎邦正、刘重来、郑家福编：《明实录类纂·四川史料卷》，武汉出版社1993年版，第219页。

不支工食"①。北胜州负责澜沧、清水两个驿站的各项供应，并有协济贵州驿站的任务，这些加起来共银五十六两三钱三分。两个驿站共有站马十四匹，一匹马的马价在当时各驿站计算结果并不相同，云南永宁府每匹折银五两，马价银七十两，远高于驿站的其他支出。永宁府处于偏僻地段，马价折得不高。宝山州七匹差发马，每匹即折价七两。贵州平坝驿最初定的马价是三十一两，后加至四十两，万历四年加至四十四两四钱。安庄驿每匹三十九两。如果北胜州两个驿站的十四匹马每匹马仅折价三十两，马价银是四百二十两，北胜州投入到驿站的费用，未折成钱粮的部分是以银两计算部分的七点五倍。再如元江府："本府岁编因元驿站马、铺陈，俱系土府答应……铺兵八名，俱系夷民充当。"② 而仅就能够清楚统计的而言，常年是三万四千九百余两，科朝年是三万五千九百余两。

总的来说，驿站的费用对于西南地区政府来说，是一笔不小的开支。西南地区尤其是云贵两地，土司领地较广，朝廷为了保证民族地区的稳定，在土司领地所征赋税往往不多，有时甚至只象征性地收取一些赋税。明朝的贵州不仅土司领地较宽，而且还有不少既不归政府管理，也不归土司政权管理的"生地"，不仅朝廷对这些地区的情况完全不了解，就是邻近的土司对这些"生地"也很陌生，当然完全谈不上赋税收入。加之贵州经济不发达，土地贫瘠，赋税极低。相对于很低的赋税收入，驿站的费用就显得特别高。以桐梓县为例："驿站设馆伕、厨伕 13 名，每名年支银 7.2 两，计 93.6 两；募伕 50 名，共 200 名，年支银 1440 两；驿马 30 匹、计 120 匹，各配马伕 1名，每名年支雨具、草料、马伕银 30 两，共 3600 两。4 驿站编制 248 人，除官员薪俸外，年共支银 5133.9 两……时桐梓赋税年收入银 4925.57 两，驿站开支为全县岁征田赋银的 104.15%。"③ 驿站开支已经超过了桐梓一县的

① （明）刘文征：《滇志》，古永继校点，云南教育出版社 1991 年版，第 245 页。
② （明）刘文征：《滇志》，古永继校点，云南教育出版社 1991 年版，第 241 页。
③ 桐梓县地方志编纂委员会编：《桐梓县志》，方志出版社 1997 年版，第 470 页。

赋税收入，故而驿站的费用由桐梓、仁怀、绥阳三县和真安州共同承担，即使如此，桐梓县仍然要承担 1507.4 两。

第二节　驿递费用的构成

明朝各驿站总的费用多有记载，但具体项目的费用已经少有资料可考。清朝的资料还不少。以清朝《玉屏县志》所载玉屏驿为例，就涉及十多个项目：驿马的饲料钱、马夫的工食银、马棚修理费、马鞍制作费、马槽费、铡刀费、马掌费、饲料及粮食仓库修理费、马药费、马匹补充费、运饷银夫工食费。费用最少的是买铡刀，每年仅一两多银子；费用最高的是运饷银夫的工钱，高达一千四百多两；其次是喂马的饲料，每年达九百两。十一项费用加起来共二千七百九十四两。清朝玉屏驿驿马五十四匹。① 明朝平溪驿驿马定额六十匹，但万历时期仅有二十一匹，当时的费用是一千七百七十一两，其中，马价与草料银一千零一十一两，供馆银一百五十九两，铺陈银十两二钱七分。相对来说，明朝比清朝的费用要低。

本节主要从驿丞的俸银、驿夫的工资、马价与草料银、铺陈银、来往人员的食宿等几个方面对驿递的费用进行讨论。驿递的费用还包括船与桥的维修、驿道维护的费用等，但这些费用往往由管事官员临时措置，或募集捐款，或用罚没款等，无法统计，故在此不予讨论。

一、驿丞的俸银

驿站的驿丞虽然没有品级，但毕竟是官，有一定的俸银。明朝官员的俸银水平普遍不高，驿丞的俸银也不会多。邹元标从都匀贬所召回后，任吏科给事中，上《吏治民瘼疏》，特地谈到了一个驿丞的悲惨命运："惟是贵州，

---

① 钟德善、黄玉尧、姚本渊注，政协玉屏侗族自治县委员会编：《贵州玉屏县志》，贵州民族出版社 1995 年版，第 73—74 页。

僻在亥步穷处，黄茅岚氛，猿猱为伍。士人闻命，有投牒不往者，有既赴郁郁死者。臣请备言其艰辛之状：臣往见都匀一驿丞，南京人也，悬鹑百结，乞食道死。"① 至于乞讨而最后死在路边，其待遇也就可以想见了。此系邹元标亲眼所见，自然最有说服力。

洪武十三年（1380 年）规定，县典史月米三石，递运所大使月米三石，河泊所官月米二石。驿丞的俸银应该与递运所大使相当，至少不会低于河泊所官，则驿丞的俸粮为每月二石至三石。如清朝贵州驿丞每年的工资是三十六石米："湘川、永安、乌江驿丞三员，岁各本折米三十六石，共银三十四两一钱二分八厘。……播川、桐梓、松坎三驿丞三员，夜郎巡检一员，岁各本折米三十六石，共银四十五两五钱零四厘。"② 可资参考。

明朝不同时期，官俸的发放方式稍有区别，但基本上是米钱兼给。明成祖即位，令文武官俸米钞兼支，官高者支米十分之四，官卑者支米十分之六、八，但九品及杂职、军人全支米。这是对下级官员及军人等的一种体恤。因为如果折钞，按一石折钞十贯计，当时一贯仅值二三文钱，一石仅值二三十钱，月米二石，一年二十四石，相当于七两左右的银子，这在明朝已经是很低的工资了。当时马夫的工食银是四两银子，门子、皂隶、禁子的工食银是三两六钱，伞夫、轿夫的工食银是五两。③ 云南罗雄州多罗驿，驿夫每名有工食银九石六斗，另有人均一亩多田。相比之下，驿丞的俸银确实不算多，但月俸二至三石米，驿丞不至于乞食且饿死道旁。

驿丞至于乞食饿死，也许是因为俸米被拖欠。贵州的用度很多靠湖广与四川接济，而两省常常拖欠应该接济的银两。这一情况前文已述及。省里的银两被拖欠了，驿丞的工资也可能被拖欠。除此之外，还有可能是驿站出现

---

① 转引自（明）郭子章：《黔记》，赵平略点校，西南交通大学出版社 2016 年版，第 954 页。

② （清）黄乐之、（清）平翰等修，（清）郑珍纂：《遵义府志》卷十三，《中国方志丛书》第 152 号，清道光二十一年刊本，第 284 页。

③ （明）王耒贤、（明）许一德纂修：《贵州通志》，书目文献出版社 1990 年版，第 435 页。

亏空，驿丞受到牵连。

有的驿丞还有工资以外的收入，威清驿原有驿丞坐马一匹，由卧龙司负责草料。驿站要喂马，也有草料，驿丞的马自然用不着单独喂养，草料钱就算在驿站马匹草料之中，卧龙司解的草料就可以折钱，成为驿丞的个人收入。

不同驿站驿丞的工资亦有不同。一些驿由土官管理，或由少数民族头目代管，没有驿丞，也不会给他们发工资。

二、驿夫的工资

驿夫的工资不可能高，江东之《铜仁建县疏略》中所述官员柴马各役的工资情况，可以成为驿夫工资的参考。"每年知县柴薪二名，马丁二名，共银四十四两。门子二名，皂隶十名，禁子二名，各工食银三两六钱。轿夫四名，伞夫一名，各工食银五两，共银一百一十九两四钱。"[1] 最高的是柴薪与马丁，每人每年十一两。轿夫、伞夫的工食银是每年五两，驿夫的工食银应该差不多。负责扛抬的驿夫工食银要多一点，据郭子章《黔记》记载：黄平州扛抬募夫十六名，湄潭县募夫十四名，每名工食银七两二钱，余庆县募夫八名，瓮安县募夫八名，每名每年六两。[2] 扛抬是繁重的体力活，所以工食银要多一点。

明朝西南地区的驿递中，驿夫的构成情况非常复杂，因而驿夫的工资收入情况也有着极大的区别，支取的方式也各有不同。

第一，支取固定的粮食作为工资收入。"此外，另有站上抬扛伕，洪武初以罪重者充发当军充之，每名岁支粮料十二石。"[3] 驿丞俸米每月二石至

---

① （明）江东之：《铜仁建县疏略》，转引自（明）王耒贤、（明）许一德纂修：《贵州通志》，书目文献出版社1990年版，第435页。

② （明）郭子章：《黔记》，赵平略点校，西南交通大学出版社2016年版，第542—543页。

③ 江钟岷修，陈廷棻纂：《平坝县志》，《中国方志丛书》第279号，民国二十一年铅印本，第544页。

三石，驿夫工资是驿丞的二分之一或三分之一。

第二，有固定的工资。如上文说到的黄平州、湄潭县的扛抬夫每年工食银七两二钱，余庆县、瓮安县的扛抬夫工食银六两。"播州宣慰旧辖十三驿，桐梓县界只设四驿，曰播川，附郭，曰夜郎，即今夜郎，曰桐梓，即今新站，曰松坎。惟夜郎设巡检一员在沙洞，其余三驿各设驿丞一员，所应开支夫马银数如左。夫共一十三名，每名七两二钱，共九十三两九钱。募夫，每驿五十名，凡二百名，每名七两二钱，共一千四百四十两。"①

同是支取固定的工资，但各省驿夫工资多少不等，同一省不同州县之间也可能有区别。云南广西府在城铺，原有铺兵四名，万历二十五年，每名每年给银三两六钱。② 三两六钱是多数驿站的工资水平，但只有桐梓县的一半。这一水平一直延续到清朝。云南府总铺，"共铺司兵一十四名，每名岁该工食银七两二钱，共银一百两八钱"。而昆明县、富民县的铺司兵工食银只有总铺的一半，昆明县"额设清水、板桥、金马等八铺共铺司兵三十二名，每名岁该工食银三两六钱，共银一百一十五两二钱"，"额设县前、麦场、南营、罗葵等四铺，共铺兵八名，每名岁该工食银三两六钱，共银二十八两八钱"。③ 寻甸府的铺兵的工食银是四两，"本府易龙驿走递皂隶二十名，每名折银四两，共八十两"④。

不仅不同的地方驿夫工资不一样，同一地方不同类型的驿夫也会有不同的工资。"本县布政、按察、分守、兵巡四司并分水、书字、天池、袁坝驿四路看司兵八名，每名工食银三两六钱，奉文加增分水看司工食银四钱，共

---

① 周西成等修，犹海龙等纂：《桐梓县志》，《中国方志丛书》第 154 号，民国十八年刊印本，第 157 页。

② （清）周埰等修，（清）李绶等纂：《广西府志》，《中国方志丛书》第 270，清乾隆四年刊本号，第 98 页。

③ （清）范承勋、（清）张毓君修，（清）谢俨纂：《云南府志》，《中国方志丛书》第 26 号，清康熙三十五年刊本，第 230—231 页。

④ （明）王尚用修，（明）张腾纂：《寻甸府志》上，上海古籍出版社影印明嘉靖刻本，第 27 页。

银二十九两二钱，有闰加银二两四钱。县门……等十七铺司兵六十八名，工食银共六百八十两。大歇、峰门、袁坝、碧山四铺司兵十六名，工食银共一百三十一两二钱，高都、江市二铺司兵六名，工食银共四十三两二钱，通共司兵九十名，共银八百五十四两四钱，减银二百六两四钱，每名实编工食银七两二钱，共银六百四十八两，东路自分水起至西路沙河铺止，十二铺，每铺加银二两四钱，共加银二十八两，有闰加银五十四两。"① 驿站夫役实际上分多种类别。看司兵工食银最少，每名三两六钱，分水司的多四钱。县门等十七铺六十八名司兵，每名工食银十两；大歇等四铺的十六名共银一百三十一两二钱，每名八两二钱；后来费用减少，铺司兵的工资统一为七两二钱。但因为冲僻不同，分水铺等十二铺又每铺加了二两四钱。因为各铺司兵不等，所以增加的银两也就不同。分水等铺每铺司兵四名，每名增加六钱。一般司兵要随时准备递送公文，不分昼夜，不顾风雨，公文来了就要递送，比看司兵辛苦，而且要限时将公文递送到下一铺，所以也要很好的体力，工资就要高一些。而看司兵的职责是看守铺司，既不需要很好的体力，相对也轻松得多，工资也就少得多，只有其他司兵的一半。

第三，没有工资，也不发口粮，官府提供田地，靠屯田维持生活。"湖广五开至靖州置驿十二，驿夫以刑（徙）［徒］充之，仍令屯田自给。"② 这些驿夫因为犯了罪，所以既要承担驿站的差役，又没有报酬，只能靠屯田维持生活。"铺司之设，中土皆编目均徭，岁一更换。云南多系土民，明洪武中徙戍者傍铺而居，世执其役。虽有冷饭田、火把田之名，而年久变故，或荒瘠难耕，或隐没莫认，或侵占不归，所得既不足以自给，而昼夜靡宁，此力役之最苦者，所宜恤也。"③ 冷饭田与火把田就是驿夫的工资田，由于年

---

① （清）朱言诗等纂修：《梁山县志》，《中国方志丛书》第378号，清光绪二十年刊本，第529—534页，

② 贵州民族研究所编：《明实录贵州资料辑录》，贵州人民出版社1983年版，第57页。

③ （清）刘毓珂等纂修：《永昌府志》，《中国方志丛书》第28号，清光绪二十一年刊本，第78页。

代久远，有各种变故，还因为"昼夜靡宁"，使他们没有精力好好耕种，从而无法保证基本的生活条件。

第四，开始没有工资，也没有口粮，后来做了调整，发放了一些口粮。"弘治元年五月……给贵州龙里、威清、永宁、赤水、关索岭等站所甲军行粮每日人一升，本色与折色，间月关支。从巡抚都御史孔镛等请也。"① 由于都御史孔镛的申请，龙里、威清等站的站夫得到了口粮。但铺军仍然没有口粮。《黔记》在记载金事李珉的事迹时说："疏奏贵州站铺边军扛抬递送之苦。上命站军月支粮五斗，铺军月支粮三斗，铺站之粮自公始。寻升四川金事。"站夫原来没有口粮，因孔镛之请，始每月发口粮三斗，现发五斗，增加了两斗，是因为李珉的申请。而铺军也开始发口粮了。《黔记》中载吴倬："又以诸站堡军役疲甚，请益粮三斗。"吴倬在贵州先任金事，后任副使，其间孔镛也在贵州当过都御史。不大可能孔镛增加了三斗后，吴倬继而再增加三斗。当是加粮一事，吴倬与孔镛都有过提议，或是吴倬的建议得到了孔镛的认可。

第五，既无工资，无口粮，也不提供田地耕种，甚至要照常纳粮，无偿地为驿站服役。这类人往往是当地老百姓，由官府派差给他们，轮流承担驿站的差役，没有任何报酬。

三、马价与草料银

马价与草料银是驿站最多的一笔费用，但各个驿站的马价与草料银额度并不一致。如贵州威清驿，定额驿马三十匹，马价与草料银共五百二十六两，每匹有十七两多。万历年间实存十九匹马，每匹马三十六两，共征银六百八十四两。再如平坝驿，洪武年间定额十八匹马，每匹马马价与草料银三十一两，后加到四十两，共银七百二十两；万历四年再加八十两，共银八百两，每匹四十四两四钱。洪武年间，平坝驿每匹马马价与草料银比威清驿多

---

① 贵州民族研究所编：《明实录贵州资料辑录》，贵州人民出版社1983年版，第531页。

十四两，后来达到多二十三两，每匹是威清驿的两倍还多。威清驿提高到三十六两后，平坝驿也提高到了四十四两四钱，每匹仍比威清驿的多八两四钱。威清驿与平坝驿在同一条驿道上，两个驿站仅仅相距五十里，在马价与草料银上却有如此大的差别，殊属难解。

从威清驿、平坝驿继续往西，贵州境内还有八个驿站，依次是普利驿、安庄驿、关山岭驿、查城驿、尾洒驿、新兴驿、湘满驿、亦资孔驿，马价银与草料银都各不相同。普利驿马二十九匹，马价与草料银共一千二百零一两二钱，每匹四十一两四钱；安庄驿马二十匹，马价与草料银共七百八十两三钱，每匹三十九两；关山岭驿马十一匹，马价与草料银共六百六十三两，每匹六十两二钱，各驿站中最高；查城驿马二十五匹，马价与草料银共七百零二两，每匹二十八两；尾洒驿马三十匹，马价与草料银共五百二十八两六钱，每匹十七两多；新兴驿马三十匹，马价与草料银共四百二十二两四钱，每匹十四两；湘满驿马三十匹，马价与草料银共五百四十九两六钱，每匹十八两三钱；亦资孔驿定额马三十匹，但久缺十二匹，十八匹马的马价与草料银共七百七十八两五钱，每匹四十三两二钱。新兴驿的最低，关山岭驿的最高。关山岭驿建于万历二十二年（1594年），在众多驿站中建得最晚。其马价与草料银之所以高于其他驿，一是因为建驿时物价已经颇高，二是因为驿站的马匹很少，马匹的走递率就高，所以马价与草料银也就高。但即便与尾洒驿、新兴驿等一样配置三十匹马，每匹马的马价与草料银仍然达二十两，还是比这几个驿高出较多。亦资孔驿、新兴驿、尾洒驿三个驿站是处于同一驿道上三个前后相接的驿站，接待任务差不多，铺陈银一样，很好理解。但不好理解的是，三个驿的马匹都是三十匹，但马价与草料银却有较大的区别，亦资孔驿的是七百七十八两五钱，尾洒驿的是五百二十八两六钱，新兴驿的只有四百二十二两四钱，亦资孔驿比新兴驿多了三百五十六两一钱，前者是后者的1.84倍。

从贵州驿往东，贵州境内有九个驿站，依次是龙里驿、新添驿、平越驿、清平驿、黄平驿、偏桥驿、镇远驿、清浪驿、平溪驿。龙里驿马驴三十二匹头，每匹头马价与草料银五十四两八钱；新添驿马二十二匹，每匹马马价与草料银六十两五钱；平越驿马驴十九匹头，每匹头马价与草料银一百四十两一钱；清平驿马驴三十三匹零三脚，每匹头马价与草料银将近八十四两；黄平驿马驴二十七匹头，每匹头马价与草料银九十二两六钱；偏桥驿马驴四十二匹头，每匹头马价与草料银六十三两七钱；镇远驿马驴四十八匹头，每匹头马价与草料银五十八两；清浪驿马驴四十六匹头，每匹头马价与草料银五十三两六钱；平溪驿二十一匹头，每匹头马价与草料银四十八两。这九个驿站亦处在同一条驿道上，但马价与草料银相差竟如此之大，最高的平越驿每匹头达一百四十两一钱，最低的平溪驿只有四十八两，平越驿是平溪驿的 2.91 倍，是新兴驿的 10 倍。

不仅不同的驿站马价与草料银会有区别，同一驿站，因马价与草料银承担的单位不同，也会有差别。如贵州驿定制马驴四十六匹零一脚，定番州负责二十七匹零一脚，每匹头马价与草料银十九两；宣慰司洪边负责十九匹，每匹马马价与草料银二十二两。后来马价与草料银额度提高了，定番州承担的马驴提高到每匹头二十八两五钱，宣慰司洪边的提高到每匹三十两，还是不一样。

一些驿站没有具体的马价与草料银数字，如龙场九驿，是指定由某一头目或某地百姓"承走"，就是负责提供马匹，负责将乘驿人员送到下一驿站。

云南驿站的费用在天启《滇志》中大多并未分项统计。在驿站的费用中，站银是很大的一笔，包括补充驿站马匹、马匹的草料、夫役的开支等多项内容。云南府滇阳驿的费用由昆明县、晋宁州、归化县、昆阳州、嵩明州分别承担。昆明县每年承担滇阳驿站银一千五百六十两，铺陈银十七两九钱；晋宁州每年承担滇阳驿站银、中火银、馆夫银一百二十六两二钱；归化县每年承担滇阳驿站银六十三两七钱；昆阳州每年承担滇阳驿中火银、馆夫银一百二十二两；嵩明州每年承担滇阳驿站银五百五十八两。滇阳驿每年总的费用是二千四百五十一两四钱。吕合驿站的费用由楚雄县、定远县、镇南州承担。楚雄县每年承担吕合驿站银一百九十两四钱，馆库门子银六两；定远县每年承担吕合驿站银三百三十三两六钱;镇南州每年承担吕合驿站银三百零七两三钱。吕合驿每年的费用为八百三十七两三钱。板桥驿的是八百一十两四钱,禄膡驿的是一千四百三十二两四钱。不同的驿站,费用的差别可能很大,如滇阳驿是板桥驿的三倍多。

一些驿站的供应是分项由土司或站丁负责的,只有供应项目,没有具体的银两数目。如新平县除承担通海驿站银二十五两四钱八分二厘、协济贵州站银十三两八钱六分外,亲身应役八十二名。亲身应役的八十二名役夫如果按普通役夫付给工资,每个役夫三两六钱工资计算,共计二百九十五两。景东府每年除承担土舍支食钱十两八钱、驿吏书银十两四钱、协济贵州站银十五两四钱一分外,还要承担景东驿站马八匹、板桥驿站驿马五匹;景东驿铺陈由开南、者孟、者古、都剌四乡目把亲身答应。板桥驿的铺陈、廪粮由景东府者后、保甸、猛统、等庄、仲古乡目把亲身答应。云南布政司总的差发项下,八十五匹马折银六百七十七两,每匹马折合七两九钱六分,景东府的十三匹马应当折合一百零三两银子。按贵州驿站最低的马价与草料银算,也应当折合一百八十多两银子;按贵州驿站一般的马价与草料银算,可以折合五百两银子。

"明洪武间设在城、观音山两驿,驿各置丞,在城驿丞以郭生为之,观音山驿丞以田宗为之,俱世袭。分设驿站,以丞管驿事。其后因地僻事简,裁革驿站,而以马分给驿丁,将在城驿站编为二十马头,每马人丁五十六丁,每丁岁征银二钱五分。观音山驿站编为三十马头,每马人丁十七丁,每丁岁征银五钱四分,共征驿站丁银五百五十九两有零。按此项丁银后竟无着。以致官后赔累。"[1] 马分给了驿丁,驿丁负责养马,养得好则官民两便,养得不好,少不了要赔累,贫困的驿丁就可能因此破产。力役改为征银,地僻事简,钱用不完,银两就可能中饱官员的私囊,或被官员挪作他用;但如果没有征上来,征银的官员就要赔补。

---

① 杨金铠纂辑:《鹤庆县志》卷一,大理白族图书馆1983年重印,第47页。

桐梓在明朝时属四川。桐梓四驿每驿三十匹马，每匹马雨具、草、夫共三十两，桐梓驿站驿夫的工食银是七两二钱，马夫的工资也大致相当，桐梓驿的马匹与草料银是每匹二十二两二钱。

四、铺陈银

驿站要安排往来官员或官差歇息与住宿，则需要铺陈。驿站的铺陈有的按副计，没有规定具体的银两数，如贵州驿的铺陈是十二副，威清驿的铺陈是十五副。有的规定了具体的银两数，如普利驿的铺陈银是八十两七钱三分，安庄驿的铺陈银是二十六两，关山岭驿的铺陈银是十六两，新添驿的铺陈银是七十四两，亦资孔驿、新兴驿、尾洒驿的铺陈银均为十七两六钱六分，湘满驿是二十二两六钱六分，查城驿是十四两，都镇驿只有八两。

铺陈银的多少亦没有定数，接待任务重的驿站要多一点，接待任务轻的要少一点。普利驿高达八十两七钱三分，是都镇驿的十倍还多，这是因为普利驿处于滇黔通道上，而都镇驿是湘黔驿道通往都匀府的一个驿站，从此可以通往广西，但明朝时贵州与广西的联系很少，此驿道实际上只有都匀一府与外界联系，因而接待任务不重。普利驿的接待任务要比都镇驿重得多。亦资孔驿、新兴驿、尾洒驿三个驿站是处于同一驿道上三个前后相接的驿站，接待任务差不多，铺陈一样，很好理解。

有时接待任务相当，铺陈银却有较大的差别。如贵州驿的十二副，威清驿的十五副，按理，威清驿的不会比贵州驿的接待任务重。从走递马匹看，贵州驿是马驴四十六匹零一脚，威清驿只有马十九匹；从二驿所处的地理位置看，贵州驿地处省城，威清驿处于卫治，按理说贵州驿的接待任务比威清驿的重，贵州驿应该有更多的铺陈才对，但恰恰相反，威清驿的铺陈比贵州驿多三副。

有的驿站没有铺陈，如龙场九驿等驿，采用指定某一头目或某地百姓负责整个驿站的铺陈供应的方式。

《滇志》记载昆明县负责滇阳驿的铺陈银十七两九钱六分，但滇阳驿总共铺陈多少，《滇志》并未明确记载。《滇志》还记载晋宁州负责禄脿驿站银、中火银、铺陈银六十九两一钱六分八厘，归化县负责禄脿驿站银、铺陈银六十七两九钱八分，但禄脿驿站银、中火银、铺陈银各是多少，并未明确记载。

五、供馆银

云南驿站有中火银、馆夫银等，《黔记》中所载贵州驿站未如此细分，只有供馆银一项，包括了驿站的日常用度和来往官员、官差的廪给等项。供馆银有的按天计算，有的按年计算，亦有按月计算的，有的由指定对象负责。

按年总定供馆银的驿站占多数。普利驿的供馆银是三百一十九两八钱，安庄驿一百五十三两，关山岭驿一百两，亦资孔驿一百八十两，新兴驿四十八两，尾洒驿一百四十九两，龙里驿三百六十两，新添驿三百五十两九钱六分，镇远驿三百六十两，来远驿二百二十四两，都镇驿七十三两六钱。

也有按天计算的，但一年计算的天数却有不同。威清驿原额是每天一两，后改为四钱五分，每年一百六十二两，全年以三百六十日计；平越驿是每天八钱，共银二百八十四两，全年以三百五十五日计；黄平驿也是每天八钱，全年共银二百八十两，只计三百五十天。

按月计算的，月小时供馆银也要相应地减少。平坝驿的是每月二十五两，月小减四钱八分；贵州驿除由宣慰司按日负责一百八十天外，定番州每月负责三十六两，月小减一两二钱。

驿站之间的供馆银数额亦可能存在较大差别。如贵州驿由宣慰司负责一百八十天，每天四两，共银七百二十两，由定番州每月负责三十六两，小月减一两二钱，共银四百二十四两八钱，贵州驿的供馆银每年共有一千一百四十四两八钱，与供馆银低的新兴驿相比，相差十分悬殊，贵州驿是新兴驿的

23.85 倍。如果说贵州驿因为地处省城，接待任务重，这样的差别可以理解，但亦资孔、新兴、尾洒三驿的差别仍然很大，亦资孔驿一百八十两，也是新兴驿的 3.75 倍。

龙场九驿等驿没有专门的供馆银，接待任务亦指定由某一头目或某地老百姓负责。如龙场驿，"供馆安宣慰设馆田叁百陆拾分，每日壹分，田户自备答应"①，即安宣慰将当地老百姓分为三百六十个单位，每个单位自行准备，接待过往宾客。

六、廪粮米

"洪武元年定制，凡经过驿站的使客，正官一员支分例米三升，从人一名支料二升，在驿站住宿的使客，正官一员支米五升，从人支米三升。水路一律按经过支分例，陆路遇晚支顿宿（停顿、住宿）分例。如果使客系便道经过，并非公差去处，每驿支米三升，住宿亦支三升。使客廪给，只能应付一关，不许兼支冒领。廪粮随地方出产供应，不许一概索要大米。"② 对于驿站来说，廪粮米是必要的开支，各驿多少不等，且有的区别颇大。洱西驿八十五石，每石折银七钱，共折银五十九两五钱；新建驿一百四十四两；曲江驿一百七十四两。曲江驿是洱西驿的 2.96 倍。正官一员三升米倒是不多，但官员有多少从人、多少家属，却不能确定。这样，过关官员就有了多索多要的机会，驿站的负担也就会越来越大。

贵州驿站多未设专门的廪粮米，而归并在供馆银之中。

七、茶果银

茶果银是用于招待过往官员的一种花销，各驿站也是多少不定。云南定西岭驿的茶果银是十两，德胜关驿由浪穹县提供茶果银二十五两。在贵州与

---

① （明）郭子章：《黔记》，赵平略点校，西南交通大学出版社 2016 年版，第 539 页。
② 刘广生主编：《中国古代邮驿史》，人民邮电出版社 1986 年版，第 280 页。

四川的驿递资料中，未见茶果银一项。

第三节　驿递供应的方式

西南驿递供应的方式常见的有如下三种情况：一是直接以银两供应，各个驿站的各个项目折算成银两，分项计算，合计该多少钱，指定由某一地方政府或土司负责；二是直接服役，驿站的各项负担都指定由某一地方政府或土司负责，不直接给驿站银两；三是分项处理，有的给钱，有的服劳役，在明朝西南驿递中，服劳役是一种更为常见的供应方式。此外还有其他方式。驿递的供应方式也可能更改。如龙里驿，先前由龙里司、水东司等分别承担，采用服劳役、供应实物与银两三者结合的供应方式，"万历九年（1581年）后，又改为纳银（粮）代役（夫、马），1站征银700两，折谷2000余担，更增加民户负担，典妻卖子不能供代役之费。"① 对于老百姓来说，服劳役与供应实物是负担，纳银也是负担，甚至是更重的负担。

一、直接供应银两

直接供应银两是驿递供应的一种重要方式。滇黔驿道上的普利驿，马价与草料银一千二百零一两二钱，供馆银三百一十九两八钱，铺陈银八十两七钱三分，共计一千六百零一两七钱三分，由土同知负责一千零五十六两五钱三分，十三枝寨五百两六钱六分，宁谷长官司二百一十一两三钱三分，慕役长官司三两二钱。都是直接供应银两。安庄驿马价与草料银七百八十两三钱，供馆银八十二两三钱，铺陈银二十六两，共计八百八十八两六钱；关山岭驿马价与草料银六百六十三两，供馆银一百两，铺陈银一十六两，共计七百七十九两。安庄、关山岭二驿供馆、马价、草料共银一千七百三十八两三

---

① 黔南布依族苗族自治州史志编纂委员会编：《黔南布依族苗族自治州州志·交通志》，贵州人民出版社1993年版，第70页。

钱，由十二营长官司负责供馆银一百五十三两，马价与草料银一千零五十五两三钱，铺陈银四十二两；康佐长官司供馆银六两，马价与草料银五十两；火烘哨马价与草料银一百两；在城税课局供馆银二十四两，查城驿协济二十两，安庄卫岁用银五十两，安顺府上下五府马价与草料银一百两，西堡司土官温希舜马价与草料银六十两，永宁州郎定枝马价与草料银七十八两。均是直接供应银两。

湘黔驿道上的新添驿马价与草料银一千三百三十一两一钱，供馆银三百五十两零九钱六分，铺陈银七十四两，共计一千七百五十六两零六分；清平驿马价银二千七百九十六两五钱，供馆二百六十六两，铺陈银三十一两八钱六分六厘，共计三千零九十四两三钱六分六厘。均是分派各州、县，各土司，直接供应银两。

虽说各驿站银两的多少不定，但总的来说，在贵州，湘黔驿道上的驿站费用要比滇黔驿道上驿站的费用多。如清平驿就是关山岭驿的3.87倍。但同处湘黔驿道，或同处滇黔驿道，各驿站的费用也有较大的区别。如与清平驿同在湘黔驿道上的新添驿费用就较少，驿站的总费用每年只有一千三百三十一两一钱；而镇远驿仅仅马价与草料银就有二千七百八十两，还有供馆银三百六十两，二者合计达三千一百四十两，是新添驿所有费用的2.36倍。同在滇黔驿道上的安庄驿每年总费用只有八百八十八两六钱，普利驿有一千六百零一两七钱三分，几乎是安庄驿的两倍。湘黔、滇黔驿道是当时贵州最重要的通道，不在这条线上的驿道，经费就更少了。都镇驿马价与草料银四百七十两，供馆银七十三两六钱，铺陈银八两，共计五百四十三两六钱。

云南滇阳驿的费用是二千四百五十一两四钱，昆明县负责站银一千五百六十两，铺陈银一十七两九钱六分；晋宁州负责一百二十六两二钱；归化县负责六十三两七钱八分三厘；昆阳州负责一百二十二两；嵩明州负责五百五十八两。板桥驿年费用八百一十两四钱，富民县承担三百一十一两六钱二分三厘三毫，宜良县承担二百六十八两四钱二分，呈贡县承担二百零三两四钱，嵩明州承担一十七两。吕合驿每年的费用为八百三十七两三钱；普溯驿站银六百二十八两三钱三分六厘，库馆银十两。均是直接供应银两。云南各驿站的费用也有很大的差别，如滇阳驿是板桥驿的三倍。

四川梁山县，"驿传原编银九百八十六两五钱二分六厘二毫二丝三忽二微八尘八纤，先年加增银一百九十三两二钱二分四厘七毫一丝八忽一微二尘四纤，加增袁坝驿官口粮五两八钱，协济袁坝驿夫七名，马六匹，工食银一百八十两。详允于县夫内拨夫三十七名，协济太平驿工食银二百六十六两四钱，通共一千六百三十一两九钱五分九厘四丝一忽四微一尘二纤，有闰照例加征"[1]。驿官口粮、驿夫工食、协济其他驿站等，都折算成银两，直接供应银两。

直接供应银两，在明朝是比较普遍的方式，"从弘治初年至明末为驿递夫役佥派方式的第二阶段，其主要特征是纳银代役、官募民当"[2]。但在西南地区，这只是一种主要方式，其他方式仍然大量存在着。

二、直接服役

直接服役是西南驿递供应的一种重要方式。贵州如龙场九驿、札佐驿、底寨驿、养龙坑驿都是这种方式。札佐驿的马匹由安宣慰治下札佐司土民承走，供馆亦由札佐司的夷民答应。六广驿马匹由头目陇革等承走，供馆由头目陇革自备答应。谷里驿马匹由头目阿卜者承走，供馆由头目熊阿白等自备答应。奢香驿马匹由头目化沙承走，供馆由头目以则自备答应。承走就是服役人员不仅要服劳役，还要提供马匹，平时要喂养马匹，当然也可能养不起马，服役时就要借或租了。自备答应就是随时准备听从呼唤，来了官员或官差就要负责接待，服役人员不仅要承担接待的劳役，还要准备伙食，提供住宿。这样一来，也就不存在铺陈银两了。但服役人员承担的其实不仅是劳

---

① （清）朱言诗等纂修：《梁山县志》，《中国方志丛书》第 378 号，清光绪二十年刊本，第 529 页。

② 纪慧娟、宗韵：《明代驿递夫役佥派方式之变化》，《安徽师范大学学报》2003 年第 1 期。

役，实际上还包括完成劳役所需要的实物，如负责住宿时的铺陈，负责吃饭时的粮食蔬菜，负责护送时的马匹。

云南元江军民府因远驿的站马、铺陈，俱系土舍那恕应付。石屏州宝秀驿"在州东，洪武十六年建，岁办站马十一匹，铺陈十一副，马头十一名，库子、馆夫各一名，俱亲身应役，并不征银在官"①。阿迷州罗台旧驿站马十四匹，铺陈十副，马夫十名；阿迷驿站马十匹，铺陈十副，牌子、库子各一名，俱自行答应。广西府"岁编在城驿站马四匹，系弥勒州各村夷民出粮编派应当，廪粮动支税粮"②。出粮编派应当，即在城驿四匹马所需要的马价草料按各村夷民纳粮的比例编派给弥勒州各村的村民，各村村民以夫役的形式完成这一驿递任务，亦即直接服役。

三、设置铺田、堡田、站田

设置驿铺田，让驿夫自种，而不再提供驿站的全部供应或某项供应，在西南驿递供应方式中，也是较为常见的方式。

"铺司之设，中土皆编目均徭，岁一更换。云南多系土民，明洪武中徙成者傍铺而居，世执其役。虽有冷饭田、火把田之名，而年久变故，或荒瘠难耕，或隐没莫认，或侵占不归，所得既不足以自给，而昼夜靡宁，此力役之最苦者，所宜恤也。"③ 所谓冷饭田、火把田，名称虽然不同，其实都是给役夫耕种，而减免或不收驿夫的田粮，以作为对驿夫工作的补助。给了冷饭田或火把田，就可以不发或少发薪水。武定府的铺兵十名，其中九名的工食以拨田的方式付给。④

有的称为酱豆田，云南罗雄州多罗驿，"元至元二十年开驿路置，明因

① （清）阮元等修，（清）王崧、（清）李诚等纂：《云南通志稿》卷四十一，清道光十五年刻本。

② （明）刘文征：《滇志》，古永继校点，云南教育出版社1991年版，第238页，

③ （清）刘毓珂等纂修：《永昌府志》，《中国方志丛书》第28号，清光绪二十一年刊本，第78页。

④ （明）刘文征：《滇志》，古永继校点，云南教育出版社1991年版，第239页。

之，设于石岑铺之干桥，正德中移东关外，洪武中设夫百名，以罪人徒充，每名岁支本卫谷九石六斗，堡田一百八十亩为酱豆田，立百户一员典之"①。充当多罗驿驿夫的百名罪人，每人每年只有九石六斗谷子，约合八百斤米，这基本上只够驿夫本人一年的开支，如果有家口，就完全不能够维持生活，于是上级拨给他们一百八十亩堡田，每人合一亩八分，让他们自己耕种，以作为他们低工资的补偿。

贵州龙场驿的供馆银亦以馆田的形式供应。"供馆安宣慰设馆田三百六十分，每日一分，田户自备答应。"② "自备答应"，负责馆田的农户不仅要供应驿站的物资，即提供一分廪粮，准备铺陈，还要负责承担接待的劳役。并且因为龙场驿没有房子，答应的农户实际上还要提供住宿。

云南常有以堡代驿的情况，一些堡亦设有堡田。如广通县原设有舍资驿，后裁，而以捨资堡代行驿站事务，有堡军五十名，堡田四百六十亩。

云南阿迷州，"岁编阿迷州站银一百五十两，于站田编派，给驿支销"③，站夫没有工食银，但是各自分有站田，站夫们一边种田谋生，一边走递。阿迷州可能站田比较多，而走递任务相对不重，就将驿站的开支也分派在了站田之中。这就是说，阿迷州驿站的站夫们不仅要无偿承担驿站的各种劳役，还要承担驿站的各种开支。

四、田地租赋

广西府弥勒州"岁编在城驿站马四匹，系弥勒州各村夷民田粮编派应当，廪粮动支税粮"④，这就是把四匹站马折算成应付分额，而分派在各村少数民族老百姓的田粮当中，弥勒州的各村百姓也并不交钱，而是按份额分

---

① （清）阮元等修，（清）王崧、（清）李诚等纂：《云南通志稿》卷四十一，清道光十五年刻本。
② （明）郭子章：《黔记》，赵平略点校，西南交通大学出版社 2016 年版，第 539 页。
③ （明）刘文征：《滇志》，古永继校点，云南教育出版社 1991 年版，第 223 页。
④ （明）刘文征：《滇志》，古永继校点，云南教育出版社 1991 年版，第 238 页。

派差役。

五、以𧵅代银

𧵅是云南特有的一种等价物，"𧵅"亦作"𧵅"，即贝，云南称为"𧵅""海𧵅"，相当于钱。云南有的驿站用𧵅作为费用。如定西岭驿，"马一十二匹，铺陈三十五副，站𧵅一十一万四千一百六十一索一十五手，茶果银一十两，馆夫二名，每名银五两，均徭力差编解"[①]。《滇志》记云南的差发项下，有海𧵅二十万二千三百七十七索十六手，则云南全省所征的海𧵅百分之五十六用在了定西岭驿。

六、供应实物

黄平驿"供馆日用米三石三斗三升，铺陈三十副，于黄平安抚司夷民自制解驿"[②]。黄平安抚司的老百姓不仅要把米准备好交给驿站，还要负责置备好铺陈交到驿站，他们的供应方式就是提供实物。贵州诸渡口的渡船都是供应实物："宣慰司陆广、落折、沙溪诸渡额于宣慰安仁部夷置，思南府府前上下诸渡，额于水德江司、蛮夷司置，镇远府镇阳江、焦溪、永安、下坪渡，额于本府置，铜仁府渔梁、西门二渡额于铜仁等司置，石阡府苗民司前渡本司置，永宁州盘江渡额于慕役司、沙英寨二处三年轮置。"[③]

七、综合供应方式

综合供应方式有四种情况：一是付银两与服劳役结合，二是付银两与供

① （清）阮元等修，（清）王崧、（清）李诚等纂：《云南通志稿》卷四十一，清道光十五年刻本。

② （明）谢东山修，（明）张道纂：《贵州通志》，贵州省图书馆影印明嘉靖三十四年刻本，第291页。

③ （明）谢东山修，（明）张道纂：《贵州通志》，贵州省图书馆影印明嘉靖三十四年刻本，第291页。

应实物结合，三是供应实物与服劳役结合，四是付银两、供应实物与服劳役三者结合。综合供应方式是西南驿递最主要的供应方式。

第一，付银两与服劳役结合。云南大理府洱西驿，"站马二十七匹，随马铺陈二十七副，内消乏四匹，实在上马六匹，中马九匹，下马八匹，库馆七名，亲身应役。原议廪粮米八十五石，每石折银七钱，共银五十九两五钱"。库馆就是库夫与馆夫，库馆由老百姓亲身应役，廪粮折银，这种付银两与服劳役结合的方式是一种常见的方式。站马二十七匹，铺陈二十七副，没有说明银两出自何处，按行文惯例，当也是老百姓亲身应役。再如蒙自县新建驿，"站马上等三匹，中等三匹，下等二匹，铺陈八副，每马一匹征银二十两，共银一百六十两，铺陈银共二十三两八钱一分五厘，廪粮银一百四十四两，库子、馆夫各二名，亲身应役"①，蒙自县新建驿的供应也是付银两与服劳役相结合。

第二，付银两与供应实物结合。贵州威清驿马匹价银六百八十四两，供馆银一百六十二两，都由贵州宣慰司负责；铺陈十五副也由贵州宣慰司提供；原有驿丞坐骑一匹，由卧龙司负责提供草料。威清驿的供应就由银两与实物两部分组成。黄平驿"马二十五匹，驴二头，每马价白银四十二两，于四川黄平安抚司出办，供馆日用米三石三斗三升，铺陈三十副，于黄平安抚司夷民自制解驿"，黄平安抚司的老百姓既要为驿站出马价银，还要每天出米三石三斗三升，铺陈三十副。这是一个不小的负担，即黄平司每年要为黄平驿提供一千多两银子和一千多石米，亦由银两与实物两部分组成。

第三，供应实物与服劳役结合。贵州清平驿"供馆随马答应。铺陈三十三副，于都匀府夷民自制解驿"②，铺陈由都匀府的夷民自制，就是提供实物了。"供馆随马答应"，则既有实物，也有劳役。即老百姓既要提供马匹，

---

① （清）阮元等修，（清）王崧、（清）李诚等纂：《云南通志稿》卷四十一，清道光十五年刻本。

② （明）谢东山修，（明）张道纂：《贵州通志》，贵州省图书馆影印明嘉靖三十四年刻本，第291页。

又要负责牵马，还要负责客人的食宿，食宿中当然包括实物，即吃的粮食蔬菜等。尾洒驿"马三十匹，于普安州并广西泗城州出办，供馆连马价每年俱承走，马户自行收取答应。铺陈二十俱普安、泗城二州自造解驿"，普安、泗城二州既要为尾洒驿提供马匹、铺陈等实物，还要"承走""答应"，就又包括劳役了。

第四，付银两、供应实物与服劳役三者结合。新兴驿"马三十匹，于普安州、泗城州出办，每年马价连供馆共征白银三百九十两，广西泗城州每年马价连馆共征银一百五十六两，供馆随马答应。铺陈二十副，于冠带土妇安氏并营长安巩固下三年自造解驿"①，马价银及供馆银是收的银两，而供馆仅仅是银两还不够，又要老百姓随马答应，包含实物与劳役。而铺陈自造解驿，就是实物了。湘满驿亦是如此："马三十匹，于普安州出办，每年马价连馆共征时银七百两，供馆随马答应。铺陈一十九副，于普安营长黄宗仁三年自造解驿。"② 普安州既要出马价银与供馆银七百两，又要出铺陈十九副，还有随马的劳役。云南县"岁编云南驿站马二十五匹，站银七百七十四两二钱二分，内除买鞍马草料马夫工食银四百六十九两七钱五分外，支销买办答应银三百四两四钱七分，马头亲身应办"③。即云南驿鞍马草料与马夫工食银以付银两的方式供应，而剩余的三百零四两七钱七分以亲身应办的方式供应。支销买办指驿站的供馆银，及驿站接待过往人员的伙食费用；答应是驿站的劳役，即给过往人员做饭、提供铺陈、铺床叠被等。伙食费用中的粮食蔬菜是实物，铺陈也是实物，而做饭、铺床叠被则是劳役。云南驿的供应也是付银两、供应实物与服劳役三者的结合。

"驿站经费支出，房屋建造和廪给火粮的支拨由官府支给外，凡驿递夫

---

① （明）谢东山修，（明）张道纂：《贵州通志》，贵州省图书馆影印明嘉靖三十四年刻本，第292页。

② （明）谢东山修，（明）张道纂：《贵州通志》，贵州省图书馆影印明嘉靖三十四年刻本，第292页。

③ （清）项联普修，（清）黄炳堃纂修：《云南县志》，《中国方志丛书》第43号，清光绪十六年刊本，第27页。

马以至铺陈什物等项均直接向民户无偿征取，如龙里驿，驿丞 1 员，吏 1 名，夫 330 名，马 45 匹，由龙里司供给 192 日，水东司供给 37 日，中曹司 42 日，百纳司 42 日，大小谷龙司 46 日。日用银 1 两 6 钱。铺陈 13 副于宣慰司程番府出办。每 3 年照例征解贵州布政司制发。"① 龙里司的供应由龙里司、水东司等承担 359 日，这 359 日就包括提供马匹、草料、过客吃饭的粮食与蔬菜等实物，也包括牵马、做饭等劳役；日用银是银两，铺陈征银后解布政司制发。对老百姓来说，提供的是银两，而对驿站来说，得到的是实物。总之，也是钱、物、役三者的结合。

第四节　驿递供应的主体

驿递供应的主体其实都是老百姓，就如现在的政府支出款项不管是从哪一个渠道，由哪一级部门提供的，最终都来自纳税人。此处所讨论的仅是直接给驿站提供供应的主体。明朝西南驿递的供应主要有如下主体：地方各级政府、土司、土司的下属头目或百姓、土官、卫所、驿夫、异省政府或土司。

一、地方各级政府

地方各级政府本应是驿递供应的最主要的承担者，虽然这种负担最后仍然要落实在普通老百姓身上，但至少形式上是从各级政府的府库中开支。可是西南驿递的供应主体大多并不是地方各级政府，而是西南各土司及各卫所。当然，各级政府也有着大小不同的驿递供应任务。

省级政府不直接承担驿递的供应，但驿丞的俸银一项，《黔记》及《滇

---

① 黔南布依族苗族自治州史志编纂委员会编：《黔南布依族苗族自治州州志·交通志》，贵州人民出版社 1993 年版，第 70 页。这里提到的驿站马匹数量与郭子章《黔记》所载不合，备考。

志》等资料都未指明出处，然而卫所总旗、小旗、军人的月粮是从司库中支取的，驿丞应与之相同。成化三年（1477年），贵州总兵官毛荣奏："旧例月粮，总旗一石五斗，小旗一石二斗，军一石，近都御史王俭奏，准俱三分折色，七分折钞。因贵州库无积钞，俱于湖广、四川二布政司关支，差官往复，动经年岁，不得关用。乞敕该部计议，贵州与极边去处旗军月粮，原支本色者与本色，原折银布者折银布"①，这些人的月粮本该在本省司库中领取，因为贵州库没有钱，所以要到湖广与四川布政司领。布政司本就直接承担着一些官员或军人的俸银与月粮，尤其是贵州布政司，掌握着邻省协济的一大笔钱，理应直接负责很多官员的俸银与月粮，驿丞的工资从布政司开支，也是情理中的事情。

府州县要为驿递的供应负责，但西南地区府州县的财力往往有限，有些府州是空壳的府州，一些县只有很少的百姓，对驿递的供应能力不足，府州县承担的部分也极其有限，而且多是分项承担，或由多个单位共同承担某一项。如云南广西府师宗州在城驿，站马四匹、脚力马三匹、夫五名，都由马户应答走递；廪给口粮按应用多少，在府库支领。赵州德胜关驿，由邓川州供应站银二十两，浪穹县供应茶果银二十五两，宾川州供应站银二十五两。通海县通海驿，由宁州供应马八匹、铺陈八副，折银九十一两，有闰之年加银十五两九钱一分，铺陈银二十两，馆夫一名，亲身应役；河西县供应马三匹、铺陈三副，折银九十五两，馆夫一名，由站丁亲身应役；嶍峨县供应十匹马，一名馆夫，亦系亲身应役。姚州岁办普淜驿站马十五匹，银四百二两七钱四分。

贵阳军民府供应贵州驿供馆银五百四十八两二钱，铺陈银三十二两一钱一分三厘，马价与草料银七百三十一两四钱二分五厘；供应威清驿铺陈银五两三钱五分三厘，马价与草料银七十九两七钱；供应平坝驿供馆银一百七十

①　黎邦正、刘重来、郑家福编：《明实录类纂·四川史料卷》，武汉出版社1993年版，第1282页。

二两八钱，铺陈银二十二两九钱三分三厘，马价与草银八百九十七两八分；供应龙里驿铺陈银七两四钱八分四厘，马价与草料银一百三十二两四钱；供应新添驿马价与草料银八十五两，茁银三百五十两。贵阳军民府承担五个驿的各项费用多达三千零七十四两四钱八分八厘，这些费用派给了贵阳府所属的新贵县及金筑安抚司等土司。

都匀府要供应都镇驿、因远驿、清平驿、平越驿四个驿站的各项费用共四千六百三十二两七钱三分八厘，其中独山州要承担六百二十一两六钱六分六厘，其余均由都匀府属各土司承担。

思南府要供应偏桥驿、镇远驿、清浪驿等三个驿的各项费用四千一百八十一两九钱二分，其中印江县承担八百四十一两八钱三分三厘，婺川县承担七百四十五两二钱七分三厘，其余由思南府属各土司承担。

二、土司

在西南驿递供应体系中，土司是重要的供应主体，尤其在贵州，土司承担了驿递供应的大部分银两与劳役。一些府州县承担的供应，大部分仍然由该府州县所属的土司分担。如贵阳府承担贵州驿等五个驿的各项费用多达三千零七十四两四钱八分八厘，派给新贵县四百四十五两，通州里六两六钱二分五厘，上下克度里二十七两二钱五分，木官里六两六钱二分五厘，总共四百八十五两五钱，其余的二千五百八十八两九钱八分八厘全派给了贵阳府属各土司，派给各土司供应的占贵阳府总数的百分之八十四。思州府承担平溪驿的各项费用共一千七百七十一两一钱三分五厘，全部派给了府属都坪、黄道、都素三个长官司。石阡府供应镇远驿、偏桥驿、平溪驿三个驿站的费用，及本府走递马匹的费用，共计三千零三十六两二钱五分六厘六毫，除龙泉县承担六百八十一两八钱八分一厘五毫外，其余全部派给了府属石阡、苗民、葛彰三个长官司，三个长官司承担了百分之七十七的驿递供应，而龙泉县亦是万历年间播州平定后才由土司领地改置的新县，在万历播州平定之前，石阡府承担的三个驿站的费用，全由土司承担。

云南土司亦承担了不少驿递供应。景东驿铺陈由开南、者孟、者古、都剌四乡目把亲身答应。板桥驿的铺陈、廪粮由景东府者后、保甸、猛统、等庄、仲古乡目把亲身答应。北胜州澜沧驿站马七匹，由高土官目把应当，州给马料麦十四石、廪粮麦二十石、廪米小菜共银一十二两二钱二分。清水驿站马七匹，亦由土官目把负责应当。应当，就是即要负责服役，又要提供马匹。《滇志》记载，云南驿站的费用多由各府州县供应，土司负责的相对较少，但很多府州县的供应最后仍然要落到土司头上。

四川如播州宣慰司，乌撒、乌蒙、镇雄、东川四土府，其境内的驿站由土司负责，每年还要协济贵州银粮。再如永宁宣抚司的永宁驿，建昌卫的阿用驿、白水驿、溪龙驿，这些驿站的驿丞都是当地土官，驿站费用不会从外面调入。

对于大的土司来说，驿站的供应往往直接指定其下属的某一头目负责。如毕节、归化、阁雅等驿都由贵州宣慰使安氏负责，安氏即指定其属下的头目承担各驿的用度，毕节驿的马由头目阿体承走，归化驿的马由头目阿户承走，阁鸦驿的马由头目阿底承走。

有的驿递供应指定由土司属下的百姓负责。如贵州札佐驿的供馆银由札佐司的老百姓负责，底寨驿的供馆银由底寨司的老百姓负责。云南阿胜州的铺兵七名，由土司属下夷民轮流充当；丽江府的铺兵十四名，元江府的铺兵八名，都由当地少数民族老百姓充当。

三、土官

土官与土司不同。若某地原为土司领地，因为各种原因改土归流，而土官本身并未有应该被废黜的罪过，为了考虑原任土司的利益，也为了落实明王朝的民族政策，使其他土司能够安心服从明王朝的统治与管理，就将原任土司改为土官。府有土同知、土通判，县有土县丞、土主簿等。这些土官原来可以在自己的领地内征收赋税，现在没有领地征收赋税了，政府就要发给他们俸银。但是很多土官原有较多私产，如播州土司就有很多庄田；再如铜仁府铜仁长官司李永授因罪充军，铜仁官民要求改土归流，既以其子李以谦为世袭土主簿，政府让他保留私产，但也不付给他任职的薪水，只是每年给他坐马一匹，价银六两，夫一名，价银四两；还有的土官因为私产更多，不仅不付给薪水，还要交纳一些税粮，承担一些劳役。一些土官就承担了驿递的劳役。安顺府供应普利驿的各项费用共一千七百六十四两九钱九分，其中的一千零五十六两五钱三分派给了该府的土同知。关山岭驿的费用除了由其他土司供应外，西堡司土官温希舜负责马银六十两。

云南元江府因远驿的站马、铺陈，都由土舍那恕负责。

四、卫所

在卫所与地方政府错杂分布的地区，各地方政府与各卫所在驿递制度中本来有着相对明确的分工，即卫所军兵负责扛抬，而各府、州、县或土司负责驿递的费用。但是，卫所常常嫌扛抬任务重，希望将责任推一些给地方政府或土司。如贵州镇远由镇远卫军人负责担任扛抬等夫役，由镇远府负责马匹、廪给口粮、柴炭油烛、铺陈什物、心红纸札等驿站的各项用度，镇远卫所军人曾要求镇远府补贴夫役，遭到了镇远知府程鐏的强烈反对，程鐏专门写了一篇公文详细辨析此事，指出镇远卫军人的无理。

如果当地百姓逃亡多，或地方政府是一个空壳政府，土司也不服从管辖，或无力负担，驿递供应的费用或驿递的其他任务也会或多或少地由卫所承担一些。如湘黔驿道上的清浪、焦溪、镇远三桥，本来由镇远蛮夷长官司负责维修，但蛮夷长官司的长官不愿独力承担，要求卫所军人分担，得到了批准。

"铺司之设，中土皆编目均徭，岁一更换。云南多系土民，明洪武中徙戍者傍铺而居，世执其役……永昌府东北一百一十五里至杉木各堡，杉木和向系民夫应差，后因苦累，拨永昌卫军一十二户，与民夫各半。"① 杉木各堡也是民夫不愿独力承担，将一半责任推给了卫所军人。永昌卫拨出十二户军户补充铺户，这一十二户承担的纳粮及操练任务就留了下来，要增派给卫所其他兵士。

各军站都由卫所管理，军站军人逃亡，责任就都落到了卫所。

有的地方因为本无当地政府，土司管理的百姓也不多，驿递供应一开始就要卫所承担。云南罗雄州多罗驿，"元至元二十年开驿路置，明因之，设于石岑铺之干桥，正德中移东关外，洪武中设夫百名，以罪人徙充，每名岁支本卫谷九石六斗，堡田一百八十亩为酱豆田，立百户一员典之"②。本卫即多罗卫。驿夫每名岁支九石六斗谷，一百名就将近一千石，合十万多斤，这于多罗卫来说，也是一个不小的负担。

据郭子章《黔记》记载，贵州龙里卫军舍客民供应龙里驿馆银二百零八两，平越卫供应平越驿馆银一百二十两，清平卫与凯里司共同负责黄平驿的馆银六十两。

五、驿夫

驿站的驿夫本身就在为政府服务，按理说只应该接受相应的报酬，而不应该承担驿站的供应任务的，但西南驿站却常常有驿站的供应由驿夫负责的情况。云南新田驿的站丁就要承担四匹站马，当然，他们还要承担这四匹马的走递任务，负责护送过往官员或官差。"岁编腾冲驿站银五百一两二钱六分九厘一丝九忽，龙川江驿站银三百八十四两五钱二分三厘五毫。俱系永充站丁编派，不在丁粮银两编征。"③ 腾冲驿与龙川江驿的驿夫属于永充站丁，

① （清）刘毓珂等纂修：《永昌府志》，《中国方志丛书》第28号，清光绪二十一年刊本，第78—79页。

② （清）阮元等修，（清）王崧、（清）李诚等纂：《云南通志稿》卷四十一，清道光十五年刻本。

③ （明）刘文征：《滇志》，古永继校点，云南教育出版社1991年版，第227页。

即他们一辈子，包括他们的子孙都要当驿夫。他们不仅要为驿站提供劳役，还要负责驿站的马匹、铺陈、廪粮等其他供应。永平县"岁编打牛坪驿站银，本县给一百六十二两，各站丁、各丁派征三百二十两，料租银四两"[1]。永平县驿站的站丁也是这样，他们既要承担驿站的各种劳役，还要分担打牛驿站的站银。"姚州岁办普溆驿站马十五匹，银四百二两七钱四分，站丁应办。库子一名，银六两，馆夫一名，银四两，于力差内定拨。"[2] 普溆驿的站马全部由站丁负责，更是一笔不小的开支。

六、异省供应

异省供应就是协济，协济主要存在于贵州与邻近省份之间。贵州因为地瘠民贫，财政收入远远不能满足财政开支的需要，因而贵州政府的正常运作很大程度上要仰仗周围省份的帮助，此即协济。协济贵州的主要是四川与湖广。湖广每年协济贵州粮米十万零二千四百石，折银三万零七百二十两；四川每年协济贵州粮米十万零九千七百五十三石，折银三万七千四百七十四两五钱。云南既是边地，土司又多，所以不用协济贵州，但云南来往官员经过驿站都要贵州应付，于是每年协济贵州驿站银一千五百两，朝觐年分加银一千两。万历二十九年（1601 年），贵州巡抚郭子章提议每年增一千五百两，朝觐年再加一千两，即翻一番，等到播州改土归流的事全部完成之后，才恢复到原来的协济标准。此议得到了朝廷的批准。

但认真对照《黔记·邮传志》中的各组数字，各驿站的用度或归于各府州县，或归于土司，或归于卫所，并无从布政司司库中取用的事例，也就是说，贵州虽然要了云南的一千五百两驿站协济银两，但是并未用到驿站的开支中去，而是被贵州布政司挪作他用了。《黔记》中没有列出各驿站驿丞的俸银，也许这笔费用是从布政司司库中开支的。但即使如此，贵州三十余

---

[1] （明）刘文征：《滇志》，古永继校点，云南教育出版社 1991 年版，第 227 页。
[2] 霍士廉等修，由云龙等纂：《姚安县志》卷十二，民国三十七年铅印本。

驿，驿丞的俸银也不会超过一千两，加之一些驿本就没有设置驿丞，所需俸银就更少了。云南协济贵州的驿站银，至少有五百余两被挪作他用。

嘉靖《贵州通志》中载有几个驿站科朝年加银的情况。偏桥驿"马驴五十三匹头，每马价白银三十五两，遇应朝科举之年，加增五两，每驴价白银一十八两，于黎平、思南、石阡、镇远等府出办"①，每马加增五两的还有镇远驿、清浪驿、平溪驿。四驿共有马二百零九匹，每马加增五两，需要加银一千零四十五两。云南加增的一千两尚不够。但每匹加增的五两并不是来自云南的协济，而是仍然由各府出办。偏桥驿的加增仍然由黎平、思南、石阡、镇远等府出办，镇远驿的加增仍然由思南、石阡、思州、黎平、铜仁等府出办，清浪驿的加增仍然由铜仁、黎平等府出办，平溪驿的加增仍然由镇远、石阡二府及湖广麻阳县出办，则云南朝觐之年多协济贵州的一千两驿站银同样没有用到驿站之中。驿站虽然增加了开支，但这一开支仍然摊派到了原来承担驿站供应的老百姓身上。

---

① （明）谢东山修，（明）张道纂：《贵州通志》，贵州省图书馆影印明嘉靖三十四年刻本。

第四章　西南驿递与地方政府

第一节　省级政府与驿递

一、省级政府与驿递管理

前已述及，明代云南、四川省级驿递的管理由提刑按察使司的副使或金事负责，贵州以清军道兼理，但这并不意味着其他省级部门与驿递没有关系，布政司要负责驿丞的考核，都司要管理兵站，都要与驿递制度发生这样或那样的关系。明朝最初没有设置总揽一省事务的巡抚，但后来巡抚渐渐成为常设职务，更要与驿递制度发生关系。省级政府管理驿递的什么事务呢？

第一，驿站的全面管理。

按察司驿传道或清军兼驿传道负责驿递事务，但不包括官员的任命。驿丞没有品级，但也是官员，所以驿丞的任免要由吏部负责。王阳明、刘天麒等被贬时，都由朝廷直接任命，就是例证。按察司也不会管驿站的具体事务，具体事务是州县一级的事情。但州县与卫所、土司之间如何分担驿递的供应，这类事情理应由上级部门协调，就是驿传道的事了。

贵州巡按御史萧端蒙曾上《议处驿站六事疏》谈到六事，一是严禁例，即禁止夹带私物、附搭客货、附骑驿马；二是立限制，即限制乘驿人员，限制扛抬数目；三是革骚扰，即不准于关批之外，多索横取；四是实站伍，因为贵州军站逃亡众多，建议将充军人犯编充站军；五是议协济，即要求云南岁出银一至二千两协济贵州驿站用银；六是增粮食，即增加贵州站堡军人月粮，人增一斗。① 萧端蒙的奏疏前三条涉及违规乘驿的问题，第四条是关于驿递人员的问题，五、六条是驿递供应的问题。而这些方面的问题，就是按察司驿传道要管理的事情。

萧端蒙奏疏中的第二条谈到立限制时说：云南负责押送物资的人员，往往多索夫马，"乞行云南巡按御史将应解方物议定若干斤为一扛，此法宜通行之，今后如遇起解。俱赴彼处巡按验数定扛，印给批文，以为信验，以杜横滥之弊"。这涉及按察司管理驿站的一个职责，即乘驿资格的审定及批文的发放。是否有乘驿资格，本来有国家规定，但国家的规定往往是原则性的，具体的人是否符合乘驿规定，符合乘驿规定的人所要求的扛抬数目是否合理，每一扛的重量是否合理，都需要有一个权威部门来认定，按察司就是做出这一认定的权威部门。但如果每桩需要抬扛的事都要按察司审定，按察司又不堪其烦，所以萧端蒙的建议是否得到了认真的落实，实在是一个疑问。但革除多索的驿马、扛抬，按察司一直在履行此一职责。萧端蒙在奏疏的第三条中谈到过往关文冒滥太甚的情况，"虽经臣严行裁革，然弗塞其源，其流终难杜遏，请乞通行川湖云南抚按官，一体禁革"，就说明按察司一直在履行关文管理的职责。

第二，违规乘驿的处理。

按察司本来就负责吏治，"按察使掌一省刑名按劾之事，纠官邪，戢奸暴，平狱讼，雪冤抑，以振扬风纪，而澄清其吏治"。治理违规乘驿，自然在按察司的职责范围之内。萧端蒙的奏疏中谈到违规乘驿的问题时，多次谈到这一点。"今后但有夹带私物、附搭客货与附骑驿马者，俱听臣及巡抚都御史按察司查拿问罪，其审系附搭得实情重者，仍比照黄船事例，本人与商

---

① （明）谢东山修，（明）张道纂：《贵州通志》，贵州省图书馆影印明嘉靖三十四年刻本，第444页。

人各充军，庶法重而人知畏，驿站或得少苏矣……此二者虽若细务，但查贵州日逐应付，惟此二项为多，此臣之所以僭谓之最急也，其他一应琐碎事宜，听臣就近立法处置施行，敢有逾越者，听臣拿究，庶法定而下可守，驿站或可少苏矣……毋得仍前违例，滥出批关，违者听臣查出，将出关衙门官员参究。"萧端蒙反复要求朝廷给他上述权力，是因为原来没有得到认真执行，"虽经臣严行裁革，然弗塞其源，其流终难杜遏，请乞通行川湖云南抚按官，一体禁革"。这说明，处理违规乘驿，确属按察司的职责范围。

嘉靖年间，贵州巡抚刘大直《驿传道议处驿站事略》中亦涉及按察司处理违规乘驿的权力："仍前夹带私货、多索夫马者，俱听抚按守巡等官盘验拿问，审果附搭情重者，比照黄虹事例，问发充军。"① 不过在这里，对于违规乘驿的处理，并非按察司特有的权力，巡抚、知府及其他相关官员均有此一权力。

第三，驿丞的考核。

驿丞虽然没有品级，但也是官员，要进行考核。驿丞的考核三年一次，明朝前期统一由吏部负责。宣德四年，根据贵州巡按御史吴讷的建议，贵州驿丞改为三年一次赴布政司考核，九年通考时赴部。云南在这之前就已经改为三年一次赴布政司考核，九年通考时赴部。四川则一直未改。

二、省级政府与驿递改革

驿递制度本是国家制度之一，相关规定都由政府制定。但是国家制度往往不能随着形势的变化做出及时的改变，因而各执行部门往往都会对国家的相关制度做出一定的适应形势的改革。省级政府对驿递制度的改革主要有如下方面。

第一，关于乘驿资格的限定。

《大明会典·应付通例》规定："新选云、贵并川、陕行都司所辖地方

---

① （明）谢东山修，（明）张道纂：《贵州通志》，贵州省图书馆影印明嘉靖三十四年刻本，第445页。

官员赴任，俱不支米，陆路应付驴头车壹辆，水路红船。"①《大明会典》的规定十分明确，即云、贵、川、陕的新任官员，陆路应付驴头车一辆，水路红船。没有马匹、脚力、廪粮，也不包括在这几个地方任职后离任的官员。但萧端蒙在《议处驿站六事疏》中却说："贵州赴任官员，例有本身家口脚力，但原给关文类于中途改易，至有加增廪粮，擅用人夫，而甚者妾媵儿孙，肩舆至数，奴婢仆隶，脚力十余。革之则远宦羁苦，难乎为情；与之则驿站冲疲，不胜其困。乞敕兵部酌议，立为定制，因官职之崇卑，以为数之多寡。通谕各官使各依额带领赴任。非此额者，不许应付。以杜骚费之弊。""赴任官员"就不仅是新选的官员，也包括升职的官员，而这类官员原来是不用给驿的。"例有本身家口脚力"，就是不仅官员本身可以乘驿，其家人也可以乘驿，不仅是一辆驴车，而且有马有夫了。"例有"，说明这一做法已经成了惯例。而这是有关文的，说明已经得到政府部门的认可。但到底可以超过多少，并无具体的规定，以致有的官员竟然擅自改动关文，肆意增加夫马、廪粮。所以萧端蒙希望朝廷制定一个具体的限制，以便遵守。

萧端蒙的建议得到了朝廷批准，朝廷未必制定了具体数字，但云贵两省商量出了一个具体的数字。萧端蒙嘉靖二十五年（1546年）、二十六年任贵州巡按御史，他离任后六年，即嘉靖三十二年，刘大直任贵州巡抚，他在《驿传道议处驿站事略》中说："抚按衙门案验，行准云南抚按会议，凡一应升迁去任官员，三司等官，夫不过三十名，马不过八匹。知府等官夫不过二十名，马不过五匹，知州、知县等官有关者量给夫马，无关文与其欠少者，令各官自顾应用，如有索取足数，及行李二十扛，重百斤以上者，指实参究，年终仍将州县以上官员行李扛数关送吏部，以备考察……俱题奉钦依转行前来，已经案行三司各道遵照讫。"② 这表明云贵两省官员将驿递改革

---

① 转引自（明）郭子章：《黔记》，赵平略点校，西南交通大学出版社2016年版，第536页。

② （明）谢东山修，（明）张道纂：《贵州通志》，贵州省图书馆影印明嘉靖三十四年刻本，第445页。

的建议上报了中央政府，得到了中央政府的批准。不过这一改革措施没有得到很好的遵守，以致在万历二十九年，贵州巡抚郭子章又做了新的改革："升任、丁忧等官，据例原无夫马，特以云贵边方，相应量给，知府给马六匹，夫十六名，廪给一分，府佐、知州、知县，止许给马五匹，夫十二名，廪给一分，此外不许额外应付一夫一马。"①

刘大直的改革建议中，没有对府佐、知州、知县的乘驿做出具体规定，郭子章则对这一类人的乘驿做出了具体规定。刘大直的改革中，没有提到知府的廪给，郭子章明确规定知府的廪给只有一分。细致的规定使人没有空子可钻。刘大直说的是"知府等官"，郭子章说的是"知府"，这一限定更加明确，也堵塞了许多漏洞。细致明确，这是郭子章驿递制度改革中特别值得肯定的一点。知府有廪给，就明显突破了《大明会典》的规定。

还有对贡生、举人乘驿，郭子章都做出了明确的规定，这些规定同样突破了《大明会典》的规定，是郭子章对驿递制度的改革。

总的来说，因为官员自身交往的需要，因为乘驿官员不断增长的需要，驿站的乘驿资格会不断放宽，省级政府的改革就不断适应这一需要，并在一定程度上予以限制，以减轻省内驿站的压力。

有时，省级政府的改革提议也会被否决。"巡抚贵州右副都御史陈洪蒙言：'贵州丛山复岭，其驿站夫马皆倚办军丁，日疲奔命，请佐贰以下与云南一省就近互相选除，裁革勘合。'兵部复议：'远方勘合乃朝廷优恤小臣至意，革之非是。'得旨：'驿递非卑官所能骚扰，其通行抚按官缉治豪右，及禁止所属谒，以苏民困，不如命重罪之。'"② 明朝规定官员异地任职，官员前去任职，往往需要乘驿，驿站的负担就不小。陈洪蒙为了减轻驿站的负担，建议贵州府州县的非正职官员都就近在云南选拔，云南的此类官员在贵州选拔。因为两省邻近，就可以减轻驿递负担。陈洪蒙的这一建议涉及两项

① （明）郭子章：《黔记》，赵平略点校，西南交通大学出版社 2016 年版，第 537 页。
② 贵州民族研究所编：《明实录贵州资料辑录》，贵州人民出版社 1983 年版，第 828 页。

制度的改变，一是官员任用制度的改变，二是官员乘驿制度的改变。就官员任用制度来说，陈洪蒙的建议有较大的弊病，会出现这样的情况：云南地方衙门除了正职，其余所有的职位上都是贵州人。如果正职不是贵州人，正职的工作未必好开展；如果正职刚好也是贵州人，掌握当地权力的官员就全是贵州人了。这些贵州人就可能结成帮派，谋取共同的利益。而在贵州，也会出现同样的情况，即地方政府衙门中的官员多是云南人，甚至全是云南人。这是一个不小的改变。对于陈洪蒙革除勘合的建议，朝廷给予了明确否定。

第二，对驿站供应制度的改革。

萧端蒙《议处驿站六事疏》中的第五件事与第六件事就属于供应制度的改革。第五件事是议协济，就是要求云南岁出银一至二千两协济贵州驿站用银。萧端蒙提出的这一要求得到了朝廷的批准。郭子章后来在《咨兵部云南开粤西路》中提到了这一事实："该省每年协济银才一千五百两，不足以当矿使一次之差。"[1] 朝廷在萧端蒙提出的一至二千两中取了一个折中的数字，一千五百两。只是郭子章认为这一数字远远不够，与贵州为云南提供的驿递支持远远不成比例。在播州平定后不久，郭子章再次上疏，要求云南增加协济银两："每年云南止协济壹千伍百两，遇入觐年加壹千两，似觉太少。合无每年加增壹千伍百两，入觐年再增壹千两，如数依期解黔，分给各驿。俟五司改流之日，钱粮上纳不乏，仍将滇银照依原额，伏乞圣裁。"这一建议得到了朝廷的批准，但云南并未认真执行。

云南的协济银两在科举之年增加了，驿站在科举之年也相应增加了供应。如镇远驿，"马驴四十八匹头，每马价白银三十五两，遇应朝科举之年，加增五两"[2]，但马价加了，驴价未加。而嘉靖《贵州通志》中并未明确镇远驿的马是多少，驴是多少，镇远驿实际上增加了多少银两，并不清楚。此外清浪驿、平溪驿、偏桥驿都是每匹马增加了五两。其他驿不知是否增加。

---

① （明）郭子章：《黔草》卷九，文渊阁《四库全书》本。
② （明）谢东山修，（明）张道纂：《贵州通志》，贵州省图书馆影印明嘉靖三十四年刻本，第291页。

但既然记载了镇远、平溪、清浪、偏桥四驿的增加情况，其他驿如果增加，当也会记载，没有记载，很有可能就没有增加。至少那些由少数民族头目负责的驿站是不大可能增加的。四驿共有马驴二百零九匹头，即使全部是马，增加的银两也只有一千零四十五两，而且驿站增加的银两并不使用云南增加的协济银。嘉靖《贵州通志》在谈到各驿每马加增五两的情况后，明确指出，偏桥驿的银两由黎平、思南等府出办，镇远驿的由思南、石阡等府出办，清浪驿的由铜仁、黎平等府出办，平溪驿的由镇远、石阡二府出办。云南虽然增加了一千两协济银，但贵州老百姓的负担并未减轻，反而加重了。

萧端蒙议处的第六件事是增加贵州站堡军人月粮，人增一斗。之所以改革站堡军人的月粮，给予一定程度的增加，是因为站堡军人逃亡较多，不增加，就留不住这些人。而逃亡过多，驿站就无法运行。贵州站堡军人月粮供应的改变并不自萧端蒙始。"贵州诸站军人专执递运。其役最劳，旧制不给粮，弘治间，都御史孔镛建议，始月给粮三斗。"① 站堡军人没有口粮，没有工资，却要承担递运工作，这一制度之所以能够维持，是因为政府给这些军人提供了屯田，他们一面种田，一面递运，能够维持基本的生计。这些站堡军人或是有罪，或是国家制度中应该轮流服役者，待遇好坏，他们不能选择。但是贵州土地贫瘠，种田本就很辛苦，如果递运工作繁重，他们更是没有时间种田。这样一来，他们就难以维持生计。如果出现天灾，他们就更无以为生。所以卫所及各站铺军人大量逃亡。任由军人逃亡，贵州驿递就无法运转了，所以省级政府就要千方百计防止逃亡情况的蔓延，提高他们的待遇，解决他们的生计问题。

第三，对驿递夫役补充制度的改革。

驿递夫役因衰老死亡的自然原因本就需要补充，而西南驿递由于条件十分艰苦，逃亡现象十分突出，驿递夫役的补充就成了一个十分突出的问题。明朝军丁按户征发，应役军户必须户出一丁赴指定卫所当兵应役，该役丁即

① （明）沈庠修，（明）赵瓒纂，《贵州图经新志》卷一，贵州图书馆影印弘治刻本。

为正军。正军的军装、盘费、马匹皆为自备。除正军外，每一军户还得出余丁一名，随同正军到卫，在营生理，佐助正军，供给军装。军户户下得保留一丁以供给在营正军，还必须预备一丁为继丁，倘若正军去世或逃亡，由清军御史到役户户丁的原籍户下勾解继丁应当。

这一制度本来十分完备，且足以保障军队有充足的兵员供应。但西南驿递的实际情况却并不乐观，原因有二。第一，西南驿递尤其云贵地区的驿递，条件相当艰苦，站夫逃亡现象十分严重，到军户原籍勾解继丁的任务就十分艰巨。第二，勾解继丁，补充兵员，是一个较为复杂的过程，成本不小。正丁逃亡，继丁也会千方百计躲避，他们或者贿赂相关官员，使自己躲过勾解，或者勾解的官差一到就逃，甚至官差还在半路就逃，这样一来，勾解过程就更加复杂。由于逃亡量大，勾解复杂，勾解补充就不可能很好地完成。邹元标曾上《吏治民瘼疏》，详细地分析了清军制度的弊端："今国家军伍空虚，色单时发，卒无裨戎伍者，何哉？一单至邑，清军厅视为奇货，票发各里役，不得贿不止。又司事者阴藏原籍，故为装隐，无为有，虚为实，逐都逐图，名曰无，不厌其欲不止。一军起解，各里甲敛金钱做长短费。本军至卫，掌印以下，镇抚以上，不罄所携不止。既着伍，复得钱纵之归。何者，游民顶役，坐食月粮。则清勾无裨军政，有损小民，明矣。"①邹元标指出，清军是一个极为扰民而没有实效的制度。清军单一发，各种不法行为也就开始了，管事之人会千方百计地搜刮钱财，而卫所军官在接到补充的新丁后，先是搜刮其钱财，然后纵之逃亡，以侵吞其月粮。

萧端蒙《议处驿站六事疏》中的第四事，就是对夫役补充制度的改革："臣查得先年站军，俱系罪人充发，盖亦重役以困之之意……近者或以恶恶太严，务欲远屏，前项事例，多有不遵。非惟军伍空乏，无以填充，抑且地方窘艰，疲于解递。况贵州永宁、普市、赤水、毕节等处相离省城，已逾千里，其去上下诸卫，愈益辽远。而东自镇远、思石，西至普安，相距亦千余

_____

① （明）王耒贤、（明）许一德纂修：《贵州通志》，书目文献出版社1990年版，第457页。

之程，若以此调彼，未为不远。臣乞自今以后，凡贵州充军人犯，不分兵部编发及巡抚定卫者，俱发堡站充军，若法应边远者，亦发本省窎远站分。"萧端蒙的建议是让贵州的犯人就在贵州站堡充军，如果应充军很远，也就让他到贵州边远的地方充军就行了。这样做有一举三得之利。一是罪犯得到了应有的惩罚。因为贵州本是极贫极苦之地，如果把贵州的犯人送到江浙或其他地方充军，不是在惩罚罪犯，而是在奖励犯罪了。二是贵州的站军得到了及时补充。因为清勾不易，贵州逃亡的站军往往得不到及时补充。三是减少了押送罪犯的成本，如果把贵州充军的犯人送到北方，路途遥远，成本很高。萧端蒙的这一建议亦得到了批准。"本朝勾取军伍总属虚文，不问新旧，徒为民累。惟贵竹卫所之军与四川、云南皆役之为驿站舆夫，粮不虚糜而岁省驿传动以万计，反得其用。"① 王士性认为，勾军本无实效，但西南地区以之补充驿递，反而取得了实际效用。

"巡按四川监察御史赵敬言茂州、松潘诸驿夫马之弊，请以四川文职官吏坐赃当赎徒为民者，毋解京，即其处具马充驿递，[驿] 五人。都察院以四川所解因道远，日久多脱逃，致扰官府，累解人。敬所请诚是。宜定其期，流四年徒，各准其期，期满，即人马俱释之。如数满转发。余者于各处煎盐摆站。从之。"② 赵敬亦因为松潘诸驿夫马困难，请求将四川犯罪的文职官吏充驿，而且让他们自己买马，这一提议亦得到了批准。这一改变亦涉及两个方面的制度，一是驿递夫役补充制度，二是惩罚犯罪官员的法律制度。

景泰年间，王宪就曾对夫役的补充制度做出过改革。"贵州按察使王宪奏：'贵州卫所、站、堡、旗甲军人往差逃亡，十去八九。乞将贵州原安插南京各卫寄操军人尽数发回，以备调遣。'从之。"③ 贵州各卫还有安排在南京各卫所的寄操军人，因贵州卫所、站、堡、旗甲军人逃亡，王宪就奏请上级将这些寄操军人全部调回，得到了朝廷的认可。让贵州抽调军人到南京各

---

① （明）王士性：《广志绎》，吕景琳点校，中华书局 1981 年版，第 133 页。
② 黎邦正、刘重来、郑家福编：《明实录类纂·四川史料卷》，武汉出版社 1993 年版，第 494 页。
③ 贵州民族研究所编：《明实录贵州资料辑录》，贵州人民出版社 1983 年版，第 375 页。

卫所寄操，也会抽调南京卫所的军人到其他卫所寄操，这是朝廷为了便于控制军队的一种措施。军队长期在一个地方，与地方形成非常紧密的关系，不利于朝廷对军队的控制。异地寄操，就等于朝廷在同一地方拥有互相制衡的力量。这在明王朝军事制度中，是一个很重要的设计。现在将贵州安插在南京各卫的军人全数调回，让他们补充贵州卫所及站、堡，也就不会再往南京安插新的贵州军人。减少了贵州卫所在南京的寄操军人，南京发往其他卫所的寄操军人也就会相应减少。不仅如此，其他地区卫所发往贵州寄操的军人也会减少。值得注意的是，这样的改变并未增加贵州的军人，王宪的改革看似没有实质意义。如果真没有实际意义，王宪就用不着多此一举了。这里的关键是，贵州派往南京的是寄操军人，他们不会去承担南京当地原驻军可能承担的任何劳役。外地发往贵州的当然也是寄操军人，也不会承担贵州当地驻军可能承担的任何劳役。贵州的军人不去外地寄操了，并不是留在本地操练，而是"以备调遣"，就是要承担各种差役，当然包括驿递差役。这就把本应操练的军人变成了服劳役的军人，这不仅对贵州驿递夫役的补充制度进行了改变，同时也在很大程度上改变了明王朝设计的军事制度。有了这一改变，明王朝就不再有一支随时可以抽调的常规军队了。

第四，对驿递管理的调整。

驿递的管理体制在明朝无大的改变，但由于西南驿递的特殊情况颇多，常常会有一些调整。

万历年间，播州平定后，播州一分为二，一部分属四川，一部分属贵州，属贵州的部分为平越府，辖黄平州及瓮安、余庆、湄潭三县。原属四川播州宣慰司的驿站也相应发生改变："黄平驿原属四川，今当割贵州，湄潭、岑黄、白泥、鳌溪原设驿丞各一员，今查肆驿路不甚冲，各新县典史即可管拨夫马，肆驿丞应裁。"① 实际改辖的并不只是黄平驿，而是共有黄平、湄

---

① （明）郭子章：《题经理善后疏》，见（明）郭子章：《黔草》卷又八之二，文渊阁《四库全书》本。

潭、岑黄、白泥、鳌溪五驿，只是黄平驿仅仅是改辖，而湄潭、岑黄、白泥、鳌溪四驿不仅由四川改属贵州，在改属过程中，贵州巡抚郭子章还裁掉了原有的驿丞，由州县典史带管，这是对驿递管理体制做出调整。民国《余庆县志》认为白泥、鳌溪、岑黄三驿在平播后即被裁革："鳌溪驿，在县西一百二十里腰站，马八匹，募夫八名，马价夫银与岭黄驿同。按，走递马夫俱平播时差役络绎，特设三驿传递。此一时权宜计也。平播后俱裁革无存。协济跕夫，明万历末征剿杨应龙，巡抚郭公子章置买三哨田地，赡养哨兵，以便防守，并护送饷鞘等项，平播后即裁撤。"[1] 但这些驿站本是平播后才改置，说平播后即裁革，显然并不准确。实际上，平播后，为了经理这一由土司管辖的新区，郭子章花了大力气，如修筑湄潭、余庆、瓮安三县县城等。这一时期，当地与外界的交往特别多，驿递也就特别必要。三驿裁撤，当是这一时期以后的事情，即播地稳定以后的事情。

再如安庄驿、查城驿、普利驿原隶普定卫，正统三年（1438 年），巡按监察御史陈嘉谟奏请改安庄驿隶镇宁州、查城驿隶永宁州、普利驿隶安顺州。之所以有这种改变，是因为为驿站服役的少数民族老百姓苦于土官、卫官的盘剥，强烈要求所致。相对来说，文官、流官的统治要比武官、土官的统治更让老百姓能够容忍。

嘉靖间，贵州都御史徐问在《议处地方事略》中对驿站的报送文移进行了改革："节省文移，以苏边困。平溪、新添、龙里、亦资孔、龙场、水西、毕节等驿马馆、铺陈、库役止是夷人编役答应，亦无解发官钱及包揽、侵赴、滥给、骚扰等弊，但贵州去京师七千余里，与腹里不同，四季造册，纸札、工食，无从取派。议将贵州三十三驿驿传本册按季造报者，每候年终通行类报奏缴，庶使夷人困弊可以少纾，道途供应之费亦少节矣。"[2] 驿站文

---

① 毛肇显纂：《余庆县志》，《中国方志丛书》第 285 号，民国二十五年石印本，第 60 页。

② （明）谢东山修，（明）张道纂：《贵州通志》，贵州省图书馆影印明嘉靖三十四年刻本，第 440 页。

移每季报送一次，费用不少，将每季一次报送改为每年一次报送，亦在一定程度上减轻了驿递的负担。

第五，调整驿递站铺的设置。

驿递站铺的调整有两种情况：一是指驿递站铺的增减，二是驿递站铺的迁移。明朝的驿递站铺大多沿用元朝的旧制，其合理性经受了时间的检验，一般来说，变动不会太大。但亦因为西南地区的特殊性，西南驿递站铺的设置常常有所调整。

西南地区原有土司很多，一些土司与朝廷的联系有限，且不在交通要道上，因而并未设立驿递站铺。而当形势变化，这些土司改土归流后，与外界的联系就会明显增加，设立驿递站铺就很有必要了。"废都宁县，在县南九十里，明万历初置，皆从通志载入，查平都掌蛮后，抚军曾省吾建议设官，置都宁驿，或驿字讹为县，或于县城中置驿。大抵即土罗废县附近之遗址也。"[①] 都掌原为少数民族聚居地，都掌改土归流后，即需置驿。

播州平定后改土归流，原播州白泥、余庆二司改为余庆县，设立了在城、新村、岑黄、小腮、箐口、鳌溪、松烟七铺；草塘、瓮水二司改为瓮安县，设立了在城、牛场、地松、张家湾、乾溪、龙头六铺；湄潭改为湄潭县，设立了在城、马渡、落花屯三铺。

朝廷军事部署的变化，也会引起驿递站铺的调整。"巡按贵州御史王杏条陈地方事宜：贵州思南、石阡等处旧无馆驿，顷因添设兵备，遂为冲途，请官为制驿，以苏里甲供应之苦。卫所军人职在操守，非以应付送迎，乃令朋买马走递，于事体非宜，请行禁革。"[②]

交通情况的变化，也会引起驿递站铺设置的变化，"嘉靖三十六年六月乙巳，巡按四川御史宋贤奏：'蜀中马羽（驿）传，先年因陆路不通，多在水次，今陆路通达，宜裁水次。夫船增编陆路夫马，移偏僻水馹（驿）于冲

---

① （清）罗度等修，（清）郭肇林等纂：《珙县志》，《中国方志丛书》第 366 号，清光绪九年刊本，第 83 页。
② 贵州民族研究所编：《明实录贵州资料辑录》，贵州人民出版社 1983 年版，第 147 页。

繁州县.' 诏从其言。于是，以朝天馹（驿）改隶蓬溪县，九月驿改隶射洪县，盘龙馹（驿）改隶广安州，龙溪驿改隶大竹县，太平驿改隶梁山县"①。改隶就是改变了驿站的隶属关系。嘉靖二十六年（1547 年）四川驿站的变更也是水陆交通变化的形势造成的："巡抚四川都御史张时彻等奏：'请查革叙州府李庄、牛口、渠坝等三驿，改宣化水驿为马驿，并峡口驿于大洲水驿，增设怀德镇、观音铺二马驿。' 诏俱如拟。其增设二驿名曰来归、通邮。"② 革除三个驿站，合并两个驿站，实际上撤掉了四个驿站，而增加的驿站只有两个。革去的李庄、牛口、渠坝三个都是水驿，增加的是两个马驿，宣化水驿改为马驿，这是陆路交通取代了水路交通的后果。

有时因为原有驿站设置造成了劳役不均，也会导致驿站的调整。"正德九年十二月丁巳，兵部覆总督军务都御史彭泽议处四川地方三事：'……量增驿站，以苏民力。谓广元县（开）［问］津水驿，宜改为水马驿，添设马匹，以节省龙谭、沙河二驿之劳；内江县安仁驿改入县城，以便接递。'从之。"③

第六，调整驿递线路。

驿递线路的稳定性是很强的，但也会有一些变化。而决定这一变化的往往是省级政府。如贵州巡抚郭子章在播州平定后，就新开了一条驿道，这条驿道从镇远出发，经石阡、龙泉、遵义，到省城贵阳。从镇远经偏桥、清平、平越、贵定、龙里至省城贵阳的驿道仍然保留。多一条路，形势变化时，也就多了一个选择。

明末永宁奢崇明、水西安邦彦作乱时，贵州到达云南的通道梗塞，新任云南巡抚闵洪学历经艰难，从广西进入云南。后来，闵洪学即提议开通云南

---

① 贵州民族研究所编：《明实录贵州资料辑录》，贵州人民出版社 1983 年版，第 147 页。

② 黎邦正、刘重来、郑家福编：《明实录类纂·四川史料卷》，武汉出版社 1993 年版，第 68 页。

③ 黎邦正、刘重来、郑家福编：《明实录类纂·四川史料卷》，武汉出版社 1993 年版，第 1312 页。

经广西的驿道。"云南巡抚闵洪学以黔警方棘，滇道中梗，自粤西田州可达滇之广南，议通一线之路，中间应设驿递隶粤西地方者，其公馆、夫马、廪粮，一一滇为之任，不敢累粤。在此际黔路艰危，既为救急，在他日夷氛已靖，何妨两存。敕所司速议。"① 奢崇明、安邦彦的叛乱平定后，贵州驿道复通，云南经广西的这条通道是否开通，就不重要了，史料中亦不见此通道的使用情况。

增设驿道是一件大事，尤其在明代中后期，政府财政往往捉襟见肘，增设驿道需要大笔经费，政府不会对增设驿道的事持积极的态度。正德年间，"巡按四川御史杨璋奏：'四川僻在一隅，人民恋土耕种，鲜有营生于四外者，盖由山川阻隔，路道不通，闻湖广夷陵州有小路，仅十日可抵夔州，宜开辟宽平，量置驿铺，则可以通商利民，而于公务亦便。'上以年久不行，寝其议"②。四川经夷陵州的路是一条相对快捷的出川之路，诚如巡按御史杨璋所奏，如果开通，可以通商利民，于公务亦便，但朝廷并不感兴趣，没有采纳杨璋的建议。

三、郭子章与贵州驿递

贵州巡抚郭子章主政贵州近十年，兴利除弊，做了不少的事情，对于贵州驿递尤其关心，值得专门论述。为保障贵州驿递畅通，郭子章至少做了如下努力。

第一，颁布文告，对乘驿制度做出新的调整。鉴于乘驿制度不断被突破，旧的乘驿制度已经不具有实用价值，甚至形成了驿站无章可循的状况。郭子章两次颁布新规对官员、生员、差役乘驿都做了更符合实际情况的规定。并严格要求贵州各衙门做出表率，如有不合规定之处，先裁掉巡抚衙门

① 贵州民族研究所编：《明实录贵州资料辑录》，贵州人民出版社 1983 年版，第 1146 页。
② 黎邦正、刘重来、郑家福编：《明实录类纂·四川史料卷》，武汉出版社 1993 年版，第 1238 页。

的驿票。"遇本省员役有一人执两院牌票二张者，该驿将本院牌票革去，止应付按院牌票。如系湖广、四川、云南员役，一人而执该省两院牌票两张者，即将夫马多者革去一张，止许应付一张。"① 郭子章从巡抚衙门做起，是对驿递秩序的整顿下了决心的。

第二，修建盘江、重安、麻哈等三处浮桥。永宁州有盘江，都匀府有重安江，平越府有麻哈江，是湘黔、滇黔驿道的必经之路。夏秋暴雨，水势汹涌，过渡非常危险。郭子章组织在盘江造了十六只船，修建了盘江浮桥；在重安江造了四十只船，修建了重安江浮桥；在麻哈江造了十四只船，修建了麻哈江浮桥。并且设了桥田，对守桥、修桥事宜做出了很好的安排。三座浮桥的修建，极大地改变了湘黔、滇黔驿道的通行状况。

第三，疏通偏桥瓮蓬洞一带河道，开通了镇远至黄平的航运。偏桥大江与小江合流后，流入瓮蓬洞，再入镇阳江。瓮蓬洞一带河道中乱石嶙峋，郭子章组织人力疏通了瓮蓬洞一带的河道，使镇远至黄平的航运得以开通。郭子章对自己的这一举措十分满意，专门写了《开新河记》一文以记此事，并描绘了开通以后航运的情形："镇舟挽而上，偏舟放而下，而渠成矣。"②

第四，向朝廷申请增加对贵州驿递的帮助。平播战事期间，平越驿驿马被杀，高坪牌、草塘、瓮水等地不纳粮马，黄平驿的供应原由黄平、清平、凯里司负责，因受到播州的劫掠，老百姓不再纳粮马。郭子章上《议处驿递疏》，向朝廷求援，"臣等看得近黔邻封，惟楚滇二省，楚地用兵在湖北，而湖南一带驿递稍逸，云南解饷入黔在安普，而洱海、金沧一带驿递稍逸，臣意于二省稍逸驿递每驿借马一匹，约三十匹，内湖南十五匹，洱海、金沧十五匹，或解马，或解银，分属平越、黄平二驿，共济时艰，以灭强寇，俟寇平而止，其余别驿，苟可支持者，无得援此为例"。郭子章对驿递的困难了解得非常清楚，提出的解决办法也切实可行，因此得到了朝廷的同意。但云

---

① （明）郭子章：《黔记》，赵平略点校，西南交通大学出版社 2016 年版，第 537 页。
② （明）郭子章：《黔记》，赵平略点校，西南交通大学出版社 2016 年版，第 295 页。

南、湖南对借马一事颇为消极，所以郭子章借的马并没有到位。此外，郭子章还多次向朝廷申请增加云南给贵州驿递的协济银两。

第五，为思南、铜仁、石阡三府借马银。当思南、铜仁、石阡三府驿递出现问题时，郭子章又为三府出借马银，以解三府驿递的困难："为督抚地方事，照得思、石、铜仁三府协济平溪镇驿马，每岁终，旧马已完，新马未上，马户急如星火，驿丞申文告急，三府贫若悬罄，欲正支不可，欲借支不可，府驿两病，过客交訾，此亦黔中一大蠹政也。查平播后本院部节缩饷银共二千五百七十五两八钱五分一厘七毫八丝，内铜仁府收贮二百四十二两四钱六分二厘一毫七丝，石阡府收贮二千三百三十三两三钱八分九厘六毫一丝，除该府借给马价未完，应于府属各司追补银一千八百三十四两四钱四分零，见在石阡府库四百九十八两九钱四分一厘。……本院部目击三府驿马之累，深属隐忧，合将前银每岁终借马马银，事后仍追原额马价补还，少济一时之急，永为百年之利，为此牌仰分守思仁道即将铜仁府收贮剩饷银二百四十二两四钱六分二厘一毫七丝，石阡府收贮剩饷四百九十八两九钱四分一厘，内以二百两借思南府，余二百九十八两九钱四分一厘留石阡府。会稽三府俱有银二百余两，俱于每岁终新旧驿马不接之际，具详借作该府协济马银，事后随即各如数催追原额马价补还，循环二簿，并行三府，各置二簿，将各府借银明载于内，该道仍勤勤查催，务要一年补足一年之数。"① 郭子章将平播后节余的饷银分发给思南、铜仁、石阡三府，让思南等三府先用节余的饷银买马，然后向借银户追回马价。年终时，马户再借银买马，事后再还……实际上，郭子章为思南等三府准备了一笔买马的本钱，马户虽然仍然要出钱，但有了一笔可预借的银两，可以帮助他们度过最困难的时候。

第六，郭子章还对贵州驿递的供应方式做了改革。郭子章这一改革的详细措施都集中在《批贵阳府敛银以作马本借军以永马利檄》一文中。因为驿递马要年复一年地派在当地，且需要年年征用，一些基层官员就建议征银买

---

① （明）郭子章：《黔草》卷又十，文渊阁《四库全书》本。

田，用田利雇募马匹走递，解决驿站的劳役问题。这事得到了贵阳知府的同意，委托吏目林大鹏征银，征到买田银六百三十两。这些钱本来是决定买田的，但买田又有一个缺点，就是容易被侵占。很多地方官凭着良好愿望，或捐自己的薪俸，或组织捐款，购买赈田，以备灾荒。但"三五年后，便成乌有，欲追田，则无田，欲追银，则已费。此近日赈田也"。因为军人生计困难，一遇用钱，就将月粮典卖给有钱人，一年只得银一两七钱至一两八钱，而军人三个季度的月粮应值二两三钱一分。贵阳府建议，以征用的六百三十两作为本钱，给每名军人发银二两一钱，剩余二钱一分作为利钱，买米四百石，三百石募人走马。年终，贵州在城军人四千余名的月粮兑银六百九十两，又可以作为新的本钱。这样，本钱愈来愈多，而走递马匹得以解决，用不着再编派在老百姓及军人身上，年复一年地征收。

贵阳府的这一建议得到了郭子章的充分肯定，郭子章特发文同意贵阳府实行这一驿递改革办法。郭子章认为，这一措施的实行有多方面的好处：一是各基层单位免去了年年征收驿递费用的麻烦，实际上，基层组织在征收驿递费用时，常常会考虑征收人员的劳务，征收人员也会在征收过程中百计营私，所以减少征收过程，也就减少了军民的负担；二是贫苦军户得到了实惠，因为他们向私人借钱，典卖月粮每年只能得到一两七钱至一两八钱的收入，现在他们不仅可以得到二两一钱的收入，而且免去了驿递的劳役，因为驿递的劳役已经用利钱收入雇募人完成了；三是驿递的运行得到了充分的保证，军人的月粮由政府负责供应，由此得到的利钱也就能够保证走递马匹的雇募；四是贵州布政司不需要为此项改革投入成本。

为了保证这一办法的正常运行，郭子章还补充了很多措施。"倘于中事故，则粮银应扣还公，此揭借之本可听其沉溺而弃捐乎？又必十名联结共领银二十一两，倘有一名事故，坐九名朋偿，二名事故，坐八名朋偿。至朋偿，则仅偿其本，免其利，庶公扣有资，私本不失，必舆情忻忻然乐从者也。厝注既安，稽核宜详。拟置循环簿二扇，于既揭借之日备造姓名粮银数目，一送布政司，以便扣银，一送督粮道，以便扣粮。又置出纳簿二扇，出簿在府，以注各军之揭借，纳簿在仓，以注马户之兑领。则重冒无所庸其奸矣。奸弊既清，支期宜定。每年于十一月初五以前布政司既发原扣本利银给府听揭，如协济未到，设处借给，以慰仰望。"① 郭子章的这些补充措施包括四项内容：一是由十名军人联名领银，朋领朋偿，以保证银本不缺；二是置循环簿二册，以便扣粮扣银；三是置出纳簿，记清军人借钱与马户领钱的情况；四是确定布政司应发钱的时限，以确保这一措施得以按时顺利地延续。

郭子章在支持贵阳府实行改革以后，随即又在龙里卫推行此项改革。"为督抚地方事，据驻镇龙里杨推官申称龙里驿马凋疲日炽，奉行仿贵阳例，借银为母，借放生息，以充马价。第每年须得息五百有奇而后可，此五百之息，必需一千五百之本而后可等因到院部，据此，除本院部捐助公费银一千外，看得本院部此举专为龙里军民永除子孙后累至计，本院部既捐银一千两，则所少银五百两，论法论理，宜军舍客民出办，一劳永逸，原非强责，合行晓谕，为此示仰龙里卫军舍客民人等知悉，即将尚少马本银五百两听驻镇官摊派敛收，凑充马本，务要各发良心，上紧完纳，毋得各啬迟延，自贻他日不了之患，须示。"② 龙里卫的这一次改革，贵州布政司拿出了一千两银子，龙里卫军民只需摊派五百两，而且免去了驿递的劳役，这是郭子章为龙里卫军民办的一件减轻负担的实事。

第二节　府与驿递管理

按理，明朝驿递的具体管理并不属于府，但西南地区情况复杂，府下未必有州、县，州下未必有县，因此西南地区驿递的管理机构也就变得复杂。

很多驿由府直接管理。四川龙安府有武平驿、小河驿、水进驿、小溪驿、古城驿、西平驿，乌撒军民府有在城驿、瓦甸驿、周泥驿、黑张驿、层

---

① （明）郭子章：《黔草》卷又十，文渊阁《四库全书》本。
② （明）郭子章：《黔草》卷又十，文渊阁《四库全书》本。

台驿、普德归驿，都由府直接管理。贵州平溪驿由思州府管理，普利驿由安顺军民府管理，镇远府管理镇远驿、偏桥驿、清浪驿三个驿，都匀府管理来远驿、都镇驿两个驿。云南府管理滇阳驿、板桥驿，永昌府管理金齿驿、沙木和驿、蒲缥驿、潞江驿，顺宁府管理顺宁驿、观音水驿、牛街驿、锡铅驿、右甸驿、枯柯驿，蒙化府管理样备驿、开南驿，鹤庆府管理在城驿、观音山驿，景东府管理景东驿、板桥驿，广南府管理在城、速为二驿，二驿万历四十一年裁革，印收土官处。此外，临安府的新建驿，寻甸府的易龙驿，曲靖府的南宁驿，大理府的洱西驿，楚雄府的峨崀驿，也都属府直接管理。

隆庆二年（1568年），张子中任思州知府，将府治迁到了平溪卫。张子中不久离任，莫如德接任知府，"时府治初立，规制未备，惟以冲途，应接不暇。乃取四司里老轮赴管支，民遂称怨，咸归咎于迁府矣"①。原思州府治地处偏僻，多次被苗民攻破，极不安全，所以张子中将府治迁到了平溪卫城。但平溪卫城亦是平溪驿所在地，处于湘黔通道贵州段的起点，亦是黔东北铜仁通往省城的必经之地，所以来来往往的官员很多，负担很重。思州府下没有州县，只有都坪峨异溪蛮夷长官司、黄道溪长官司、施溪长官司、都素蛮夷长官司四个土司政权，新任思州知府莫如德就将接待任务分配给四个土司，"四司里老轮赴管支"，就是四个土司的头面人物轮流赴府，负责接待事宜，当然也要承担接待费用。这引起了老百姓的不满，都认为不该将府治迁到平溪，万历五年，府治又迁回到原地。

根据郭子章《黔记》及万历《贵州通志》等书所载，平溪驿由思州府管理，平溪驿的马价与草料银、供馆银及铺陈银等共一千七百七十一两一钱三分五厘，全部由思州府承担，分摊给都坪、都素、黄道三个长官司。另外，黎平军民府还负责平溪驿的马银二十二两五钱，石阡府负责平溪驿的四匹马，每匹八十二两九钱一分。按理，平溪驿属于思州府管，无论思州府治是否在平溪，驿站的管理都是知府的事情，驿站的接待都会摊派到老百姓头

---

① （明）郭子章：《黔记》，赵平略点校，西南交通大学出版社2016年版，第920页。

上，与迁府治没有关系，但是府治迁到平溪后，来往于平溪的低级官员会去拜访思州知府，上级官员住在平溪后，知府要去拜访，要接待，而知府的接待自然不能再吃驿站的食堂，而要变换一点花样了，这样一来，接待费用就多得多了。而且互相一拜访，停留的时间就更长，接待的费用也就增多了。如果府治不在平溪，这样礼节性的拜访就要少得多，所以人们要"归咎于迁府"。平溪卫治在此，一些接待就落在卫官头上，而平溪卫属湖广管辖，增加的费用派不到当地老百姓头上，思州府只要按规定承担驿站的费用就可以了。

从思州府治迁移一事来看，府对于驿站的管理主要体现在驿站费用上，只要按规定提供了驿站的供应费用，府一级的政府与驿站的关系就不大了，所以只要把府治迁移，离开驿道，少了各种礼节性的拜访，负担就可以大大地减轻。

"程燗，南城人，举人，嘉靖二十六年知镇远府……是时，镇远卫有刁军雷文七等，呈楚两台，欲扯镇民帮贴夫价，且言贵州兼制不便。燗具公移详辨……公移上，其议遂寝。至今守为定制。"① 镇远、清浪、偏桥三驿都属镇远府管辖，三驿共需银九千零一十一两八钱四分，由镇远府属镇远县、偏桥县及土司与思南、石阡、铜仁三府所属县与土司承担。但这些只是驿站所需费用，并不包括驿站应出的夫役。而从《黔记》中可以看到，驿站还有一个重要的部分，就是夫役，至少镇远驿夫役由镇远卫承担，镇远卫军人觉得负担太重，呈文湖广巡抚与巡按衙门，要求镇远府帮贴夫价，这显然要增加镇远老百姓的负担，所以程燗不能接受，也写了一篇公文，认为镇远卫军人的要求是无理要求，给予了严词反驳。由此也可以看出，府一级政府对驿站的管理主要是负责驿站的费用。军人雷文七等觉得夫役负担太重，要求补贴夫价，不是呈文给镇远府或贵州省，而是呈文给湖广巡抚巡按衙门，说明

---

① （明）郭子章：《黔记》，赵平略点校，西南交通大学出版社 2016 年版，第 915—917 页。

湖广巡抚与巡按衙门也参与了驿站的管理。

"晁必登，汝吉，宜宾人，进士，弘治间，任通判，时澄守贪暴，人情汹汹，公以廉佐之。属邑之民充板桥、江川驿籍者，艰于亲应，多破产逃亡。公建白征银解驿，迄今赖焉。"① 澄江府的老百姓因为要负责板桥驿、江川驿的供应与劳役，负担过重，纷纷逃亡，晁必登改为征银，老百姓的负担因此减轻。征银数额固定，管事之人从中渔利的机会要小，老百姓更易于接受。这说明对于驿站的供应方式，府一级的政府同样会提出建议，进行改革。

道光《重庆府志》载有张希召《改置土沱、黔南、白渡三驿碑记》："郡父老举有忧容，觺蹵跪而泣曰：'渝郡俗好淳简，自乙丑兵燹之后，土瘠民贫，间阎生计日绌。且宾旅宦僚借关应付，接望于舟车，日计月酬，其靡敝有由也。加以郡守弗克，师帅坐视驿递凋瘵，迎送稽玩，漫不经心，计将奈何？'余闻之，鳃鳃大惧，乃纵观二十提封县驿冲僻道里远近，悉绘为图画，朝夕翻阅，筹度其间，民情地势，瞭然视诸斯矣。迄辛未秋，将巴县土沱驿移置铁山，黔江县黔南驿移置沙镇，綦江县白渡驿移置东溪。院司金谓事体稳便。轸恤疮痍，盖不为一时之利，而贻川东地方以万世无疆之福，正余所以仰慰圣天子爱养元元之至意也。三驿夫马支应，并未一毫加编，以免纷更之扰。各驿官吏、印记俱不变动，省题请也。庶几乎劳者以息，溺者以援，小民鲜偏累之叹，余或可逭瘝官之诮也。"② 张希召隆庆年间任重庆知府，对属县的驿站进行了调整，改置了土沱、黔南、白渡三驿，而张希召此举的目的是解决"偏累之叹"，"贻川东地方以万世无疆之福"。这也说明，府一级政府更注重驿站的费用问题。但无论驿站怎样改，驿站的费用仍然存在，是不能改掉的，"三驿夫马支应，并未一毫加编"，当然也不可能减少。所以张希召能够解决的只是"偏累"问题，即改变驿站的位置后，使驿站的

① （明）刘文征：《滇志》，古永继校点，云南教育出版社1991年版，第388页。
② （清）王梦庚修，（清）寇宗纂：《重庆府志》卷六，清道光二十三年刻本。

费用承担者发生相应的变化，从而相对平均。这也说明，府一级政府在驿站问题上的作用有限。"各驿官吏、印记俱不变动，省题请也。"如果减去驿丞，以县丞代管驿事，可以减少费用，但这涉及官吏的改变，要向中央政府报告，办起来麻烦，而且未必能够得到批准。迁府治是一个十分复杂的工程，思州府至于迁府治，而不是对驿站的相关制度进行改变，也说明府一级政府除了提供驿站的经费、保证驿站的正常运行外，对驿站的运行制度管理没有多大权限。

第三节　州县与驿递管理

西南地区一些驿由州政府管理。贵州安庄驿由镇宁州管理，查城驿由永宁州管理，普安州管理新兴驿、湘满驿、亦资孔驿、尾洒驿四个驿。云南由州管理的有建水州的曲江驿，石屏州的宝秀驿，邓川州的邓川驿，晋宁州的晋宁驿，安宁州的安宁驿与禄胨驿，嵩明州的杨林驿，路南州的和摩驿，罗平州的多罗驿，马龙州的马龙驿，腾越州的腾冲驿与龙川江驿，镇南州的沙桥驿，姚州的普溯驿，北胜州的清水驿与澜沧驿，赵州的德胜关驿与定西岭驿，和曲州的和曲驿、姜驿、虚仁驿、环州驿。四川潼川州管理皇华驿、云溪驿、五城驿，眉州管理眉州驿、武阳驿、青神驿，嘉定州管理凌云驿、平羌驿、三驿驿、沈犀驿、下坝驿，邛州管理白鹤驿，泸州管理泸川驿、立市驿、江门驿、纳溪驿、史坝驿、牛脑驿、神山驿、江安驿、通邮驿，雅州管理雅安驿、百丈驿、箐口驿、新店驿。

一些驿的管理由县负责。如云南江川县的江川驿、南宁县的白水驿、定边县的定边驿与新田驿、广通县的舍资驿与路甸驿、楚雄县的吕合驿、通海县的通海驿、禄丰县的禄丰驿、云南县的云南驿、永平县的永平驿与打牛坪驿。

道光《綦江县志》有一段关于驿站的记载，现录于后：

旧志前明驿站事：白渡镇距城仅二十里，嘉靖间县令张文熙，目击时艰，申请改设于北门外应递，民稍苏息。后又改于垫江沙镇去讫。编遗协济银两，兼入里甲，民益困苦。加以播平改流，綦当要冲，里甲残破，奉例归农。旧设马十匹，夫三十名，特通播一路耳。兹则川、湖、云、贵四通八达，星轺毂击，曷堪济命。该摄县周作乐蒿目綦困，多方调停，请增马三十匹，夫二十名，申请将合川、璧山等六州县，原编安边厅操兵工食一千四百四十两，协济雇募，批给三年。士民长虑，条呈复驿还壤。蒙批"查议"。又于十九州县，代编协济，奉批于三十四年春季截日停止。增设夫马工食，该银八百四十两有奇。本县粮少赋重，比之江、巴，征倍其二，比之南川，征倍其三。实难加派。切缘播贼之变，关系海内，乱则杀掠粟米，綦江独受其祸，平则夫马供亿，綦江独当其苦。一夫向隅，满堂不乐。綦亦何辜，忍至此极。开疆拓地，用夏变夷，朝廷增不亿之赋税，编氓添一道之官吏员役，皆有裨于国家，何独累乎下邑也。该同知周作乐，目击民穷，深悯綦困拮据，勤恳再三，请详通融协济，批行查复间，寻升遵义郡守。该新令孙绍禹酌议本府知府曹议，将云根、并涨二所裁减马红船夫工食银五百两，以充协济，尚少三百四十四两，又蒙议将本县递年解本府传铺三百零七两留抵。仍少三十六两七钱，又将裁省各驿铺陈、厨、库工食银支给。通详批允永远协济，民始息肩。①

之所以特地录下此段，是因为这一段资料很珍贵，它反映了知县在驿站管理中所起到的作用。綦江县知县张文熙因为白渡驿距城二十里，百姓负担较重，申请将驿站改到县城北门外，使老百姓的负担变得轻了一些。驿站原有马十匹，夫三十名，摄县事的同知周作乐、知县孙绍禹又申请增加驿站的马匹三十匹，夫二十名。增加夫马就增加了工食，綦江县先申请了三年的协

---

① （清）宋灏修，（清）罗星纂：《綦江县志》卷五，清道光六年刻本。

济，后又申请到裁减其他驿站的银两协济本驿，申请将本县上交府库的银两填补增加的工食银。

张文熙的申请引起了驿站的一系列变化：一是将驿站挪移了二十里，这就极大地改变了驿站的夫役构成，使綦江县承担的夫役负担变得少多了；二是将驿站的马匹增加了三倍，夫增加了原数的三分之二；三是解决了驿站增加夫马以后多出来的开支，綦江县反复向上级诉苦，最终使得上级将其他驿站的费用减下来，增加到綦江县的驿站上。

这一变化的幅度很大，过程也很长且很复杂。

第一次变化是将设在白渡的驿站改到县城北门。知县张文熙申请将驿站挪移，得到了批准，"民稍苏息"，老百姓的负担得到了一定的减轻。然而驿站的挪移并非驿道的取消，驿道存在，驿道的开销就仍然存在；驿道不变，开销也就不变。綦江县百姓的负担减轻了，减去的负担不会凭空消失，就要转嫁到其他县百姓的头上。驿站改到县城北门外，綦江县负担的驿道就缩短了二十里，但另一县负担的驿道增加了二十里。綦江县的老百姓高兴了；邻县的老百姓却会不高兴。綦江县的知县会叫苦，邻县的知县也会叫苦，这就有了第二次变化，驿站改到了他县，即垫江县的沙镇。

第三次变化。驿站改离了綦江县，垫江县平白地增加了一个驿站，新矛盾又摆在了上级机关面前，于是上级机关就让綦江县出协济银两。驿站的负担尚有一定的伸缩性，来往使客多，驿站的负担就重；来往使客少，驿站的负担就会轻一点，县上老百姓的日子就会好过一点。但协济就全无伸缩性可言了。每年都要出，且要编到里甲每年的征收任务之中。老百姓发现，这样一来，他们的负担不是减轻，而是加重了。"协济银两兼入里甲，民益困苦。"

第四次变化。驿站改走了，但来往的官员、差使仍在，尤其綦江县是四川通往播州的唯一通道，播州叛乱期间，这一地区的地理位置显得尤其重要，所以上级机关最终还是在这里设立了驿站，设马十匹，夫三十名。播州平定后，綦江就成了联结云贵的重要交通要道，十匹马、三十名夫明显不够。暂管綦江县事的同知周作乐就提出增加夫与马，得到了上级机关批准，马增加三十匹，夫增加二十名。

第五次变化。增加了夫马，自然就增加了夫的工钱，增加了马价与草料银。周作乐又反复向上级诉苦。这期间，周作乐升为遵义知府，新县令孙绍禹上任，千方百计想办法，要求上级机关从各个方面解决增加的工食银和马价与草料银。"本县解府驿传银三百七两，以济他县……蒙本府查得府属各驿铺陈价银厨库，相应议裁。朝天、白市、来凤、东皋、峰高、黔南、白渡、土沱、合阳、涪陵、江北递运所、云根所，共裁铺陈银一百九十三两四钱，厨库共裁七十二名工食银一百九十四两四钱"①，最终，綦江县驿站增加的八百四十两工食银来自三个方面：一是裁减的其他驿站的费用五百两，二是本县上交府库的三百零七两，三是裁减的其他驿铺的工食银三十六两七钱。綦江县解到府库的三百零七两本来是用于其他驿站的，现在留下来，实际上还是减了其他驿站的费用。

为什么知县要千方百计地为本县驿站增加马匹、人力？原因只能是一个，就是在驿站马匹、人力固定下来后，如果驿站的马匹不够，人力不够，县政府就要为这不足的部分兜底。一般来说，增加了驿站的马匹与驿夫，就要增加负担，如果上级只让增加马匹与驿夫，而不协助解决工食银的问题，县上就只有将负担转嫁到老百姓身上了。所以綦江县知县在解决这一增加的负担时，反复哭穷叫苦，争取上级的支持。

从这里可以看出，县级政府对驿站的管理十分具体，实际上要为驿站的人力与财力全面负责。当驿站的负担太大，超过了当地老百姓的承受能力时，县级政府就要千方百计地减少驿站的负担。由于县级政府是基层政府，权力不大，要想减轻驿站的负担，改变驿站原有运行方式，只能向上级机关请求，并要提出具体的办法，设计出新的、合理的方案。綦江县要增加夫马，导致增加费用，又不愿将增加的费用摊到当地老百姓身上，就会详细提

---

① （清）宋灏修，（清）罗星纂：《綦江县志》卷五，清道光六年刻本。

出新的解决建议。

"明万历十八年（公元 1590 年），归州知州吴守忠率民工 260 人，在归州空舱滩施工 40 日，将其凿去。从此'峡流安轨，舳舻唧尾，上下呕歌'。明万历三十五年（公元 1607 年）抚治都御史黄纪贤、知州张尚儒兴工凿平了归州境内的雷鸣洞下口石滩。第二年，知州张尚儒组织本州丁民凿去人鲊瓮附近嘈口大石。"① 归州知州吴守忠带领民工凿平空舱滩，张尚儒凿平雷鸣洞下口石滩、人鲊瓮附近嘈口大石，这说明整治驿道、航道，也是各州县的事情。而且如果某地处于驿道上，道路通畅，老百姓的负担就会相对轻一些，道路难走，老百姓的负担也会增大，所以州县对于驿道的修整通常也会持积极的态度。

万历年间，张养性任大足县知县，写有《邮亭公署旅馆记》，此文亦很能看出知县在驿递制度中的作用。

> 邮亭，大足土也，距大足城百里遥，东永川，西荣昌，各相去五十里，从夔渝东来过邮亭，永川送之，从锦官西出邮亭，荣昌送之，大足送往迎来，兼之，盖以土地故，公署垣墙诸品具器用，大足独肩其任，而永、荣不与焉。夫路当四冲，上司贵人以月计，承舍诸差以时计，上司贵人随带仆从有规，而承舍诸差杂沓旋马，堂室污秽不堪，随修随坏，随备随损，盖不胜不劳②，亦不胜其费。百里应接不及，啧诟随之，于是度仪门外东构旅馆，以处承舍诸差，设马厩以处夫马，诸器具称是，是故上下有章，贵贱有等，宾至如归，而行旅愿出其途矣。主其事者，知县张养性，赞其义者，县丞徐文质，董其工者，其典史覃尔霖。③

邮亭公署在大足境内，上司贵人、承舍诸差的送往迎来都要由大足负

---

① 朱培麟：《三峡地区古代交通史略》，《重庆交通学院学报》2004 年第 1 期。

② 按："不劳"当为"其劳"之误。

③ 郭鸿厚、陈习珊等纂修：《大足县志》，《中国方志丛书》第 384 号，民国三十四年铅印本，第 724 页。

责。按理，公署有接待能力就行了，但张养性还是组织新修了旅馆、马厩，而新修的理由有二：一是"堂室污秽不堪"，二是容易毁坏，劳费很多。新修了旅馆、马厩，带来的好处有两个：一是干净，二是节省。新修了旅馆、马厩以后，"上下有章，贵贱有等，宾至如归，而行旅愿出其途矣"。这一工程完成之后，邮亭的接待实际上分成了三个层次：上司贵人在公署，承舍诸差在旅馆，夫马在马厩。这样一分别，上司贵人用不着再与承舍诸差及夫马混在一起，他们舒服了；承舍诸差不用与夫马混在一起，也相对干净，而不与上司贵人在一起，他们更自在；马当然应该在马厩，但夫也在马厩，就显得不好了。只是明朝夫役地位极低，即使在公署，他们也住不上好的房间，住在马厩，也未必不是一件好事。接待细分了以后，被接待的人各得其所，都会有更好的感觉。但是，节省的愿望却未必能够如愿。因为分开接待，每一个接待系统都要有相应的接待人员、管理人员，接待人员一定会增加。而增加了接待人员，也就要增加开支。从修理的角度看，原来因为人多，修理频繁，工费确实不会少。但现在有了三处接待处所，加在一起的修理费用很难少于原来的修理费用。实际上，"杂沓旋马"的情况不会改变，污秽不堪的问题仍然存在。所以这一工程最终解决的问题只有一个，就是接待上司的问题。对于上司贵人，如果接待不好，"啧诟随之"，上司有"啧诟"，知县的前程也就没有保障了。

从此段资料中，可以看出知县在驿递制度中承担着如下责任：

第一，要尽量改善驿站的接待条件。如何改善，也只有知县自己想办法。

第二，要完成接待任务。不管是上司贵人，还是承舍诸差，知县都要让驿站保证接待。

第三，要负责驿站的维修，筹措维修费用。张养性修建旅馆及马厩的理由是邮亭公馆的接待任务复杂，公署容易坏，既费事，又费钱，公署修理的费用由县政府筹措。

第四，要解决驿站的各种额外支出。驿站的支出本有定数，一般都会摊派在本县，本县承担不了的，也会让其他县协济。但如果超出定额，驿站所在地的县政府就要设法解决。所以张养性才会因为"不胜其费"而想办法。而修了旅馆、马厩后，相应的接待条件也要安排好，"诸器具称是"，就是接待所需要的器具都要完备。

第五，要保证接待的人员。增加了接待的旅馆，当然会增加接待人员，而张养性并没有向上级申请，也只有自己解决。

第五章　西南驿递与国防

第一节　明朝西南卫所概况

一、明朝西南卫所的设立

（一）四川卫所的设立

洪武四年（1371 年）六月，汤和率军至重庆，夏国王明升投降。七月，傅友德攻下成都，四川平定。四川从洪武四年九月即开始在成都置卫，洪武八年十月，改成都卫为四川都指挥使司，驻成都。二十七年九月，又置四川行都指挥使司，驻建昌。

在四川，卫所的设立，是从明军入川攻灭大夏开始的。"当时李文忠在成都，傅友德在保宁，汤和在重庆，'各遣人招辑番汉人民及明氏溃亡士卒来归者，因籍其壮丁，置各卫以分隶之'。但不同地区设置有先后。如洪武四年置保宁卫、雅州卫、青州守御千户所，六年置重庆卫，十年置叙南卫，十一年置宁川卫。"① 二十一年置泸州卫，二十七年置建昌卫。四川有四川都司和四川行都司，四川都司共领成都左卫、成都右卫、成都中卫、成都前卫、成都后卫、宁川卫、茂州卫、重庆卫、叙南卫、泸州卫、利州卫、松潘

---

① 陈世松主编：《四川通史·元明卷》，四川人民出版社 2010 年版，第 174 页。

卫等十二卫，青川、保宁、威州、雅州、大渡河、广安、灌县、黔江、叠溪、建武、小河九个千户所，及蜀府仪卫司、寿府仪卫司、寿府群牧所，寿府仪卫司、寿府群牧所后来革除。四川行都司领有建昌卫、宁番卫、会川卫、盐井卫、越巂卫等五卫，礼州、礼州中中、建昌打冲河中前、德昌、迷易、盐井打冲河中左、冕山桥后、镇西后等八个千户所。此外，四川境内夔州府设有瞿塘卫，属湖广都司管辖。

（二）贵州卫所的设立

四川平定后，明朝廷即在贵阳设立贵州卫，使之与成都卫、武昌卫形成掎角之势。播州土司、水西土司、水东土司相继归附，思州、思南土司亦在吴元年归附。几个大土司归附后，一些小的土司也就望风归顺，明朝兵不血刃，贵州即纳入了版图。为了更好地控制土司政权，朱元璋合并水东、水西两土司，设立了贵州宣慰使司，宣慰司署设于贵阳，与贵州卫同城。洪武九年，明朝设立湖广布政使司和四川布政使司，而以思州、思南二宣慰司属湖广布政使司，以播州、贵州二宣慰使司属四川布政使司，乌撒、普定等土府，金筑、都云等安抚司，亦并属四川。

洪武十四年，为进军云南，置普定卫。洪武十五年八月，设贵州都指挥使司，以汝南侯梅思祖任都指挥使，梅思祖不久即去世，都指挥使由平凉侯费聚担任。与贵州都司同时设立的有普安卫、尾洒卫、黄平卫、乌撒卫、水西卫，不久，将黄平卫降为千户所，平越千户所升为平越卫。洪武十七年，将云南境内的乌蒙卫迁于毕节，改为毕节卫；洪武十八年，设立五开卫；洪武二十年，设层台卫；洪武二十二年，增设安庄卫；洪武二十三年，设立平溪卫、清浪卫、偏桥卫、威清卫、平坝卫、龙里卫、新添卫、清平卫，同年，改都云安抚司为都匀卫，并增普市直隶千户所；洪武二十四年，增设贵州前卫；二十五年，置古州卫、天柱千户所，古州卫不久即废；洪武二十七年，废层台卫；洪武三十年，将五开卫所属铜鼓千户所改为铜鼓卫。二十四卫及二直隶千户所分别由贵州都司和湖广都司管辖。贵州都司领贵州卫、贵州前卫、威清卫、平坝卫、普定卫、安庄卫、安南卫、普安卫、龙里卫、新添卫、平越卫、清平卫、兴隆卫、黄平千户所、都匀卫、乌撒卫、毕节卫、赤水卫、普市千户所、永宁卫；湖广都司领镇远卫、平溪卫、清浪卫、偏桥卫、铜鼓卫、五开卫。镇远卫、平溪卫、清浪卫、偏桥卫四卫一度改隶贵州都司。①

（三）云南卫所的设立

洪武十四年，朱元璋经营云南。"命颍川侯傅友德为征南将军，永昌侯蓝玉、西平侯沐英为副将军，帅师征云南，平之。"洪武十五年，筑云南城，建诸司衙门及云南儒学，改云南行省为云南等处承宣布政使司，领诸府州县，置云南都指挥使司，领诸卫所。置提刑按察使司，分巡安普、临元、金沧、洱海四道，兼察诸府州县司卫所。②

云南共有二十卫。洪武十五年建云南左卫、云南右卫、云南中卫、云南前卫、云南后卫、大理卫、永昌卫、楚雄卫，洪武二十年建曲靖卫，洪武二十二年建平夷卫，洪武二十三年建越州卫、蒙化卫、景东卫，洪武二十七年建临安卫，洪武二十九年建广南卫、澜沧卫，洪武三十一年建六凉卫，永乐年间建洱海卫，正统二年建腾冲卫，弘治七年（1494 年）建大罗卫。

云南有二十个单独建置的千户所。洪武十五年建木密守御千户所、通海御，洪武二十年建鹤庆御、定远守御千户所，洪武二十一年建姚安守御千户所，洪武二十四年建宜良、安宁、易门、杨林守御千户所，洪武二十八年建中屯千户所，洪武间还建有永平御。永乐二年（1404 年）建马隆守御千户所。正德十四年（1519 年），改临安卫中所为新安守御千户所。正德十六年建十八寨守御千户所。嘉靖六年（1527 年），建凤梧千户所。隆庆三年

---

① 《贵州通史》编委会编：《贵州通史》第 2 卷，当代中国出版社 2003 年版，第 88—97 页。

② （明）刘文征：《滇志》，古永继校点，云南教育出版社 1991 年版，第 35 页。

（1569年），建武定守御千户所。万历十三年，改永昌所为镇姚守御千户所，改金齿所建镇安守御千户所，调建中左所为定雄守御千户所于罗平州。万历三十年，建右甸土守御千户所。这些千户所或直隶于云南都司，或分隶于各卫。直属云南都司管辖的守御千户所有宜良、安宁、易门、杨林、武定、木密、凤梧、十八寨，分隶于各卫的千户所有通海、新安、马隆、鹤庆、定远、姚安、中屯、永平、镇安、镇姚、定雄以及右甸土守御千户所。

二、　明朝西南卫所的军屯

卫所制度是朱元璋为了解决兵员与军粮双重问题的一个制度。朱元璋起兵后，急需大量兵员，而大量的军人又意味着需要大量军粮。如果军粮全部从民间征取，一是元末经济状况十分糟糕，老百姓本就十分贫困；二是容易遭到老百姓的反对。于是朱元璋采用了"亦兵亦农"的卫所制度。在卫所这一军事组织形式里，卫所军兵既是军人，又是农人，既为国家当兵，又为国家纳粮。"征伐则命将充总兵官，调卫所军领之，既旋则将上所佩印，官军各回卫所"①，出征时，命将领充当总兵官领兵，战争结束后，总兵官即将兵权交回，官军回到原来的卫所。这样做有三个好处：第一是保证了国家的兵员需要；第二是使国家有充足的粮饷；第三，也是最重要的一点，是没有军事将领能够对朝廷构成威胁。

明朝军制，由五军都督府各领都司及所属卫所，云南都司、四川都司、贵州都司均由右军都督府管辖，湖广都司属于前军都督府管辖。都司设都指挥使一人（正二品），都指挥同知二人（从二品），都指挥佥事四人（正四品），"都指挥使及同知佥事，常以一人统司事，曰掌印，一人练兵，一人屯田，曰佥书。巡捕、军器、漕运、京操、备御诸杂务，并选充之，否则曰带

---

① （清）张廷玉等纂修：《明史》，李克和等点校，岳麓书社1996年版，第1283页。

俸"①，卫指挥使一人（正三品），指挥同知二人（从三品），指挥佥事四人（正四品），"凡管理卫事，惟属掌印、佥书。不论指挥使、同知、佥事，考选其才者充之。分理屯田、验军、营操、巡捕、漕运、备御、出哨、入卫、戍守、军器诸杂务，曰见任管事。不任事入队，曰带俸差操。征行，则率其所属，听所命主帅调度"②。从明朝军队的职官设置看，屯田是军队事务中特别重要的一项。

贵州的军屯始于洪武十五年。当时因云南未平，需要留兵戍守普定、普安、乌撒等战略要地，朝廷担心军食不继，就将元代官田及寺庙田地入官，屯田以足军食。洪武十八年，楚王朱桢率汤和、周德兴镇压思州起义，令军人与蛮民杂耕。洪武十九年九月，令五开等卫军人屯田自食。洪武二十年，湖广都司奏请买牛二万，在五开等卫屯种；十一月，普定侯陈桓领兵屯田于毕节等卫。洪武二十三年，延安侯唐胜宗置平溪、清浪等十二卫，请以沅州及思州宣慰司、镇远、平越等卫官牛六千七百七十余头，分给屯田诸军。洪武二十四年，置永宁至沾益邮传四十八处，每十铺置百户一人总之，就地屯田自给。经过明初六十多年的经营，到了宣德八年（1433 年），仅贵州十八卫、二所，即有屯堡七百余所，屯地池塘九十三处。③

"贵州都司，原额屯田九千三百三十九顷二十九亩三分……洪武十五年，置贵州都司，卫所开设屯堡。正统六年添设贵州按察司副使一员，提督屯田。嘉靖十二年，题准贵州屯田、水利二事，责令各该分巡官各照地方管理，提学官不必兼管。……屯科粮米一十万一千八百九十三石伍斗一升零。"④ 各卫所不仅屯田数量不少，完全解决了各卫所的军粮问题，而且还有一定的赋税收入，在一定程度上弥补了当地财政的不足。如贵州卫屯铺官

① （清）张廷玉等纂修：《明史》，李克和等点校，岳麓书社 1996 年版，第 1100—1101 页。

② （清）张廷玉等纂修：《明史》，李克和等点校，岳麓书社 1996 年版，第 1101 页。

③ 《贵州通史》编委会编：《贵州通史》第 2 卷。当代中国出版社 2003 年版，第 106—108 页。

④ （明）郭子章：《黔记》，赵平略点校，西南交通大学出版社 2016 年版，第 463 页。

军有二千三百一十六户，五千三百九十七丁，屯田四万四千八百六十九亩，屯科粮五千四百二十九石四斗四升。各卫中，屯田以乌撒卫最多，共八万四千九百三十八亩；屯科粮以普安卫最多，共一万一千零四十八石。

据天启《滇志》记载，当时经过核实的情况是，云南共有"三分马步旗军，一万九千九百三十六名，七分屯军，二万六千七百三十二名，舍丁一万六千七百三十六名。军余一十四万四千九百一十一名"①，此数目虽仍然不能准确反映当时云南屯军的实际情况，"屯粮为胥吏窟穴，淆乱之极，不得已，彻底清厘，殚两年之力而成书，尚恐非实录"②，但与实际情况的差距不会太离谱。如果对比初设卫所时的情况，可以发现，云南屯军有大幅度减少。从洪武十五年至洪武三十一年，云南共设置了十七个卫，十一个御或守御千户所。一个卫一般有五个千户所，五千六百人。有的卫不止五个千户所，如云南右卫、云南中卫、洱海卫、腾冲卫均有六个千户所，永昌卫、蒙化卫有八个千户所，大理卫有十个千户所；也有的卫没有五个所，如广南卫只有四个千户所，大罗卫、平夷卫、越州卫只有两个千户所。但总体上云南各卫千户所的平均数还是不止五个。一个千户所一般一千二百人，十七个卫应有十万余人。御则不止一个千户所，如鹤庆御、通海御、永平御有两个千户所。十一个御及守御千户所，亦有一万六千余人。明朝洪武年间，云南各卫所的总兵力当有十二万人，加上后来不同时期增建的卫所，云南卫所的总兵力当在十五万左右。按七分屯军的比例，屯军人数应该超过十万。天启年间所存，已不足三分之一。

"职田一百五十四顷六万六千八百八十六亩。屯田一万一千六百七十二顷九亩。屯粮：夏税四万七千三百五十五石五斗六升三合五勺一抄四撮六圭六粒，秋粮三十四万六千九百五十石六斗五升三合一勺三抄七撮九圭"③，而云南"夏税麦，原额并新增共三万七千七百十六石七斗一升五合零……秋

---

① （明）刘文征：《滇志》，古永继校点，云南教育出版社1991年版，第249页。
② （明）刘文征：《滇志》，古永继校点，云南教育出版社1991年版，第247页。
③ （明）刘文征：《滇志》，古永继校点，云南教育出版社1991年版，第249页。

粮米，原额并新增共一十一万一千七十三石九斗九升六合零"①，屯田所收赋税是全省官民田地赋税的 2.5 倍。而云南省的赋税仅仅够全省用度，对中央财政的贡献很少，可见屯田在云南省的重要意义，屯田的赋税实际在很大程度上保证了云南行政机构的运转。这里有两个名词。一是职田，是明朝采用的一种按官职品级分田的做法，指挥使田一百六十八亩，指挥同知田一百二十四亩，指挥佥事田一百十五亩，正千户田七十六亩，卫镇抚田六十七亩，副千户田六十七亩，百户、试百户田四十八亩，所镇抚田三十八亩。二是屯粮，凡五所屯军，以三分差操、七分屯种，人授田三十亩，种谷三石二斗。征谷五十石入屯仓，月支谷二石，岁支二十四石，为军家妻子口粮，仍支谷三石二斗播种。是征谷五十石，实存二十二石八斗。②

第二节　卫所与驿递制度的关系

驿递是为了保证国家政令的畅通，传递公文，接待过往差人；卫所是为了保证国家兵员充足，军粮充裕。虽然驿道的畅通需要卫所的保卫，卫所的正常运行也需要驿道的畅通，但毕竟二者的功能不同，本不会形成很复杂的关系。但是在西南地区，由于情况的特殊，驿递制度与卫所制度的相互依存度更高，二者的联系更为复杂。

一、西南卫所与驿站分布

驿道畅通，是政令畅通最基本的要求。如果驿道中断，下情不能上达，上级的命令也无法执行，就表明一个国家政权出了很大的问题。明朝天启年间，永宁土司奢崇明、贵州土司安邦彦造反，中断了湘黔、滇黔驿道，造成

---

① （明）刘文征：《滇志》，古永继校点，云南教育出版社 1991 年版，第 213 页。
② （清）屠述濂修：《云南腾越州志》，文明元、马勇点校，云南美术出版社 2006 年版，第 93—94 页。

了西南地区的动荡。卫所的设置，虽然主要目的是解决兵员与军粮的问题，但很大程度上也与驿道有关，并且大多建在驿道沿线。

（一）四川卫所与驿站分布

四川共三十四个卫所，宁川、成都左等六个卫拱卫着四川首府成都，属于湖广都司的瞿塘卫守卫着四川的水路门户。沿水路而上有重庆卫、泸州卫、叙南卫。利州卫在陕西进入四川的门户，此条通道上还设有青川千户所。重庆入陕通道上有保宁千户所。通往松潘的驿道上，设有茂州卫、松潘卫，有灌县、威州、叠溪三个千户所。四川行都司所领五卫及九个千户所在四川通往云南的通道上，这也是四川与朵甘思宣慰司的交界地带。

（二）贵州卫所与驿站分布

湘黔驿道贵州段上，明朝设立了平溪、清浪、镇远、偏桥、黄平、清平、平越、新添、龙里、贵州十个驿站，设立了平溪卫、清浪卫、镇远卫、偏桥卫、兴隆卫、清平卫、平越卫、新添卫、龙里卫、贵州卫、贵州前卫十一个卫，还有黄平守御千户所。滇黔驿道上，明王朝设立了威清、平坝、普利、安庄、关山岭、查城、尾洒、新兴、湘满、亦资孔、平夷、白水、南宁、马龙、易龙、杨林、滇阳十七个驿站，设置了威清卫、平坝卫、普定卫、安庄卫、安南卫、普安卫、平夷卫、曲靖卫八个卫，以及关岭、杨林、马隆、定雄四个守御千户所。明朝贵州的卫所主要设在湘—黔—滇驿道沿线，守卫着这条重要通道。贵州二十多个卫，这条驿道上即有十七个卫，集中着贵州三分之二以上的驻军。贵州的其余七个卫也都在驿道沿线。

从四川峡口驿至云南南宁驿，有峡口驿、江门驿、江安驿、永宁驿、普市驿、摩泥驿、赤水驿、新添驿、阿永驿、层台驿、毕节驿、周泥驿、黑章驿、瓦店驿、倘唐驿、沾益驿、炎方驿、松林驿、南宁驿十九个驿站。这条线路上，设有泸州卫、永宁卫、赤水卫、毕节卫、乌撒卫五个卫，有普市千户所、乌撒后千户所。

通往都匀有都镇驿、来远驿，设有都匀卫。

从湖广靖州至黎平有黄团驿、铜鼓驿、铁炉驿、江团驿、三里坪驿、西楼驿，这条驿道上设有铜鼓卫、五开卫两个卫。

一个卫一般有五千多名军人，有的甚至更多，如普定卫旗军原额六千九百零五名，新添卫旗军原额五千九百九十名，贵州前卫旗军原额六千九百零五名，平越卫旗军原额七千零一十七名。一个千户所有一千多名军人，如黄平守御千户所旗军原额一千一百零九名。十九个卫，五个守御千户所，军人定额十万多人。十万多人护卫着二十多个驿站，驿站的安全有充分保障，而且，多数驿站本就与卫所同在一个城中，卫所安全就意味着驿站安全。

（三）云南卫所与驿站分布

云南二十个卫，二十个守御千户所，除云南左、右、中、前、后五个卫以外，滇黔驿道上有曲靖、平夷两个卫，杨林、马隆、定雄三个千户所，此外，越州卫与木密、凤梧两个千户所虽不在驿道上，但亦对驿道的畅通起着保护作用。

从昆明至大理的驿道上有安宁驿、禄脿驿、禄丰驿、舍资驿、路甸驿、峨崀驿、吕合驿、沙桥驿、普淜驿、云南驿、定西岭驿、洱西驿等十二驿，立有广南卫、楚雄卫、洱海卫、大理卫等四个卫，有安宁、姚安两个守御千户所。

从赵州至腾冲的驿道上有样备驿、打牛坪驿、永平驿、沙木和驿、金齿驿、潞江驿、龙川江驿，设有永昌卫、腾冲卫及永平御、镇姚、镇安千户所。

从定西岭南至景东府驿道上有定边驿、新田驿、板桥驿、景东驿四驿，设有蒙化卫、景东卫、定远千户所。

从大理府北至丽江府驿道上设有邓川州驿、观音山驿、鹤庆府在城驿、通安州在城驿，有鹤庆御下辖的两个千户所。

从昆明至武定府驿道上设有利浪驿、和曲驿，武定府城西设有武定守御千户所。

从昆明至元江府驿道上有晋宁驿、江川驿、通海驿、曲江驿、新建驿、宝秀驿、因远驿。此驿道上有临安卫，有通海御所辖两个千户所。这条驿道往南延伸，即可经临安府的蒙自县，接红河水道出越南，驿道上有新安千户所。

从昆明至广南府驿道上设有汤池驿、和摩驿、普陀驿、广西府在城驿、英武驿、福德驿、发助驿、花架驿、速为驿、广南府在城驿，驿道上设有六凉一卫，宜良、十八寨两个守御千户所。这是云南通往广西的驿道，也是云南连接中原地区的一条通道，但在整个明朝起的作用不大。水西土司叛乱时，湘黔驿道被阻，云南巡抚闵洪学上任时就是走的这条道。

设于北胜州的澜沧卫亦在赵州至宾川的驿道上。大罗卫在宾川，与宾川州同城。易门所与易门县同城。新安所在蒙自县西南，中屯所在大姚县城。右甸所在顺宁府治西矣堵十三寨。

总的来说，西南卫所虽为解决兵员与军粮的双重问题而设，但卫所设在何处，却与驿道有着极为重要的关系，大多数的卫所都设在驿道沿线上，这有几个原因。

第一，驿道有着重要的战略意义，驿道的畅通，是一个国家政令畅通的重要表现，驿道被阻，下情不能上达，上命不能下传，国家行政机构就会形同虚设。如水西土司安邦彦阻断湘黔驿道时，新任云南巡抚闵洪学就长时间不能到职，更别说正常履行职责了。"以九月初自衡、永折而之粤，经桂平苍梧，经浔江而上，以十月十八日抵南宁，而臣之滞于道途，既八阅月矣。自此以进，再十日可自养利入龙英土界，再四十余日可脱广南而出临安，临安望省城五百里而近，臣之受事，殆有期矣。"[1] 闵洪学接受巡抚的任命后，

---

① （清）鄂尔泰等修，（清）靖道谟等纂：《云南通志》卷二十九，文渊阁《四库全书》本。

先到湖南，因道途不通，滞留湖南，后转广东、广西，历尽艰苦，才得以上任。闵洪学的经历证明，维护驿道，实际上就是维护国家机构的正常运转。

第二，因为驿道往往是连接各行政区域的最便捷的通道，因而驿道上很多关键的地区就成了重要的战略要地。如明朝贵州的兴隆卫（现在的黄平县）设有黄平驿，这里既是湘黔驿道上重要的一站，又因其北与四川播州宣慰司相通，南接大片生苗地带，其战略位置十分重要，更需要军队的保护，因而这里设有兴隆卫。

第三，驿道固然需要卫所的保护，卫所同样对驿道有着重要的依赖，如果没有畅通的驿道，卫所与上级部门的联系就得不到保障，如果受到攻击，也不能及时获得外界的救援，因而畅通的驿道，同样是卫所的生命线，所以卫所的设置，本身亦要考虑与驿道的紧密联系。如果本无驿道，因为设置了卫所，驿道也会延伸到新设卫所。所以卫所与驿道是互相联系、互相依存的。

二、卫所与驿递供应

一般来说，驿递的供应都由当地的地方政府负责，但由于西南地区的特殊情况，卫所往往不能脱离与驿递供应的关系。有的地方政府管理的老百姓非常少。如施秉县，原为思秉蛮夷长官司，正统九年改为县，编户仅一里；镇远县原为镇远金容金达蛮夷长官司，弘治十一年（1498 年）改为县，编户亦仅二里。镇远府领有镇远、施秉二县，邛水一十五洞蛮夷长官司、偏桥长官司二长官司，但施秉县正统九年才由长官司改为县，镇远县弘治十一年才由长官司改为县，这意味着在正统九年前，镇远府是一个只有四个土司的空壳府，没有直接管理的百姓，镇远驿的供应就要由镇远卫与各个长官司共同承担。类似这样的空壳政府在明朝西南地区还不在少数。如贵州的永宁州只有六个寨、两个长官司；镇宁州亦只有六个寨、两个长官司。云南永宁府只有四个长官司，元江军民府只有一个长官司。有的卫所所在地甚至没有地方政府。如清平卫，洪武二十三年（1390 年）设置，领清平、平定二长官司，六个千户所；弘治八年，改清平长官司为清平县。则弘治八年前，清平卫所在地就没有地方政府，只有清平卫这一军事机构，设于清平卫城内的清平驿的供应就只有靠清平卫。这种情况在西南地区也很普遍。如毕节卫只有所辖的五个千户所，赤水卫只有所辖的八个千户所，所在地都没有地方政府。

虽然有地方政府，但是如果地方政府不能解决驿站的供应问题，当地的卫所或附近的卫所就要分担或承担。如龙里驿，马驴价与草料银该一千七百五十五两七分，其中定番州负责二百零六两一钱，宣慰司八百七十九两，龙里司共四百六十一两九钱七分，龙里卫军舍客民帮贴二百零八两；平越驿的馆银由平越府承担一百六十两，平越卫承担一百二十两；安庄卫负责查城驿岁用银五十两。

如果地方政府不能解决驿站的供应问题，当地或附近卫所也没有能力承担，就需要邻近州县分担了。如镇远、偏桥、清浪三个驿站共需要供馆银、马价与草料银、铺陈银九千零一十一两八钱四分，镇远府属及镇远卫属、偏桥卫属各州县土司合力均无法解决，于是要派及思南、石阡、铜仁、黎平等府共同分担。①

驿递所需要的马匹有时也会摊派到卫所军人头上。"兵部复巡按贵州御史王杏条陈地方事宜……一、贵州思南、石阡等处旧无馆驿，顷因添设兵备，遂为冲途，请官为制驿，以苏里甲供应之苦。卫所军人职在操守，非以应付送迎，乃令朋买马走递，于事体非宜，请行禁革。"② 思南、石阡原未设驿站，来往官员的送迎之责，就直接落在了当地百姓身上。设了驿站后，来往送迎的任务就会由府乃至省级政府统一调剂，甚至会向国家提出要求，向邻省摊派，就不会偏劳某一个地方的老百姓。也因为没有设驿站，走递马

---

① （明）郭子章：《黔记》，赵平略点校，西南交通大学出版社 2016 年版，第 544—545 页。

② 贵州民族研究所编：《明实录贵州资料辑录》，贵州人民出版社 1983 年版，第 747 页。

匹就没有办法很好地解决，只有由当地或附近卫所的军人解决，这也极大地增加了卫所军人的负担，卫所军人要操练，屯种军人要纳粮，现在还要凑钱买马，于情于理都说不过去，所以王杏请求禁止此种做法。

王杏说的是思南、石阡等原未设驿站的情况，实际上，原有驿站的地方也可能将马匹摊派到军人身上。嘉靖年间，巡按御史陈邦敷被贬为贵州新添驿驿丞，就对养马的军人十分同情，写了一首《养马谣》："白牌使者行来疾，照点征名催赴驿。贫家难借买马钱，夫妇悲号心战栗。三五狼牙雄赳赳，气蒸烈焰如牛吼。割鸡欤酒不暂停，铁索挛拘逐先走。嗟嗟我死聊自足，难免妻儿受凌辱。坐连邻里谴责归，领保金期承应役。前度养马遭荡败，典尽家筵仍负债。鞭背成疽尚未平，今复担当无可奈。边军设为防边计，额外军徭无定制。杂派走递牌儿夫，转输征调门厨隶。养马古是民家差，忍使贫军堕此灾。……我生不幸在边垠，军代民差如转轮。九重万里杳难诉，谁念边军彻骨贫。""照点征名催赴驿"，是说军人按名册轮流派到驿站承担走递任务。"贫家难借买马钱"，走递不仅仅要出力，而且要自带马匹。无钱买马，首先要杀鸡买酒款待差人。想一死了事都不行，因为自己死了，不仅留下妻子儿女受尽侮辱，还会连累邻居。"前度养马遭荡败，典尽家筵仍负债。"如果马养得不好，或驿递任务重，马被累死了，军人还要负责赔偿，这就会让军人倾家荡产。赔不起马，不能承担驿站的走递任务，军人就会受到惩罚，"鞭背成疽"，说明这种惩罚非常严厉。

地方政府管理的普通百姓人数不够，不足以应付驿递差役，驿递的差役也免不了需要卫所军人分担。

"谓宜除堡军扛抬走递及分发哨守外，其应役者量留若干，其余与马军尽入城操，年终更番，以均劳逸。自非护表等项公差，不许预告另给，以均苦乐"①，从周懋相的此封奏疏可以看出，军人参与杠抬，是一项基本的工

---

① （清）范承勋、（清）张毓君修，（清）谢俨纂：《云南府志》，《中国方志丛书》第26号，清康熙三十五年刊本，第413页。

作。"自非护表等项公差，不许预告另给"，则在以前，军人被役使是经常的事情。

有的驿站供应与劳役一开始就全部由军人承担。洪武二十四年（1391年）八月，置永宁至沾益州邮传四十八。贵州都指挥同知马烨巡视所置邮传，发现没有邮卒，就上奏请求安排谪戍军人应役，每十铺置百户一人总之，就屯田自给。① 这些由谪戍军人充当的邮卒，国家还用不着开工资，对国家来说最为经济，所以这个请求得到了朝廷的批准。

嘉靖四十五年（1566年）三月，巡抚贵州右副都御史陈洪蒙上奏："贵州丛山复岭，其驿站夫马皆倚办军丁，日疲奔命，请佐贰以下与云南一省就近互相选除，裁革勘合。"② 从陈洪蒙的奏疏中可以看出，贵州驿站夫马的主要承担者是卫所军人。贵州巡抚萧端蒙的《议处驿站六事疏》也反映了卫所军丁承担驿递差役的情况："切贵州原设三十二驿，俱系府司出办马匹供馆，各有定额，先年夷民自行应役，其后或以顽野不便供需。乃议金卫所军余代役，馆谷之资，听其自取。始者寨皆充实，民亦富朴，照额兑交，颇为良便。军虽代走，情亦无苦。"③ 在卫所军丁充足之时，驿递的差役还不算大的负担，后来卫所军人逃亡越来越多，驿递的差役就成了一个沉重的负担。

"新添站军原额三百二十二名，逃亡一百九十八名，实在一百二十四名。嘉靖三十一年，奏扛抬与五所军二八分差，勒石卫门。"④ 新添站的站军逃去了将近三分之二，而新添站所在地又没有地方政府，所以差役就由新添卫的卫所军人分担。二八分差，新添卫五个千户所的军人承担80%。站军仅余124名，只比原数的三分之一略多一点，因而站军仅承担20%的扛抬工作。

---

① 贵州民族研究所编：《明实录贵州资料辑录》，贵州人民出版社1983年版，第77页。
② 贵州民族研究所编：《明实录贵州资料辑录》，贵州人民出版社1983年版，第828页。
③ （明）谢东山修，（明）张道纂：《贵州通志》，贵州省图书馆影印明嘉靖三十四年刻本，第444页。
④ （明）郭子章：《黔记》，赵平略点校，西南交通大学出版社2016年版，第523页。

如前所述，镇远府最初没有直属老百姓，因而镇远驿的供应分属于当地土司与附近的思南、石阡、铜仁三府，而扛抬的任务全部属于镇远卫军人。程燗任镇远知府时，镇远卫军人就曾经要求镇远百姓补贴扛抬夫价，程燗写了一封近二千字的公移反驳此议，镇远卫军人的要求才未实现。

驿道的维修一般是驿道沿线老百姓的任务，但卫所军人往往也会分担一些。如洪武二十九年（1396 年），峨眉至越巂驿道竣工，该驿道就由成都各卫所军人与老百姓合力修建。[①] 景泰五年（1454 年）七月，四川大雨，毁坏了驷马桥与万里桥，冲垮了三百多丈城墙，四川都司即上奏朝廷，希望让四川布政司与按察司协助，安排附近府卫的军夫备料修理。[②] 说明修理这些设施本该是军队的责任，所以要由四川都司出面，请求四川布政司与按察司协助。维修驿道，最好用的还是卫所的军人。"湖广镇远蛮夷长官司长官何惠言：'本竟路当云南要冲，每岁修治清浪、焦溪、镇远三桥，工费繁重。所部临诸溪洞，民皆僙、偝、佬，力不胜役，乞令军民相参修治。' 从之。"[③] 镇远三桥的维护，原来由镇远蛮夷长官司承担，但蛮夷长官司的长官不愿独力承担，就要求当地军人分担，得到了上级的批准。

有的驿站本身就由卫所负责修建。如四川会理州会川驿，就是由卫指挥孙禧带领军人建造的。驿站坏了，重建或维修的任务也可能由军人承担，如会理州的大龙驿，就由参将苏迪组织重修。[④]

三、驿递制度的败坏加快了卫所制度的败坏

驿递制度的败坏是必然会发生的。明王朝的其他统治者没有朱元璋和朱

---

① 黎邦正、刘重来、郑家福编：《明实录类纂·四川史料卷》，武汉出版社 1993 年版，第 1234 页。

② 黎邦正、刘重来、郑家福编：《明实录类纂·四川史料卷》，武汉出版社 1993 年版，第 1236 页。

③ 贵州民族研究所编：《明实录贵州资料辑录》，贵州人民出版社 1983 年版，第 115 页。

④ （清）杨昶等修，（清）王继会等纂：《会理州志》，《中国方志丛书》第 37 号，清同治九年刊本，第 860 页。

棣的魄力与能力，要笼络住各级官员，就需要更多地施予恩惠，而这许多恩惠的施予，包括给更多的人以乘驿特权，就极大地增加了驿站的负担。如贡生进京，最初不用驿站应付，但朝廷考虑到云贵地区太过偏僻，家庭条件差的贡生没有能力凑足路费，因而让驿站应付，这就让驿站平白地多出了一个应付事项。官员升职或离职，原来不需要应付，但后来又要驿站应付，相对于原本只需应付官员任职来说，一下子让驿站增加了一倍的负担。实际上，官员往往上任时带的行李少，离职时带的行李多。当了几年官，即使不特别搜刮民财，也会因为有更多固定的收入，而置办更多的财产。萧端蒙的奏议中称，有的官员行李多达八十多杠，家属多至二三十人，这对驿站来说，当然是一个巨大的负担。另外，明朝皇帝总是沉醉于"万方来朝"的感觉之中，对于朝贡的少数民族头领或外邦头领，总是给予丰厚的赏赐，这使得终明一朝，朝贡的热度不减，而这又是驿站一个极大的负担。有的过往官员或差人还会额外需索。本人在驿站吃用不算，还会额外索要廪给，也就是差旅费。有的过往官员或差人会夹带私货，就是让驿站成为自己私人运送货物的工具。

乘驿的制度不断放宽，乘驿的人员不断增加，驿站的负担也就越来越重了。驿站的负担加重，驿站自身没办法承受，也无从承受，驿站既不生产，也不经商，这增加的费用和差役都只有转嫁到老百姓头上。

驿站加重的负担转嫁到老百姓头上了，同时，向老百姓征收费用或劳役的差人也更辛苦了，他们也要把辛苦转嫁给老百姓。最后，落到老百姓身上的就不只是驿站增加的负担，还有差役们增加的辛苦费。沉重的负担让老百姓越来越难以承受，有些老百姓就逃亡了。如果十户老百姓逃亡三户，这三户的差役和费用又要转移到剩下的七户身上，剩下的七户老百姓就更不好受。其结果就是，只要有办法，他们也会逃亡。

如果逃亡的老百姓太多，剩下的老百姓实在无力承受，为了不至于让这剩下的老百姓也被迫逃亡，上级就会把相应的差役和费用转移到卫所军人的头上，这样一来，卫所军人的负担就会越来越重。卫所军人本身要操练，要种田，要交比普通老百姓更多的屯粮，现在，他们又要承担越来越重的驿站负担，这就造成了军人的极端贫困。"铺司之设，中土皆编目均徭，岁一更换。云南多系土民，明洪武中徙戍者傍铺而居，世执其役。虽有冷饭田、火把田之名，而年久变故，或荒瘠难耕，或隐没莫认，或侵占不归，所得既不足以自给，而昼夜靡宁，此力役之最苦者，所宜恤也。"①

嘉靖时进士、兵科给事中陆粲，因进言被贬为都镇驿丞，亲眼目睹了承担驿役军人的悲惨境遇，作《担夫谣》：

> 担夫来，担夫来，尔何为者军当差。朝廷养军为杀贼，遣作担夫谁爱惜。自从少小被编差，垂老奔走何曾息。只今丁壮逃亡尽，数十残兵浑疲墨。可怜风雨霜雪时，冻饿龙钟强驱逼。手搏麦屑淘水餐，头面垢腻悬虮虱。高山大岭坡百盘，衣破肩穿足无力。三步回头五步愁，密箐深林多虎迹。归来息足未下坡，邮亭又报官员过。朝亦官员过，暮亦官员过。贵州都来手掌地，焉用官员如许多？太平不肯恤战士，一旦缓急将奈何？噫吁嚱，一旦缓急将奈何！②

陆粲的诗一是描写了驿役军人的贫困而又辛劳的生活，他们的生活已经极度贫困，吃的是麦屑，穿的是破衣；二是反映了造成这种状况的部分原因，即年轻力壮的都逃走了，剩下的都是无处可逃的老残军人；三是过往官员太多，造成了驿站不堪承受的负担。

在云南任过知府的周仕国写有《易隆驿》一诗：

> 为吏不自由，鸡鸣戒前途。问君何为尔？将事谒且趋。上官前导至，走马临长衢。马上极咆哮，风火不停驱。尽欲饱其腹，迟则

---

① （清）刘毓珂等纂修：《永昌府志》，《中国方志丛书》第28号，清光绪二十一年刊本，第78页。

② （明）郭子章：《黔记》，赵平略点校，西南交通大学出版社2016年版，第947—948页。

生祸虞。昨日邮书至，为言饷传递。疲卒八九家，形影半凋枯。门
户塞荆棘，妻子匿菰芦。苦称被水旱，亩地尽荒芜。仅余皮骨在，
典鬻无完肤。诏使日夜至，恺泽同春敷。而我独重困，何以偷须
臾。仓卒感斯言，仰天长歔欷。揽衣亟起去，耳中闻追呼。①

　　周仕国的诗描绘了一幅驿夫的生活图景。第一，十分辛苦，天不亮就要
起床，他们不仅要承担驿站的工作，还要自己种田，以维持生活。第二，生
活极为困苦。种田收成不好，而政府的补贴又常常拖欠。生活难以维持，妻
子儿女连出门的衣服都没有，只有躲在家里。第三，安全也没有保障，来往
的官员一个个威风凛凛，急如星火，稍不如意，祸患莫测。

　　进士邹元标因反对张居正夺情，被贬贵州都匀，对卫所军人的贫苦状况
了解极深，被召回朝后，上《吏治民瘼疏》，特别谈到了云贵二省军人的驿
役情况：

　　　　云贵二省原无驿夫，以军为夫。道里长远，山势险峻，每夫一
　　名，帮贴数名，始得成役。昼不得力耕，夜不得安枕。月支米不过
　　数斗，亦良惨矣。国初屯戍，额五千名，今清平卫不过二三百人。
　　昔何以充？今何以耗？此其故不难知已。臣愚，谓宜敕该部，乘此
　　清时，一洗民间清勾夙弊。至云贵以军代夫，合无行彼处抚按官乘
　　此清闲，悉心议处，以杜后患。每月量加月米，以恤其苦。此柔远
　　能迩之长策也。不然，他日有不可知者矣。

　　邹元标指出了军人贫苦的重要原因。因为驿役繁重，军人根本没有时间
休息，更遑论屯种了。而国家的补贴又不多，每月不过几斗米，这几斗米都
是弘治间经贵州巡抚孔镛建议才给的。"贵州诸站军人专执递运。其役最劳，
旧制不给粮，弘治间，都御史孔镛建议，始月给粮三斗。"②

　　陆粲的诗与邹元标的奏疏都触及了一个重要问题：以军代夫，实际上是

---

① （清）鄂尔泰等修,（清）靖道谟等纂:《云南通志》卷二十九,文渊阁《四库全书》本。
② （明）沈庠修,（明）赵瓒纂,《贵州图经新志》卷一,贵州图书馆影印弘治刻本。

挖了军队的墙脚，夫役的问题解决了，但军队无形中被瓦解了。明王朝之所以设立卫所，最根本的目的是要保持一支不用国家负担军粮的常规部队，这支部队在关键时刻能够为保卫明王朝起到重要作用，但以军代夫的形式却使明王朝的这一设计化为了泡影。

要保证卫所制度正常发挥作用，最为根本的有两点：一是大部分士兵有充分的屯种时间，以保证军粮的供应；二是少部分士兵有操练的时间，保证有一支随时能够调用的部队。一般来说，西南地区的卫所多实行的是七分屯田，三分操练。要做到这两点，就要使卫所士兵的时间得到保证。驿役任务过重，以军代夫，首先牺牲的是操练时间。牺牲屯种就意味着牺牲屯粮收入，其影响立竿见影，而牺牲操练的危害不是一眼就能看清的。以军代夫最直接的后果是使朝廷失去了一支随时可以调用的常规部队，也就是说，国家失去了重要的守卫力量。

按明初建卫时的情况，贵州一省应该有十多万军人，如果加上余丁，这支军队的数量就更多了。播州土司杨应龙叛乱时，也就十来万兵力。如果卫所制度健全，兵员充足，士兵操练及时，仅仅四川、贵州两省的卫所兵就足以平叛，更不用说贵州还有水西等土司，四川还有永宁等土司，可协助平叛。但是杨应龙叛乱时，贵州巡抚郭子章无兵可调，四川亦束手无策。最后，朝廷命兵部右侍郎李化龙任川湖贵总督，调集川湖贵及两广多省兵力，才得以消灭杨应龙。永宁土司奢效良与水西土司安邦彦联手叛乱时，朝廷更是无法应对。不仅是杨应龙叛乱这样大的战争，即便小小的战事，贵州仍然要借助本省或邻省土司的兵力，才能平定。正德年间，安氏土司的部属叛乱，就是借助水西土司安氏的力量才得以平定的。

随着驿役的不断加重，兵士的大量逃亡，仅仅操练的部队就不足以应付差役了，这就势必影响到屯田的士兵。在邹元标的奏疏中，在陆粲的诗中，我们都可以看到服役的军人连休息的时间都得不到保障，更不要说耕田种地了。没有时间耕田种地，屯粮就得不到保证。屯粮得不到保证，国家的后备军粮也就没有了。播州之乱时，郭子章只有从湖南调集军粮。常规军没有了，后备军粮没有了，这样一来，卫所制度设计的两个目的就都无法实现。可以说，驿递制度的败坏导致了卫所制度的败坏。当然，卫所制度的败坏还有其他的原因，比如卫所官员的贪婪、卫所田地不断被隐匿侵占等，但不断败坏的驿递制度，不断增加的驿递差役，是卫所制度败坏的重要原因之一。

四、卫所制度的败坏加快了驿递制度的败坏

驿递夫役越来越重，使卫所军人的负担越来越重，而卫所军人的负担远不止这些，他们还要承受来自官方的其他各种差役，更多的是来自卫所各级官员的压榨盘剥。巡按御史王杏在《军民利病疏》中详细地列举了卫所官员的盘剥方法："贵前等二十卫所军伍多系三户垛充，或清勾补役，倚月粮以供俯仰，假樵采以为生息，贫困至极。各该千百户等官罔知矜恤，曲肆科差，以造册则有纸札钱，关粮则有使用钱，开操则有什物钱，下屯则有分例钱，供应则有心红柴炭钱，买闲则有按月钱，会计则有岁用钱……每所设有军吏以收放，每伍设有操吏以派拨，每屯设有屯吏以催办，每卫设有总吏以掌管，巧立名色，众置油滑，遂致军人日不聊生，逃亡接踵，良可深恨。"①卫所官员无时不收钱，无事不收钱，巧立名目，百般搜刮。军人连开操都要出钱，还有什么事可以不出钱呢？

卫所军人受到的盘剥还不止这些。卫所军人例有月粮，但卫所军人往往不能如数得到这些月粮："宣德三年八月壬午，贵州兴隆卫经历陆升言：'本卫官军俸粮计二万余石，除由四川播州等处税粮支给外，余于重庆等府支。相去二十八驿，比高山峻岭，不通舟辑。每岁差官总支，变易物货回卫，给与官军，所得十不及一。本卫去湖广偏桥、镇远二卫，陆行止一百二十里，即通舟辑，下至沅州、辰州，总十一驿，俸粮乞于彼支给为便。'命行在户

---

① （明）谢东山修，（明）张道纂：《贵州通志》，贵州省图书馆影印明嘉靖三十四年刻本，第443页。

部议行之。"① 陆升的建议是否被采纳，不得而知。兴隆官军的俸粮要去重庆府支领，二万余石俸粮是一个不小的数字，不可能军人一个个去领，集中运送也是一个不小的工程，于是兴隆卫派官员去领出后换其他轻便易运的物品回卫，卫官与经办官员从中渔利，以致军人"所得十不及一"。也就是说，兴隆军人的月粮很大一部分是一个虚数。"正统元年五月丙午，贵州按察使应履平建言四事：'……臣所辖贵州等卫粮，俱于重庆府仓关运，缘彼舟辑不通，就易轻赍，回卫给散，展转贸易，十耗八九，实非良法……乞运贮镇远府仓，听附近清平等卫关支……'上从其言。"② 应履平的建言证实了陆升所言属实。"十耗八九"，也是说卫所军人得到的月粮只有定额的十分之一到十分之二。

卫所军官与士兵都有职田，军人既要耕种自己的田地，又要当差纳粮。军官们当然不会自己耕田种地，而是由卫所的军人耕种。云南一省有职田一百五十四顷六万六千八百八十六亩，要大量的劳力才能耕种出来。一个正千户有职田七十六亩，以明朝的生产能力，总要十多个军人才种得出来。除了正常的职田，卫所军官往往还有私产，这些私产要人管理，私人的田地也要人耕种，也要落在卫所军人的头上。卫所军人除了承担国家的各项公差，还要承担卫所军官派给的私役。除了缴纳各项规定的税费钱粮，还要缴纳很多钱款给卫所军官，以满足他们的额外贪求。

"边军设为防边计，额外军徭无定制。杂派走递牌儿夫，转输征调门厨隶。"陈邦敷的这首诗告诉人们，卫所军人远不止被迫在驿递当差，官员们差什么，他们就要充当什么，可能是门子、厨子。不仅是官役，就是私役，也是经常的。这在王杏的奏章中也可以得到印证："遇官过则拨跟随，遇站堡缺乏则拨扛抬，遇公私兴做则拨做工，遇人情借债则拨跟用，遇排门答应

---

① 黎邦正、刘重来、郑家福编：《明实录类纂·四川史料卷》，武汉出版社 1993 年版，第 1193 页。

② 黎邦正、刘重来、郑家福编：《明实录类纂·四川史料卷》，武汉出版社 1993 年版，第 1199 页。

则拨火夫，遇勾摄紧急则拨打手，遇执持刑杖则拨军牢。"① 正统十二年（1447 年）正月，巡察四川监察御史严颐奏："镇守松潘等处指挥佥事王杲擅役军造私室，占种人田园。又与都指挥佥事高广坐视番人杀掳官军，弗即率兵剿捕，请置之法。"上曰："杲等法本难恕，第有事之秋，姑识之。再犯，重罪不宥。"② 王杲占种他人田园，但肯定不是他自己种。巡按四川监察御史告了这个不遵法纪的指挥佥事，没想到皇帝并不追究，说是多事之秋，不再犯就行了。如果一个普通军人的田地被王杲占了，这个普通军人能有什么办法呢？如果王杲要私役几个军人，这几个军人又能怎样呢？皇帝对王杲的宽恕，实际上说明，军官私役军人，多占田地，已经是公开的秘密，无法追究。当然，如果过分了，也会被处置。景泰二年（1451 年）八月，"四川按察司佥事刘福奏：'提督叠溪诸关堡指挥佥事孙敬，私役卖放部卒诸罪。'命提问之"③；景泰二年十二月，"四川都指挥佥事孙斌，坐违例私役新补军人，下巡按御史黄溥论赎状还职。从之"④；景泰五年五月，"镇官四川都督佥事徐海数为所部奏其强夺第宅及役军诸不法，命巡按御史覆治之"⑤。

卫所军人逃亡，同样是卫所官员发财的机会。卫所军人例有月粮，逃亡一个，就有一人的月粮留下；卫所军人都有田地，逃亡一人，就有田地留下。所以卫所官员即使不是希望军人逃亡，也不怕军人逃亡。贵州提学谢东山就清楚地看到了这一点："故旗军缺一名则一名之分田有在，屯田遗一分

---

① （明）谢东山修，（明）张道纂：《贵州通志》，贵州省图书馆影印明嘉靖三十四年刻本，第 453 页。

② 黎邦正、刘重来、郑家福编：《明实录类纂·四川史料卷》，武汉出版社 1993 年版，第 500 页。

③ 黎邦正、刘重来、郑家福编：《明实录类纂·四川史料卷》，武汉出版社 1993 年版，第 508 页。

④ 黎邦正、刘重来、郑家福编：《明实录类纂·四川史料卷》，武汉出版社 1993 年版，第 508 页。

⑤ 黎邦正、刘重来、郑家福编：《明实录类纂·四川史料卷》，武汉出版社 1993 年版，第 512 页。

则一分之花利犹存。往以逃亡者虽缺，而解发者当补，故遂忽而置之。及今逃亡益多，解发益寡，而遗田益众，管屯人等遂有岁收常货，以致家成巨积者矣。"① 此外，还有克扣军人月粮以及直接向部下索要金钱的行为。正统十二年八月，"四川按察司奏：'都指挥佥事郭礼守备威州，克军人月粮。'上命巡按御史逮治之"②。"天顺七年，行事校尉言……四川都指挥张英索所部指挥等官白金二百五十两及奸淫事。上命锦衣卫官径执之。"③

驿递的巨大负担，各种纷繁的公差，无法逃避的私役，永不满足的摊派，使得军人越来越无法忍受，只有选择逃亡。郭子章《黔记》明确记载了很多站堡、卫所军人的逃亡情况。龙里站原额站军三百一十五名，万历时期仅存二百零六名，算是很多的了。"兴隆卫，兴隆站城南，原额站军肆百捌拾名，逃故叁百伍拾名，止存壹百贰拾伍名。重安站卫南三十里，原额站军贰百贰拾伍名，故绝，奉文招募食粮客军余丁捌拾柒名。东坡站卫东二十五里，原额站军叁百捌拾捌名，逃故叁百贰拾伍名，见在食粮军余丁共捌拾伍名。"重安站的站军竟然全部逃亡了，以致当局只有重新招募军丁。平坝卫原额旗军五千六百名，万历时期仅存二千一百一十六名；安庄卫旗军原额五千五百九十九名，万历时期仅存一千六百五十六名；普安卫旗军原额一万三千七百七十七名，万历时期仅存九百一十三名，不到百分之七；普市守御千户所旗军原额一千四百二十名，后仅存八十四名，百分之六不到；平越卫旗军原额七千零一十七名，仅存二百六十六名，不到百分之四。也就是说，大部分站堡军人、绝大多数的卫所军人，都选择了逃亡。贵州按察使王宪奏："贵州卫所、站、堡、旗甲军人往差逃亡，十去八九。"

云南站堡、卫所军人的逃亡具体数据不清楚，但云南每遇战事，无兵可

---

① （明）谢东山修，（明）张道纂：《贵州通志》，贵州省图书馆影印明嘉靖三十四年刻本，第 465 页。

② 黎邦正、刘重来、郑家福编：《明实录类纂·四川史料卷》，武汉出版社 1993 年版，第 2501 页。

③ 黎邦正、刘重来、郑家福编：《明实录类纂·四川史料卷》，武汉出版社 1993 年版，第 519 页。

用，亦可想见逃亡情况极为严重。天启《滇志》记载了云南当时的服役状况：三分马步旗军，一万九千九百三十六名；七分屯军，二万七千四百三十二名。云南二十个卫，十九个守御千户所，一个土守御千户所，按明初设置卫所的军兵情况看，二十个卫当有十一万多人，二十个守御所有二万多人，兵员总数当在十三万人以上。天启《滇志》所载的兵员数当不够八个卫。全省招募的各营士兵多达七千七百多名，如果不是卫所及站堡军人大量逃亡，自然用不着大量招募士兵。如云南左卫，三分马步旗军，九百八十四名；七分屯军，一百九十四名。应该占七分的屯军不及马步旗军的四分之一。假设马步旗军足额，屯军人数应该是三千四百多人，逃亡人数占比达到百分之九十四。如果按明初设置卫所的标准，每卫五千六百人，马步旗军应该是一千六百八十人，现有人数不到百分之六十；而屯军人数应该是三千九百二十人，逃亡人数超过了百分之九十五。

总督云南军务王骥的奏章亦反映了站堡军人逃亡的严重："贵州直抵云南洱海等处，自洪武以来，初开道路，因蛮夷叛服不常，是以设立站堡，编发为事，充军者二百人接递军需。又与附近夷人犬牙相制。近来有司不知利害，不加存恤，凡一经杠抬私货，动役百人，甚至不足则剥衣服，役妇女，日夜不休，以致逃窜流离，十已七八。"[1] 至于要役使妇女，说明劳动力实在太缺乏了。军人本就很穷困，其衣服也要被抵充劳役，可见相关官员的贪酷。

大量军人逃亡，驿递任务的一部分转移到了留下的军人身上，这使得留下的军人要承担更重的负担，只要有办法，他们也会逃亡。在这种情况下，卫所制度可以说已经彻底败坏。平时，卫所官员还可以虚报军人数量，千方百计地维护自己的地位，甚至借机倒卖卫所的屯田，将卫所的财产转移到自己名下，但一有风吹草动，却既出不了人，也出不了粮。即使勉强拼凑一点人马，多是老弱病残，完全上不了战阵。

---

① 贵州民族研究所编：《明实录贵州资料辑录》，贵州人民出版社1983年版，第282页。

卫所制度败坏的一个重要原因是驿递制度的败坏，而败坏了的卫所制度又会反过来加速驿递制度的败坏，形成一个恶性循环的局面：

第一，卫所军人的大量逃亡，使得各地卫所形同虚设，造成明王朝驿递线路的安全完全失去了保障。一有风吹草动，驿道就会中断。贵州驿道就曾多次中断。王骥第二次征麓川时，驿道沿线的少数民族不堪军队的骚扰，纷纷起事，先后攻陷了平越卫城、黄平守御千户所城、思南府城、赤水卫城，驿道因之中断。这些少数民族的起事规模本来不大，但由于卫所军队战斗力不强，以致失守。崇祯年间，永宁土司奢崇明叛乱，攻占重庆等十余城，攻围成都百余日，成都东南的驿道交通因之中断。水西土司安邦彦响应奢崇明的叛乱，攻围贵阳十余月之久，湘黔—滇黔通道因之中断。

第二，卫所制度败坏，卫所军人大量逃亡，使得卫所分担驿递供应、驿递差役的能力大大减弱。驿站的负担更多地落在了当地老百姓头上，承受不了繁重负担的老百姓也纷纷逃亡。大量百姓的逃亡，造成驿站的供应难以为继，驿递的夫役无人承担，最终的结果是驿递制度面临着难以维持的危险。

第三节　军事与驿递制度的关系

一、军队与驿递的设置及变易

在西南地区，许多驿道由军队开辟，驿站由军队设置。尤其在西南地区平定之初，受命经理西南的往往是军队的将领，他们带着部队，开辟道路，设置驿站。洪武二十四年十二月，"命景川侯曹震治道路。震至泸州按视，有枝河通永宁界，乃凿石削崖，直接其地以通漕运。复辟陆路作驿舍邮亭，驾桥立栈，自茂州一道至松潘，一道至贵州以达保宁，通陕西。"① 曹震开通了永宁河，并开通了两条驿道。永宁河的开通极大地改变了川、滇、黔三

---

① 贵州民族研究所编：《明实录贵州资料辑录》，贵州人民出版社1983年版，第79页。

省边地的交通状况。

洪武二十五年，"命普定侯陈桓往陕西修连云栈，入四川。都督王成往贵州平险阻，治沟涧架桥梁，以通道路"①，四川、贵州的主要驿道都是明朝高级将领带着士兵开通的。

军队也可能造成驿递或多或少的变易。如前文所说的镇远卫军人要求镇远府百姓分担扛抬任务，就是试图促成驿递制度的改变，只是这一努力没有成功罢了。"嘉靖乙未……他若改大渡河之路，以避流沙之险，易相岭之危而变通往来之迳，成徒舆之杠梁而人不病涉"②，嘉靖年间，胡汝登任兵备副使时，修造舆梁，改善了驿道的通行水平；改大渡河之路，实际上是改变了驿递的线路。"景泰二年九月甲子，贵州永宁卫奏：'本卫当四川两界要路，云南诸番使客往来不绝，而永宁驿废坏，其地亦僻远不便，宜从（徙）置于本卫教场空地。'从之。"③ 永宁卫官员因永宁驿设置的地点不合理，提出迁移，亦得到了朝廷的支持。

二、驿递制度对军事行动的保障

（一）川黔、湘黔滇驿道的建成保证了云南的完全平定

洪武四年，明升投降，朱元璋将四川收入了明王朝的版图，随后朱元璋便把目光投向了云南。洪武五年，朱元璋即派出翰林待诏王祎出使云南，招降梁王把匝剌瓦尔密，梁王杀了王祎。洪武八年，朱元璋再遣中书省参知政事吴云招降梁王，亦被杀。洪武十四年九月，朱元璋命傅友德为征南将军，蓝玉、沐英为左右副将军，进军云南。

为了平定云南，朱元璋命令自岳州至贵州设置二十五个驿站，每个驿站

---

① 贵州民族研究所编：《明实录贵州资料辑录》，贵州人民出版社 1983 年版，第 84 页。

② （清）杨昶等修，（清）王继会等纂：《会理州志》，《中国方志丛书》第 367 号，清同治九年刊本，第 1116 页。

③ 黎邦正、刘重来、郑家福编：《明实录类纂·四川史料卷》，武汉出版社 1993 年版，第 59 页。

储粮三千石，以保证大军的用粮。虽然平定云南的战争进行得很顺利，这些粮食未必起了作用，但是"手中有粮，心中不慌"，各个驿站储备的这些粮食，保证了大军没有后顾之忧。

云南一经平定，朱元璋就命令水西、乌撒、乌蒙、东川、芒部、沾益各部落酋长开通四川经贵州至云南的通道。"今遣人置邮驿通云南，宜率土人随其疆界远迩开筑道路，其广十丈。准古法以六十里为一驿。符至，奉行！"①

虽然川黔驿道与湘黔滇驿道在平定云南的军事行动中并没有起到直接的作用，但是云南虽然大体平定，云南各地土司尚多，很多力量并未完全归附明朝，尤其是云南远离中央王朝，大军一撤，各种势力可能再度起事，明王朝对云南的统治就不能稳定。

洪武十五年四月，乌撒少数民族起事，傅友德率军平定。洪武十九年，傅友德、耿炳文再征云南、贵州，平定各少数民族的起事。洪武二十年十一月，靖宁侯叶升、普定侯陈桓平定东川、普定少数民族动乱。洪武二十一年，麓川反，沐英遣都督冯诚大败麓川军，思伦发遣使认罪。五月，东川各部再次起事，以颍国公傅友德为征南将军，西平侯沐英、普定侯陈桓为副将军，率军讨平。九月，越州阿资叛，傅友德、沐英讨平。洪武二十四年、二十八年，越州阿资两次起兵，都先后被平定。各土司的多次起兵都能迅速平定，得益于川黔驿道与湘黔滇两条驿道的畅通，既保证了留滇部队的后备供应，又保证了云南与中央王朝保持紧密的联系。随后，卫所的设置，屯田制度的实行，使明王朝对云南的统治更加稳固。

（二）湘滇黔驿道的畅通保证了正统间麓川战争的正常开展

洪武十六年（1383年），傅友德、沐英遣使招徕，麓川内附；十七年，置麓川军民宣慰使司，以思伦为宣慰使；二十一年，思伦叛，沐英大败麓川

---

① 贵州民族研究所编：《明实录贵州资料辑录》，贵州人民出版社1983年版，第25页。

军；二十二年，思伦谢罪，贡象。宣德八年，麓川寇腾冲。正统二年（1437年），麓川思任发屠腾冲，占据潞江。正统四年，黔国公沐晟率都督沐昂、方政讨麓川，方政战死，沐晟还师，卒于楚雄。正统六年，以定西伯蒋贵为征夷将军，兵部尚书王骥提督军务，征麓川，思任发大败逃遁。正统七年，思任发再起兵，蒋贵、王骥再率师征麓川、缅甸，麓川、缅甸大败，思任发再次逃跑。正统十二年，麓川思任发子思机发、思上发占据孟养，再次叛乱。正统十三年，靖远伯王骥总督军务，都督宫聚为总兵，进军孟养。王骥等在孟养大破麓川军，但王骥军一撤，思任发子思禄再次占据孟养。王骥于是承认思禄仍居孟养，统领诸部落，但不得渡金沙江，并于金沙江立石为约：“石烂江枯，尔乃得渡。”

对正统间的麓川之战一直有不同的评价。詹英时任四川会川卫训导，上疏劾王骥贪功，劳师费财。天启《滇志》卷22载李本固《安插思化疏》中说：“故数年以来，刍粮之耗者，以数十万计；士马之亡失者，以千百计；而小民之转输，数钟致一石，驿递之困苦，数家供一差。”直接导致了“全滇萧条”。[1] 十余年的战争，几十万大军，需要非常多的粮饷，这给云南、贵州带来了极大的负担，尤其是两省驿递非常劳苦。

虽然麓川之战给云南、贵州带来了极大的负担，甚至造成了整个明王朝国力的损耗，而最后又以盟约的形式结束，很大程度上对思禄做出了妥协，没有取得彻底的胜利，但是三征麓川以后，麓川基本上不再作乱，明王朝的西南边地基本上安定，与西南其他民族的交往亦得以顺利进行，这是麓川之战的积极意义。西南驿递在三征麓川中起到了非常重要的作用，如果没有湘黔滇驿道的畅通，三征麓川无法想象。

（三）驿道的畅通保证了明王朝在四川西南地区多次军事行动的成功

明朝四川西南地区的民族矛盾长时间没有得到很好的解决，少数民族多

---

① （明）刘文征：《滇志》，古永继校点，云南教育出版社1991年版，第750页。

次起事，致使一段时间内，明王朝在这一地区的军事行动频繁，而这些军事行动的最终成功，很大程度上得益于驿道的畅通。

正德十二年（1517年），四川筠连流民屠杀夷民，引起筠连夷联合白水江流域四十八寨夷民，进攻筠连县城。万历十五年（1587年），邛部彝族头目撒假起兵反明，雷波土司杨九乍，马湖土官后代、时任马湖土巡检安兴起兵响应，随后建昌彝族头目大咱也乘机起事。一时间，彝族的反明活动遍及大小凉山地区，对明王朝在这一地区的统治构成了极大的威胁。万历十四年至十六年，明朝进行了多次军事行动，彻底消灭了"凉山三雄"。这次军事行动前后动用了近十万部队，大量粮饷的运送，军事命令与军事情报的顺利传递，都得益于驿递制度的完善。

川南的都掌蛮长期活动于叙州府的戎县、筠连、高州、珙县一带，但明王朝与这一民族的关系一直没有处理好，以致从洪武至嘉靖年间，明王朝对都掌用兵达十一次之多。成化元年（1465年）至成化三年，明王朝发兵二十万，对都掌进行了围剿。正德、嘉靖两朝，都掌地区动乱不断。万历元年，四川巡抚曾省吾奏请出兵，引发了明王朝对都掌蛮的最后一战。在曾省吾和总兵刘显的主持下，明军积粮二十八万石，银七十余万两，调集官军和永宁、水西、酉阳土司兵十四万，进攻都掌的凌霄、都都、九丝三寨，最终攻下了这三个重要据点，取得了明军对都掌的决定性胜利。这次胜利后，曾省吾又采取了一系列措施，如将都掌民的田地拨给州县军民耕种、兴办学校等，这些措施，使得都掌民失去了赖以生存的土地，再加上战争造成大量的人员伤亡，都掌作为一个独立的民族，就不复存在了。对都掌的十多次军事行动，每一次都对驿递有着很大的依赖，尤其是最后一战，积粮二十八万石，调军十四万，更是只有驿道畅通才能做到。

播州土司在今贵州遵义一带，据传可以追溯到唐朝，太原人杨端应募起兵，助唐挫败南诏，遂据播州，子孙世有其地。洪武四年，朱元璋遣使招谕；洪武五年，播州宣慰使杨铿内附，仍置播州宣慰使司，领安抚司二、长官司六。万历初，杨应龙袭职。杨应龙骁勇善战，多次为明王朝平定各地战乱，立下了很大战功。但居功自傲，骄纵不法，对其下级土官也十分残暴，甚至还杀了妻子及岳母。其妻叔及部属等遂上书控告杨应龙谋反。万历二十一年（1593年），明王朝出师播州，在娄山关大败于播州军。万历二十四年，杨应龙出兵抢劫草塘、余庆等土司，都匀、兴隆等卫所。万历二十五年，杨应龙公开反明；六月，杨应龙攻陷綦江，直逼重庆。万历二十八年，川湖贵三省总督李化龙誓师重庆，调集二十多万大军，八路进剿播州，杨应龙自杀，播州平定，播州宣慰使司被废，播州之地被分为两个府，分属四川与贵州。播州之役，朝廷调集二十万大军，仅贵州巡抚郭子章就从湖南等地调集了三十万石军粮，整个军事行动的用粮当近百万石。没有驿道的畅通，这样大规模的粮饷调集就完全没有可能。

三、军事行动加重驿递负担

加重驿站负担最直接并且最重的一项就是军事行动。西南地区交通不便，军粮的运输成本极大，"又松潘两路粮运，每为蛮贼阻索，其所费率三十钟而致一石"①。洪武二十年，朱元璋计划经营云贵时，"命湖广辰、沅二州，思南、思州二宣慰司，今年秋粮自沅州至黄平凡七驿，驿各储二千石，以备大军行粮"②，七个驿各储二千石，总数非常庞大。"明、清时期，因战争频繁，军需急切，粮食多从湖广、四川运入。民夫运粮极其艰苦，'山路阻绝，日行不过30里，一个所负不过3斗余''攀山缘崖，霪霖弥月，河水泛滥，或夫去而米存，或米去而夫存……僵仆盈壑，非饥死则疲死，非溺死则毒死，酸目伤心。'"③ 如按一夫背三斗多，需要的运夫会超过四万人。当然，这些运输任务不会由驿站承担，而是会落在当地卫所与附近的老百姓身上。但驿站的负担仍然不小。首先，二千石粮食的储存是一个不小的问

---

① 黎邦正、刘重来、郑家福编：《明实录类纂·四川史料卷》，武汉出版社1993年版，第141页。
② 贵州民族研究所编：《明实录贵州资料辑录》，贵州人民出版社1983年版，第53页。
③ 贵州省凯里市地方志编纂委员会编：《凯里市志》，方志出版社1998年版，第677页。

题，要占很多地方，以当时的仓储条件，对于一个小小的驿站来说，要想很多办法才能解决。其次，存了那么多粮食在驿站，就等于存了一大笔财富在驿站，需要更多的人管理和守护，即使这些管理与守护的人不直接由驿站解决，相应人员的生活问题可能也不会由驿站负责，但这些人的住宿问题一定会落在驿站头上，这仍然是一个不小的负担。再次，有几万运送粮食的差役，管理人员就一定不少，而许多管理人员需要驿站接待，这也是一个负担。总之，驿储二千石，对各个驿站来说，会是一个很大的负担。而这还只是军事行动的前期准备，如果是大的军事行动，驿站的负担就会更重了。

正统六年，兵部尚书王骥征麓川思任发。正统十三年，王骥与都督宫聚、张轨再征麓川。云贵两省兵多被征调，而军粮及其他军需物资的运输也大都落在了云贵两地驿道沿线的站堡、卫所军人及老百姓身上，百姓不堪骚扰，纷纷起兵。正统十四年二月，邛水苗民攻陷思州府，烂土凯口苗民攻陷都匀城，草塘苗民龙惟保攻陷石阡府，杀死知府胡信。平越卫、黄平守御千户所、思南府、赤水卫城先后被攻破。从麓川回军的部队遭受了极大的损失，驿道亦因之中断。

万历二十六年（1598 年），播州土司杨应龙叛乱，贵州巡抚郭子章从湖南调运三十万石军粮。即便全部用军队的士兵与民工，这来来往往的调度官员，带领士兵的官员，都会成为驿站特别大的负担。

"四川官民之役惟用兵、采木最为累人，西北、西南州县多用兵，东南多采木，惟川北保、顺二郡两役不及，颇号乐土，虽协济不无，然身不俱往，纵罹残惫，亦免死亡。"[1] 采木与用兵，川北的两个郡虽不能置身事外，但因为不用亲自应役，就被称为乐土，采木与用兵对老百姓的伤害可想而知。

各卫所的常规工作中有很多关系到驿站，而当这些常规工作稍稍超越常规，就会使驿站的负担进一步加重。云贵系边远地区，很多犯人被充军到这

---

① （明）王士性：《广志绎》，吕景琳点校，中华书局 1981 年版，第 108 页。

里，而差官押解犯人，驿站要应付口粮、驴马船只，《大明会典》对此是有明确规定的："五府差官舍押解充军犯人，往云贵各边远等处各卫所交割，官支廪给，舍人支口粮，应付驿驴红船，犯人不支米，无脚力。"各上级部门巡查各卫所，各卫所向上级部门汇报工作，本不需要驿站应付，这在《大明会典》亦有明确的规定，"总兵镇守官征哨出入，正统二年奏准各乘原关马匹，其驿马驴车俱不许应付"，但总兵官、卫所军官都是当地官员，且都有权势，驿站不得不应付。如果上级巡查的次数多一点，或卫所向上级汇报勤快一点，驿站的负担就要大大增加了。如果卫所各级官员为了与上级部门加强联络，增强感情，就要更多的使用驿站来来往往，这样一来，驿递的负担就更重了。

第六章　西南驿递与西南土司

　　明朝为了维护边疆地区的稳定，对一些少数民族地区采取了羁縻政策，让少数民族的首领世世代代保有自己的领地与职位，管理自己属下的百姓，并接受中央政府或地方政府的管理，按规定履行袭职手续，定期给中央政府或地方政府交纳一定的赋税，这就是明朝的土司制度。但土司并不等于土官。宣慰、宣抚、安抚、招讨、长官及蛮夷长官司，通称为土司；土府、土州、土县及土巡检、土驿丞属土官。本书所论及的西南土司与西南驿递的关系亦包括这类土官。在西南地区，土司制度是一种普遍实行的制度。西南的云贵川三省有大大小小数百个土司，而这大大小小的数百个土司都要与驿递制度产生一定的关系。

第一节　明朝西南土司概况

一、四川土司概况

　　明朝四川境内的少数民族主要有岷江上游地区的羌族，这一地区设置有沙坝安抚司、静州长官司、陇木头长官司、岳希长官司、叠溪长官司、郁即长官司、寒水土巡检司、水草坪土巡检司。川西北的藏族地区有陇答卫指挥使司、朵甘思宣慰司、董卜韩胡宣慰司、长河西鱼通宁远宣慰司、天全六番招讨司、朵甘思招讨司、朵甘陇答招讨司、朵甘丹招讨司、朵甘仓塘招讨司、磨儿勘招讨司、朵甘思直管招讨司，洪武七年还置有沙儿河万户府。金沙江以北的彝族地区有建昌卫指挥使司，安氏为世袭土指挥使；有建昌土知府、马湖土知府；有威龙、马喇、千万贯、沐川、泥溪等长官司，邛部军民州。川东南的土家族地区有石耶、平茶、邑梅等长官司，有石柱宣慰司，万历年间杨应龙叛乱前，还有播州宣慰司。据统计，明朝四川地区有土宣慰使一十二，土宣慰司同知一，土宣慰佥事一，土宣抚使七，土宣抚副使二，土宣抚知事一，土安抚使二十四，土安抚副使二，土招讨使一，土招讨副使一，土长官五十八，土副长官七，土蛮夷长官二，土指挥使一，土指挥同知一，土千户四十八，土副千户三，土百户一百五十，土知府二，土驿丞四，土巡检七，还有土知州、土同知等，共有三百多家土官。①

二、贵州土司概况

明朝贵州的大土司主要是贵州宣慰司、思南宣慰司与思州宣慰司。播州宣慰司一直属四川管辖，万历年间，杨应龙叛乱，播州平定，才有一半领地划归贵州，但其时播州宣慰司已经不复存在了，故本章亦将其列入四川土司中。

贵州宣慰司实际上包括两个大土司，即水西土司安氏与水东土司宋氏。"水"指乌江上游的鸭池河。安氏属于彝族，世居水西，其先祖济火曾经协助诸葛亮南征，明时，其首领霭翠归附明朝，拥有今毕节、大方、水城、纳雍、织金、黔西、金沙及水东修文、息烽、平坝等地。水东宋氏元时为顺元路军民宣抚司，宋钦归附明朝，拥有今贵阳、开阳、龙里、贵定等地。洪武五年（1372 年），朱元璋置贵州宣慰司，以安氏为宣慰使，宋氏为宣慰同知。

---

① 贾大全、陈世松主编：《四川通史·元明卷》，四川人民出版社 2010 年版，第 181—217 页。

田氏本是一家，元朝时为思州安抚司。元朝末年，明玉珍在四川建立大夏政权，镇远田茂安献地，即以其地为思南宣慰司，而以思州田琛为思州宣抚使，田氏自此分为思州、思南两部。明时，分别设置思州、思南宣慰使司。永乐十一年，思州宣慰使田琛与思南宣慰使田宗鼎因争砂坑，起兵相攻，二宣慰司被废，改设思州、新化、黎平、思南、镇远、石阡、铜仁、乌罗八府，后撤销乌罗、新化二府。

贵州宣慰司领有水东、中曹、青山、扎佐、龙里、白纳、底寨、乖西、养龙坑等九个长官司。贵阳军民府领有金筑安抚司。定番州领有程番、上马桥、小程、卢番、方番、韦番、洪番、卧龙番、小龙番、金石番、罗番、卢山、木瓜、大华、麻向等十五个长官司。思南府领有水德江、蛮夷、沿河、朗溪等四个长官司。石阡府领有石阡、苗民、葛彰等三个长官司。黎平府领有潭溪、八舟、古州、洪州、新化、欧阳、亮寨、湖耳、中林、龙里、曹滴洞、西山阳洞、赤溪等十三个长官司。思州府领有都坪、黄道溪、都素、施溪等四个长官司。镇远府领有偏桥、邛水二个长官司。铜仁府领有省溪、提溪、乌罗、平头著可、大万山等五个长官司。都匀府领有都匀、邦水、平浪、平州六洞、乐平、平定、烂土、丰宁等八个长官司。永宁州领有顶营与慕役两个长官司。镇宁州领有十二营与康佐两个长官司。安顺州领有宁谷、西堡两个长官司。龙里卫领有大平伐长官司。新添卫领有新添、小平伐、把平、丹平、丹行等五个长官司。平越卫领有杨义长官司。清平卫领有凯里安抚司。

以上所述土司的领属，以郭子章的《黔记》为准。土司因世有土地人民，除有特殊情况外，变化较小，但土司隶属于哪一个行政单位，却可能随时变化。如小平伐长官司与把平长官司，原属龙里卫管辖，后改属新添卫。而且明朝贵州行政区划本身亦在不断完善的过程中，随着行政区划的变化，这些土司的归属也会有变化。如程番、小程等十三个长官司，初隶贵州卫，后改隶贵州宣慰司，在程番设立程番府后，俱改隶程番府。万历十四年（1586年），在原程番府设立定番州，程番、小程番等十三长官司俱改隶定番州。

三、云南土司概况

云南亦是少数民族聚居地，土司众多。根据《明史云南土司传笺注》所载统计，在明朝，云南有正二品土官一家：土都指挥使一。正三品至从三品土官十六家：土都指挥佥事一，土宣慰使十四，土都司一。正四品至从四品土官二十九家：土知府二十二，土宣抚使七。正五品至从五品土官八十一家：土知州二十九，土宣抚司同知二，土府同知二，土守备九，土千户十四，土副千户十一，土宣抚副使三，土安抚使八。正六品至从六品土官一百二十六家：土长官三十三，土百户六，土百夫长三十七，土州七，土千总四十。正七品至从七品土官九十七家：土知县五，土把总七十二，土副长官十七，土州判六。正八品至从八品土官十三家：土县丞九，土府经历三，土宣抚司经历一。正九品至从九品土官一百一十家：土县主簿五，土宣抚司知事一，土府知府三，土府照磨三，土巡检九十五，土外委三。职、品不详及未入流（无品级）土官九十四家：土驿丞二十五，土典史一，土盐课司副使一，土盐井司副使二，土总管一，土寨长十七，土舍十九，土目九，土营长三，土通事一，土把事七，土通把二，土巡捕四，土巡缉一，土火头一。名称不详土官二十。①

第二节　土司与驿递制度的关系

一、土司与驿递管理

按说，驿丞或递运所大使都由吏部任命，三年一次赴布政司考核，九年一次赴部考核，与土司没有干涉，但是由于西南地区的特殊情况，驿递的管理与土司制度存在着广泛的联系。

---

① 龚荫：《明史云南土司传笺注》，云南民族出版社1988年版。

第一，驿站完全隶属于某一土司，驿站没有驿丞，由土司指定人员负责，驿站的供应亦由土司全部负责。如贵州境内的龙场九驿，就完全由水西土司安氏负责，朝廷也不委派驿丞，驿站的事务由安氏指定人员负责。如郭子章任贵州巡抚的万历时期，毕节驿就由头目阿体等负责，马匹及驿站的供应亦由阿体负责；六广驿由头目陇革负责，马匹及驿站供应同样由陇革负责。或者安氏也不指定驿站的负责人，仅仅指定几个头目分担驿站的供应。如谷里驿由头目阿卜负责马匹，头目熊阿白负责驿站供应；奢香驿由头目化沙等负责马匹，头目以则等负责驿站供应。或者根本就没有负责人，由安氏指定什么地方的老百姓负责马匹，什么地方的老百姓负责驿站的供应。如龙场驿，"额马贰拾叁匹，今壹拾伍匹，脚力贰头，系宣慰安疆臣下夷目花猪八寨苗民承走。供馆安宣慰设馆田叁百陆拾分，每日壹分，田户自备答应"①。但是没有指定负责人并不等于没有管理。如龙场驿的供应，设置了三百六十份馆田，哪一份馆田由哪一家负责，如何轮值，某一家人搬走了或不在了，由哪一家负责留下的差役，这些都要由当地的头目管理。再如马匹，怎么轮差？如果没有马，需要借或雇，怎样分担？也都需要做出相关的具体规定，才不至于需要走递时缺人或缺马。这些实际存在的管理工作都由安氏手下的头目负责。

第二，驿站由某一土司管理，但驿丞由国家指派。如龙里驿，本为奢香所开龙场九驿之一，由水西土司安氏管理，原本没有驿丞，甚至没有特定的负责人，但权奸刘瑾为了惩罚王阳明，将王阳明贬为龙场驿的驿丞。据嘉靖《贵州通志》载，贵州驿、威清驿、平坝驿、龙里驿、渭河驿、札佐驿、底寨驿、养龙坑驿及龙场九驿都由贵州宣慰司管理，其编制都是驿丞一员、吏一员。但据郭子章《黔记》所记载的情况看，龙场九驿及渭河驿、札佐驿、底寨驿、养龙坑驿都没有实际设置驿丞。王阳明被贬到龙场驿任驿丞时，一开始借宿在当地老百姓的家里，后来自己搭了一个草棚，再后来又找到一个

---

① （明）郭子章：《黔记》，赵平略点校，西南交通大学出版社 2016 年版，第 539 页。

山洞安身，最后由当地老百姓给他修建了一所房子。龙场驿在之前实际上没有设置专门的驿丞，而由当地头目带管驿站的工作，因而就不需要专门的驿丞住所，这才会导致王阳明上任后无房可住的局面。龙场九驿连接的是贵州与四川的西线通道，而从贵州到四川还可以走播州，即从贵阳北行，经札佐驿、底寨驿、养龙坑驿到达四川播州宣慰司，这是贵州与四川连接的中线通道；还可以经平越、瓮安，取道播州；东线可以走思南水路达四川。总之贵州到四川的路线不止一条，而经过龙场九驿是较远的一条道路。再者，四川与贵州两省的联系本不是很多，所以龙场九驿的接待任务相对较轻，不设驿丞，让当地头目带管，完全可以达到驿递要求。

贵州宣慰司下辖的贵州驿、威清驿、平坝驿、龙里驿，处在接待任务繁重的湘黔、滇黔驿道上，不设驿丞肯定无法处理好驿站的日常工作。这些驿站的驿丞属于流官，贵州宣慰司虽然负责这些驿站的管理工作，但并不能任命驿站的官员。这就是土司与驿递管理的又一种形式，由国家任命驿丞，由土司管理驿站。

第三，直接设置土驿丞，负责驿站的日常管理工作。贵州没有土驿丞的设置，云南的土驿丞较多。永坪县永坪驿驿丞李氏与打牛坪驿驿丞杨氏，楚雄府镇南州沙桥驿驿丞杨氏，蒙化府样备驿驿丞尹氏，景东府景东驿驿丞与板桥驿驿丞云氏，顺宁府观音驿、水井驿、牛街驿、锡铅驿、右甸驿、枯柯驿六个驿的驿丞，寻甸府易龙驿土官奄氏，腾越州龙川江驿驿丞王氏，大理府洱西驿土驿丞张氏，赵州德胜关驿土驿丞王氏，云南县云南驿土驿丞袁氏，鹤庆府在城驿土驿丞田氏，观音山驿土驿丞郭氏，均是世袭土官。大理府洱西驿、赵州德胜关驿、云南县云南驿、鹤庆府在城驿、观音山驿均设有两个驿丞，流官、土官各一。永昌军民府的沙木和驿，洪武二十年置流官驿丞，万历十三年改为土官驿丞。四川播州宣慰司的桐梓驿，永宁宣抚司的永宁驿，建昌卫的阿用驿、白水驿、溪龙驿，这些驿的驿丞均是土官。

使用土驿丞至少有两个好处：一是土驿丞都是当地少数民族的头目，他们当驿丞，当地人就不会骚扰驿站，驿站的治安环境要好；二是驿站费用要少，因为驿丞的工资也是一笔开支。另外，还可以将驿站的差役直接交给这位土驿丞，让他负责。这就使得驿站所需要的费用大大减少了。

二、土司与驿递供应

西南地区土司与驿站管理工作的联系已经不少，而西南地区土司与驿站的供应有着更为紧密和更为复杂的联系，其联系有如下形式：

（一）土司承担驿站的全部费用

贵州平坝驿额定马匹十八匹，每年共需要马价与草料银八百余两，驿站日常费用每月纹银十四两四钱，月小减四钱八分，则每年共需要日常费用一百六十余两，全部由贵州宣慰司承担。威清驿马价与草料银六百一十四两，驿站日常开销每日四钱五分，全年共一百六十二两，另有铺陈十副，未列价格，全部由贵州宣慰司负责。平越卫的铺陈银十二两，马价与草料银三百七十六两，都由杨义司负责。"贵州驿……额马肆拾陆匹零壹脚。定番州属办贰拾柒匹零壹脚，每匹价草料银壹拾玖两，今贰拾捌两伍钱。宣慰司洪边壹拾玖匹，每匹价草料银贰拾贰两，今叁拾两。供馆银原额宣慰司洪边分当壹百捌拾日，日用八成色银肆两。近派定番州属每月肆拾伍两，征解贵阳府，专候两院监书，食剩取解宣慰司，每月叁拾陆两，遇小月减壹两贰钱，征解给驿，支应铺陈拾贰副。"[1] 在《黔记》中，贵州驿的费用由贵州宣慰司与定番州分担，但定番州万历十四年才成立，此前是程番府，而程番府亦设置于成化十年（1474 年），在程番府与定番州设置以前，定番州所属的土司都归贵州宣慰司管辖。则此前贵州驿的整个费用，包括马匹、日常开销、草料等，全部由贵州宣慰司负责。"食剩取解宣慰司，每月叁拾陆两，遇小月减壹两贰钱，征解给驿。"将定番州征解贵阳府的每月四十五两中的余款交给宣慰司，是因为贵州宣慰司承担了贵州驿的所有费用，而这笔费用的负担并不小，所以以贵州驿的名义征收的钱款

---

[1] （明）郭子章：《黔记》，赵平略点校，西南交通大学出版社 2016 年版，第 538—539 页。

如有剩余，理应交给贵州宣慰司处理。

（二）土司直接负责驿站的全部供应

这种情况不多，贵州的龙场九驿是这种情况，九个驿站的夫役及用度全部由贵州宣慰使安氏及其手下的小头目和属下百姓承担。云南元江府因远驿的站马、铺陈，都由土府负责。这种供应方式要有几个条件：一是驿递事务不是特别繁忙的驿站，产生的费用不太多，老百姓负担不重，分担起来比较容易；二是驿站所处的位置在该土司的治理范围之内，承担驿站差役的也都是土司下面的小头目，或土司属下的老百姓，派到差役时不至出现推三阻四的现象，否则轮到出马时不出马，或该负责食宿的时候不提供食宿，都会使驿站无法正常运转。

（三）土司根据不同的项目提供驿站的费用

一个驿站的费用往往是一个不小的数目，如果派定某一个土司负责，会造成该土司无法承受这一负担，这样就需要几个土司分担一个驿站的费用。土司根据不同的项目，负责不同的费用，这是西南驿递供应制度中常见的办法。

贵州龙里卫定额马二十八匹，驴四头，马驴价与草料银一千七百五十五两零七分，贵州宣慰司负责八百七十九两，龙里司负责四百六十一两七钱六分，龙里卫军舍客民负责二百零八两；驿站日常费用三百六十两，由中曹、白纳、大小谷龙等长官司负责。镇宁州有安庄驿与关山岭驿两个驿站。安庄驿定额马二十匹，马价与草料银七百八十两三钱，驿站日常费用一百五十三两，铺陈银二十六两；关山岭驿定额马十一匹，马价与草料银六百六十三两，驿站日常费用一百两，铺陈银十六两。十二营长官司负责驿站日常费用一百五十三两，马价与草料银一千零五十五两三钱，铺陈银四十二两；康佐司负责日常费用六两，马价与草料银五十两；在城税课局负责日常费用二十四两；西堡司土官负责马价与草料银六十两。

有时，驿站的总用度分项算清楚，承担这些费用的土司只要拿出他们要出的总数就可以了。永宁州所属查城驿马价与草料银七百零二两，驿站费用一百五十四两四钱，铺陈银十四两，永宁州还要协助关山岭驿的驿站费用二十两，马价与草料银七十八两，永宁州应有的驿站费用就是九百五十四两四钱，由顶营司承担三百零二两五钱七分八厘，慕役司承担四百六十五两八钱四分七厘。

（四）土司直接负责驿站某些项目的供应

据郭子章《黔记》记载：贵州威清驿原有驿丞坐骑一匹，卧龙司负责这匹坐骑的草料，此项供应后来裁掉了。札佐驿定额十五匹马，五头脚力，由札佐司的土民负责，而驿站的日常费用由札佐司的夷民负责。养龙坑驿有十三匹驿马，由养龙坑土司头目阿母负责，驿站的日常费用由养龙司的苗民负责。偏桥驿有马驴四十二匹头，偏桥司另外共出正马一脚，寨马一匹，每月三、六、九日差递。[1] 脚力即指驴，寨马与正马有何区别，还有待进一步考察。

云南澜沧驿站七匹马，全部由高土官负责。清水驿站亦定额七匹马，"系永宁、北胜、滇蒗、阿高三土官目把应当"[2]。板桥驿站马五匹，以及驿站的铺陈、廪粮，都由景东者后、保甸、猛统、等庄、仲古乡的土官负责。广西府在城驿站马四匹，由弥勒州按各少数民族村寨的田粮编派。

（五）土司承担驿站的全部或部分劳役

在贵州，龙场九驿的全部劳役都由贵州宣慰司承担。龙场驿十五匹马，两头脚力，由"宣慰安疆臣下夷目花犵狫八寨苗民承走"，花犵狫八寨苗民不仅要负责提供马匹，还要负责牵马。六广驿十八匹马，"系头目陇革等承

---

① （明）郭子章：《黔记》，赵平略点校，西南交通大学出版社 2016 年版，第 539—544 页。
② （明）刘文征：《滇志》，古永继校点，云南教育出版社 1991 年版，第 245 页。

走"。谷里驿的走递任务由头目阿卜承担，金鸡驿是头目卧这，毕节驿是头目阿体，归化驿是头目阿户，阁鸦驿是头目得吉，奢香驿是头目化沙，水西驿是永侧、织金等地的老百姓，这些百姓都是安宣慰属下。①

云南元江府因远驿的站马、铺陈，都由土府负责。负责站马，就意味着要负责走递，往来官员或者差役乘驿马时，负责马匹的百姓就要负责牵马送至下一驿站。②"有马即有跟随之役，各军身入编伍，家养马匹，子弟跟随道路，而应支粮反不足以清养马之用。"③ 板桥驿的站马由者后等土官负责，则者后等土官亦承担板桥驿的走递差役。广西府在城驿站的四匹驿马编派在弥勒州各少数民族村寨的田粮中，相应的劳役即走递任务当然也由各村寨的百姓承担。

（六）土司负责驿道的修造与维护

土司领地内的很多驿道都由土司修造。洪武十五年二月，朱元璋"谕水西、乌撒、乌蒙、东川、芒部、沾益诸酋长曰：'今遣人置邮驿通云南，宜率土人随其疆界远迩开筑道路，其广十丈。准古法以六十里为一驿。符至，奉行！'"④ 朱元璋的这一指示中，实际上给水西、乌撒等土司提出了两个要求。第一，修通四川至云南的驿道。"随其疆界远迩"，就是说，经过哪个土司的领地，就由哪个土司负责修造。"广十丈"，就是很宽的驿道了，几乎要相当于现在六车道的大路，这在云贵川相连的边境地区，以当时的建设条件，几乎不可能。第二，设置驿站。朱元璋说了建驿站，但没有具体说谁负责，这是因为他认为不需要说。在土司领地内，修建驿道是土司的事，修建驿站当然也是土司的事，而且驿站的供应也会落在土司头上。此时明军正是

① （明）郭子章：《黔记》，赵平略点校，西南交通大学出版社2016年版，第539—540页。
② （明）刘文征：《滇志》，古永继校点，云南教育出版社1991年版，第241页。
③ （明）谢东山修，（明）张道纂：《贵州通志》，贵州省图书馆影印明嘉靖三十四年刻本，第442页。
④ 贵州民族研究所编：《明实录贵州资料辑录》，贵州人民出版社1983年版，第25页。

战斗力最强的时候。洪武十四年九月，朱元璋命大军出发，平定云南，大军所向披靡，十二月二十二日，即占领昆明。洪武十五年攻克大理，平定云南全境。所以朱元璋用不着再与这些酋长客气了。"符至，奉行！"说得斩钉截铁，丝毫没有商量的余地。但是朱元璋的这一要求显然没有得到认真落实。"洪武二十年十二月：遣前门郎石壁往云南，谕西平侯沐英等，自永宁至大理，每六十里设一堡，置军屯田，兼合往来递送，以代驿传。"① 永宁至大理的驿道，其中一段正是水西、乌撒、乌蒙、东川、芒部、沾益诸地境内的驿道。如果这一段驿道已经修好，且驿站建置完好，朱元璋就用不着再派沐英建造。而且这一次朱元璋明确地说置军屯田，驿站的供应实际上也由朝廷安排解决。命令说得很明确，每六十里设一堡，即军事机构，只是这一军事机构要代办驿站的事务。如果满足驿递的需要，简单地置驿就行了，为什么要置堡，又以堡代驿呢？这是因为朱元璋发现自己在这些土司地区并不能做到令行禁止。置堡屯田，其实是为了防范这些土司。但这里没有谈到修路的事情，有两个原因。第一，这条路本就存在，沐英等率领明军进攻云南时就是走的这一条道路。第二，水西等地的酋长还是将这条路修整了一下。他们对于朝廷命令的执行可能打折扣，但也不敢完全置之不理。

贵州宣慰使霭翠去世后，由其妻奢香掌管水西土司事务。贵州都指挥同知马烨裸挞奢香，想以此激怒水西土司造反，以消灭水西土司。奢香在贵州宣慰同知宋钦的妻子刘氏帮助下，得以面见朱元璋，控诉马烨的罪恶。朱元璋答应撤换马烨，但要奢香修驿，作为报答。"奢香遂与其子妇奢助，飚驰见太祖，自陈世家守土功及马烨罪状。太祖曰：汝等诚苦马都督乎，吾将为汝除之，然汝何以报我？奢香叩头曰：若蒙圣恩，当令子孙世世戢罗夷，不敢生事。太祖曰：此汝常职，何言报也。奢香曰：贵州东北间道可入蜀，梗塞久矣。愿为陛下刊山开驿传，以供往来。太祖许之。"② 奢香所修的驿道

① 陆韧：《云南对外交通史》，云南民族出版社 1997 年版，第 208 页。
② （明）郭子章：《黔记》，赵平略点校，西南交通大学出版社 2016 年版，第 1119—1120 页。

就是龙场九驿所在的驿道。

"湖广镇远蛮夷长官司长官何惠言：'本竟路当云南要冲，每岁修治清浪、焦溪、镇远三桥，工费繁重。所部临诸溪洞，民皆獚、偪、佬，力不胜役，乞令军民相参修治。'从之。"① 清浪、焦溪、镇远三桥的维护，原本完全由镇远蛮夷长官司承担，但随后土司何惠争取到了新的政策，即让卫所军人分担维护三座桥梁的任务。驿道维护与土司关系的资料现存不多，但土司境内的驿道，多由当地土司负责维修。像龙场九驿，整个驿道都在水西土司领地境内，驿道的维修人员只有可能是安宣慰属下的老百姓。派外面卫所的部队维修驿道，水西土司会心存芥蒂；派外面的老百姓维修，管理不便。再者，明朝对待土司可以说财尽其用、力尽其使，从情理上也不至于派外面的人去修理连接龙场九驿的驿道，那可是需要一大笔经费的事。

明洪武二年（1369 年）正月十八日，德格土司受到中央王朝封赐，为拓宽贡道，土司组织了 1500 人修筑德格经白玉去巴塘的驿道。"② 朝贡是明朝土司获取丰厚赏赐的主要途径，因而修贡道与维护其他驿道不同，土司往往很有热情。但此也说明一个问题，就是土司境内的驿道，朝廷不大可能从外面派人修造维护。

第三节 驿递制度与土司的利益冲突

一、驿递是土司沉重的负担

土司要承担驿递的管理、驿站的供应与驿道的维修，这是一个沉重的负担。以贵州宣慰司为例，贵州宣慰司是一个大土司，尤其是水西安氏，拥有今毕节市的大部，今贵阳市、安顺市、六盘水市的部分地区。贵州宣慰司承

---

① 贵州民族研究所编：《明实录贵州资料辑录》，贵州人民出版社 1983 年版，第 115 页。
② 四川省甘孜藏族自治州白玉县志编纂委员会编：《白玉县志》，四川大学出版社 1996 年版，第 171 页。

担的驿递任务非常之重，不仅包括龙场九驿的管理、供应与驿道的维修，还包括其他很多驿站的供应与差役。如贵州驿的全部供应，一度由贵州宣慰司负责。贵州驿是一个大驿，定额马四十六匹，每匹马马价与草料银按威清驿的三十六两计算，总数是一千多两，驿站的日常费用是每天四两银子，每年总数也是一千多两。还有威清驿、平坝驿、龙里驿、养龙坑驿、渭河驿、札佐驿、底寨驿。威清驿的马价与草料银及日常费用一般是八百多两；平坝驿的马价与草料银及日常费用八百五十两左右；龙里驿的马价与草料银是一千七百五十五两零七分，日常费用是三百六十两。所有的驿站加起来，应该有一万两以上的负担。而在万历十三年，贵州宣慰司只有三千七百零二户，三万五千二百四十九丁口，不如现在的一个小县。按规定，贵州宣慰司应该承担的徭役总数只有三千四百一十七两，驿站带来的实际负担远远超过了这一数字。

许多土司向朝廷纳土以示归附时，为了得到更大的官职、更多的赏赐，往往要夸大自己拥有的土地与人口，而朝廷并不了解实际情况，就会根据土司自己申报的情况授予官职。如元成宗时减去八番等处官员二百多人，因为八番归附时，号称九十万户，后派官员核实，只有十六万多户。程番、上马桥、小程、卢番、方番、韦番、洪番、卧龙番、大龙番、小龙番、金石番、罗番、卢山十三个长官司，都在今惠水县境，亦即这十三个长官司加起来只有一个县的面积。长官司是正六品，一个县竟然有十三个正六品的单位，也是很特殊的了。有些长官司则大得多，如沿河祐溪长官司，大体上相当于今沿河土家族自治县。印江长官司、朗溪长官司相当于今印江土家族自治县。人数报得多，承担徭役、税粮时自然也会多，十三个长官司分别承担驿递费用，合起来就是一个很大的数字。程番司一百六十四两，方番司一百三十二两，卧龙司一百三十四两，上马司一百五十二两，小程司一百零二两，卢番司七十三两，韦番司一百三十五两，洪番司九十九两，金石司九十二两，大龙司一百一十两，罗番司九十七两，卢山司八十八两，小龙司七十八两。十三个长官司合起来达一千四百五十六两之多，而沿河祐溪长官司只有四百五十二两的驿递费用（当然，四百五十二两的驿递费用对于沿河长官司来说，仍然是一个不小的负担）。十三长官司承担的徭役费用一共是三千三百四十一两，程番司三百九十二两，方番司三百二十一两，卧龙司三百四十二两，上马司三百二十五两，小程司二百三十八两，卢番司一百七十六两，韦番司三百二十七两，洪番司二百二十五两，金石司二百六十二两，大龙司二百七十一两，罗番司二百二十八两，卢山司二百一十六两，小龙司一百八十二两。此外，这些长官司还要交粮、贡马、贡茶。这些合在一起，负担就很重了，即使没有任何额外的苛索，也难以承受。何况只要有差人，有收税收粮的人，就少不了额外的苛索。驿递费用占土司徭役份额四成左右，给土司造成了沉重的负担。

二、土司对驿递制度的消极抵制

由于卫所制度的败坏，明朝一遇战事，就不得不动用土司的部队，水西土司就常常奉命出兵，平定贵州境内的动乱。正德年间，贵州宣慰使安贵荣就出兵平定了凯里香炉山的苗民暴动。土司出了力，朝廷当然要给予一定的奖励，否则再有战事，土司就不大有积极性了，于是朝廷赏给安贵荣一个官职，贵州布政司的参政。但对于安贵荣来说，这一职务其实没有吸引力。参政是从三品，宣慰司的宣慰使也是从三品，二者的品级一样；而且参政是流官，可以随时更换，随时调动，宣慰使是土官，世世代代享有水西土司的土地和人民，就是水西土地上的土皇帝。因此安贵荣更不可能选择当参政而不当宣慰使。安贵荣提出了另一奖励要求，就是裁去境内的驿站。因为这些驿站每年要花去贵州宣慰司的一大笔钱财，即使龙场九驿的费用不多，但整个加起来仍然不会是一个小数目。而且驿站在土司境内，即使不给土司的统治带来消极影响，至少不会带来积极影响。有了驿道，土司领地与外界的联系就会加强，而作为土皇帝来说，他要的就是自己的领地针插不入，水泼不进，要的就是自己领地的相对封闭。所以对于境内的驿站，土官们不会持支持态度。当然安贵荣的要求不会得到政府的支持。

王阳明被贬为龙场驿丞以后，没有地方住，要搭草棚，住山洞，甚至常常缺粮，要自己种地。这说明土官们对驿站持消极态度，他们并不真心支持驿站的建设，甚至会千方百计地推脱自己要承担的各种责任。"湖广镇远蛮夷长官司长官何惠言：'本竟路当云南要冲，每岁修治清浪、焦溪、镇远三桥，工费繁重。所部临诸溪洞，民皆僙、偝、佬，力不胜役，乞令军民相参修治。'从之。"① 修建清浪、焦溪、镇远三桥是一个巨大的工程。但桥一经修建，维护起来就不会太难。当然如果遇到大水，冲垮了桥梁，或遇到地震，震垮了桥梁，则又是另外一回事。但镇蛮夷长官司何惠的要求并不是针对遇到大灾桥梁坍塌的情况，而是针对三桥的常规维护工作。这只能说明，镇远蛮夷长官司对修桥护路的事并不积极。

三、土司对逃亡军人的庇护

卫所及站堡军人大量逃亡，是明朝西南地区卫所制度及驿递制度遇到的一个重要问题。卫所军人大量逃亡，驿递的供应没有保证；站堡军人逃亡，驿递的夫役就没有人承担。所以军人的大量逃亡，不仅直接威胁到了明朝的卫所制度，也威胁到了明朝的驿递制度。《滇志》统计，云南的马步旗军与屯军共计四万七千余人，云南二十个卫，十九个守御千户所，一个土守御千户所，有的守御所有两个千户所，按明初设置卫所的军兵情况看，二十个卫当有十一万多人，二十个守御所有近三万多人，兵员总数当在十四万人以上，而剩下的兵员数只相当于八个卫，亦即明朝云南卫所军人的72%左右都逃亡了。贵州共有二十四个卫，两个守御千户所，总兵力将近十六万人，按三分操练，七分屯田的比例，有十万以上的屯田军人，但到万历年间，只有九千多名屯军，不及原数的十分之一。

云南逃亡了十余万军人，贵州也逃亡了十五万军人，这些军人逃到哪里

---

① 贵州民族研究所编：《明实录贵州资料辑录》，贵州人民出版社1983年，第115页。

去了呢？他们不可能逃回原籍。明朝军人逃亡的情况不仅存在于西南地区，全国各地都有。军人逃亡，是明朝军事制度的一个大问题，为了应对这个问题，政府采取了一个办法：清军与勾补。卫所军人要把姓名籍贯造成册，军丁死了，逃亡了，都要到原籍去勾补。即从军人家中另外找人替代，如果本人家中无丁可代，就要从其他人家找人替代。所以军人如果逃回家中，根本无法安身，政府的官员不来抓，邻居甚至家里的兄弟都可能举报，只有被抓回去一条路可走。再说，如果没有相应的证明，他们想回到几千里之外的家乡，也过不了重重关隘。军人逃到别的府县，劳役仍然存在，而且由于州县的户籍是清楚的，也容易查出来。

军人逃亡到何处去了呢？直接的证据不大能找出来，但有些间接的资料能透露出一些信息。贵州巡按御史宿应麟请于湖广、贵州边界设立总督时，特别提到，镇箪铜平苗乱虽平，"然渠魁虽歼，而漏殄之遗孽犹存。余党虽抚，而负固之初心尚在。即其摧败困惫之余，固不得以肆毒，而既得生命之后，又恐复聚为恶。即今湖寨之潜藏，土司之招纳，亦未可以数计也"①。土司为什么会不怕得罪朝廷，而容留这些参加动乱的余党呢？因为他们需要劳力，需要兵员，逃往他们领地的军人就是劳力，就是兵员。土司所承担的劳役是固定的，一名军人逃到土司领地，土司就多了一个人，就意味着多一个人分担官府的劳役、赋税，多一个上阵杀敌的士兵。对于土官来说，多一个人，也多一个盘剥的对象。

永乐四年（1406年）十月，"贵州土人龚福民招复逃军四百五十余人来朝，悉宥而赉之，遂授福民贵州的澄河巡检，赐纱帽、银带、钞百五十锭、彩币五匹、纻丝衣一袭"②。此则材料中，特别值得注意的是龚福民的身份，他不是土司，甚至并非"夷民"，而是土民，就是贵州本地人。但他能一次招复450余名逃军，说明在当地也有一定的势力，也广有田土。但他只是土

---

① （明）谢东山修，（明）张道纂：《贵州通志》，贵州省图书馆影印明嘉靖三十四年刻本，第307页。

② 贵州民族研究所编：《明实录贵州资料辑录》，贵州人民出版社1983年版，第128页。

民，对抗朝廷的能力不强，因而庇护逃亡军人的能力也不强，虽然一时招纳了很多逃亡军人，但最终还是怕朝廷的追究，于是将逃亡军人交给了朝廷。一个普通土民就能接纳450余名逃亡军人，说明这样几个问题：第一，军人逃亡很多；第二，逃亡军人慌不择路，能躲一时是一时；第三，有大量的逃亡军人供土司接纳；第四，土司尤其是有势力的大土司会大量接纳逃亡军人。土司接纳一个逃亡军人，驿递供应就少一个人承担。土司对大量逃亡军人的接纳，对明朝驿递制度造成了巨大的影响。

郭子章《黔记》中提到另一种情况，即许多屯田被夷人占去。"白撒千户所，古系蔺州夷寨，洪武间建所，属赤水卫。原未筑城。该所屯田广阔，因僻在夷穴，被夷占种其半，土酋桀骜，名虽量认草粮，递年逋负如故。"① "内普安、永宁、赤水、毕节、乌撒五卫，被夷占去屯田，计其丈出之数不足抵补。"② 夷人要占去田地其实是不容易的：一则西南少数民族地区本来地广人稀，少数民族老百姓有较为充足的田地，用不着一点一点地蚕食卫所军人的田地；二则被占的屯田数额很大，不可能是少数老百姓的个人行为，也不可能是整个土司的集体行为，如果是整个土司的集体行为，那么各级政府、卫所官员都不会容忍。所以"被夷占去"的屯田，极有可能是卫所军人自己献给土司的，土司接受军人的投献，乐得可以收粮，而军人虽给土司进贡，却不像在卫所那样要受到层层盘剥，不像在卫所那样有无穷无尽的劳役，可以说，这种投献对于军人和土司来说，是一个"双赢"的结局，只是国家少了一个军人和一部分屯田。明朝江南地区许多农户投靠有钱人家做家人，也无非是为了逃避劳役与赋税，与卫所军人投靠土司是同样的目的。既是双赢，土司就会尽可能地接纳逃亡军人，军人也会乐意逃到土司领地。以西南土司的众多，土司领地的广大，接纳二十余万军人不是一个难事。

万历四十八年（1620年）五月，四川巡抚张鹤鸣疏言："赤水卫白撒所

---

① （明）郭子章：《黔记》，赵平略点校，西南交通大学出版社2016年版，第87页。
② （明）郭子章：《黔记》，赵平略点校，西南交通大学出版社2016年版，第458页。

乃国初创建，以屏翰诸夷，额设田土，所军耕种，办纳粮差。各军因贫，误将本所东山堡、吴家沟等处田地受诸夷财物，私为典当。当时不即正买卖军屯之律，耽延至今，强夷遂其巧计，霸占不休。虽各军将典当原价退还，夷众恃恶，不肯退还田地。即未经典当者，亦公然占据，改为私庄。"① 所谓典当，其实也就是私卖。官军得到了好处，买田的人也得到了好处。私卖屯地一事，要由贵州巡抚上奏朝廷解决，绝不是私卖三两块土地的小事。退还原价，而又仍收不到田地，这样的事发生一两次是可能的，但太多了，卫所军人凭什么会接二连三地做傻事呢？既然因贫而卖地，而且不是卖一块两块土地，俸薪并未突然提高，怎么可能一下子脱贫而赎田呢？更大的可能是卫所军人没有能力赎田，或没有意愿赎田。所谓夷众"恃恶不肯退还田地"，仅仅是卫所军人的一面之词。

四、土司反抗政府影响驿递制度

相对来说，明朝对土司的政策比较宽松，但劳役与赋税却不轻，有时甚至很重，而且一些官员常常找各种机会勒索土司的钱粮。

以思州府为例，据嘉靖《贵州通志》载，思州府共有七百五十七户，九千一百零一人，其中都坪峨异溪蛮夷长官司共有二百二十三户，二千八百五十丁口，他们要承担起运至清平仓的一百二十五石七斗八升九合八勺秋粮，存留本府永丰仓的一百五十五石五斗七升七合四勺秋粮；四十六斤黄蜡；平溪驿马价与草料银、供馆银共四百九十一两八钱六分五厘。这些负担合起来是较重的。一百二十五石七斗八升九合八勺秋粮，要送至清平仓，从思州府到清平卫约三百里，负重往返需要十天。一百二十五石七斗八升粮食，按前述每夫三斗余的运量计算，至少需要四百多人。这一笔运输成本也要都坪司的老百姓承担。都坪司承担的秋粮共二百八十一石五斗多，每户要承担一石

① 黎邦正、刘重来、郑家福编：《明实录类纂·四川史料卷》，武汉出版社1993年版，第1115页。

二斗六升秋粮；驿站银每户要承担二两二钱。此外，思州府还有柴薪夫八名、马夫三十名、皂隶四十名、弓兵三十一名、刷历匠三名、儒学斋膳夫三名、门子七名、库子二名、禁子三十五名、铺司兵四十四名、仓斗级三名、各种杂役一共二百多名，几乎每三户就要派一人为官府无偿服役。

都坪峨异溪蛮夷长官司的负担还不是最重的。黄道溪长官司的人口，据嘉靖《贵州通志》载，是一百三十四户，二千丁口。黄道溪长官司要承担黄蜡六斤半，秋粮三百二十二石四斗三升八合八勺，平溪驿马价与草料银、供馆银一千零六十六两二钱七分。黄道溪长官司的老百姓每户要负担二石四斗秋粮，七两九钱驿站银。而当时一个站夫的工食银只有七两多一点，这就意味着，理论上黄道溪长官司的老百姓平均每户拿出一个半人为驿站和思州府无偿劳役，还要交二百四十斤秋粮。如此重的负担，老百姓往往难以承受。《黔记》记载黄道溪长官司三百四十户，二千二百四十六丁口。户数增加了不少，但丁口变化微小，具体到老百姓个人的负担也就只有微小的不同。

这还不是两个长官司老百姓的全部负担。两个长官司还有正副长官，还有吏目、司吏，他们还有田地要种，他们还要收钱。正副长官还要享受，还要结交上司。这些最终都要成为两个司老百姓的负担。

正常的驿递供应本就是少数民族老百姓沉重的负担，而过往的官员差人会超额勒索，当地官员或上级官员要与过往官员拉关系，都会使驿站的供应不断增加，老百姓的负担也就更重。思州府府城之所以会有两次搬迁，也就是受不住驿站的超额供应。

这样一来，就形成了几个恶性循环链：

第一个恶性循环链，驿站的负担越来越重，就越要加重对老百姓的搜刮，老百姓受不了搜刮，就会逃亡，会反抗。一些老百姓逃亡了，剩下的老百姓负担就更重；老百姓反抗，抗交赋税，甚至杀死收税官吏，政府就会采取各种行动镇压老百姓的反抗，而这些行动的成本最终又会摊派到老百姓头上，老百姓的负担也就会更重。

第二个恶性循环链，老百姓的负担越来越重，驿递的供应就越来越困难，驿递供应困难就会加重对老百姓的搜刮，老百姓或逃亡，或反抗；为了应对老百姓的逃亡与反抗，政府会采取相应的行动，而政府的额外行动又会增加驿递负担，驿递的供应就会更加困难。

第三个恶性循环链，各地土司一方面要满足上级的索求，一方面要不断向老百姓搜刮，驿站的供应越来越难，他们满足上级的索求就越来越难；满足上级的索求越来越难，他们向老百姓搜刮就会越来越困难，而向老百姓搜刮越来越困难，他们的搜刮也就会越来越严重，越来越不择手段。

第四个恶性循环链是驿递管理机构越来越困难。驿递供应越困难，他们就越要加大搜刮力度；搜刮力度越大，老百姓承受的压力就越大，逃亡会更多，反抗会更激烈，他们维持驿站正常运转的难度也就越大。

对驿递管理机构亦即各级政府来说，无论驿站的供应多么困难，最终都只可能把压力转嫁给老百姓。而对土司官员与老百姓来说，越来越沉重的负担最终会使他们走上反抗之路。

土司的反抗从反抗主体来说有三种情况：一是土司上层的反抗，二是土司老百姓的反抗，三是土司上层与老百姓共同反抗。但土司上层反抗时，往往都会裹挟着当地的老百姓一起反抗。土司上层与普通老百姓既有矛盾，又有共同的利益，尤其是面对官府的压迫与搜刮时，对抗官府的搜刮，实际上就是为了他们共同的利益，所以第一种情况与第三种情况有时很难区分。

土司的反抗形式多种多样，对驿递制度的影响也就各不相同。

第一是老百姓逃亡，这是最为常见的反抗形式，逃亡就会使驿递失去役夫。如平越驿与兴隆驿，"今春，平越驿马残于飞练，而兴隆、黄平界在虎穴，地方人民逃移过半，以致二驿马馆久缺，经过官司交口愁怨，羽书纷纭，到辄稽迟"[①]。

第二是抗交驿站的供应，不出夫马。对老百姓来说，天下乌鸦一般黑，逃到什么地方都会有官府搜刮，都会有上层的盘剥，在逃无可逃，而又无法

---

① （明）郭子章：《黔草》卷一，文渊阁《四库全书》本。

承受官府的搜刮时，他们有时就会采取抗交的形式来反抗。这些反抗有时也会得到土司上层的认可。"明代后期，变乱相循，驿道所经土司领地，土司往往不给马匹和粮秣供应驿站。地方官吏只好以卫军代充差役，军人困苦不堪。"① 如平越卫，"四川黄平驿设在本卫，一应马馆原隶黄平驻镇通判专督，今年，黄平司官民被播酋劫掠，该司与清平、凯里司俱不上驿答应，往来公使贻累卑职揭银雇募"②。黄平驿的驿马、夫役本应由清平司与凯里司答应，但这两个司的老百姓不出夫马，驿传道就只有"揭银雇募"。"嘉靖三年十月甲辰，贵州、四川抚按官杨一渶等条上议处芒部事宜：'请宽二年额赋，以恤夷民，各驿站供应不得仍前逋旷，贻累站军。'"③ 杨一渶的建议包含着这样几个事实：一是芒部的少数民族老百姓因为赋役重，就不再负责驿站的供应了；二是老百姓不负担驿递的供应，这一负担就转嫁到了站军头上。杨一渶就建议减去芒部两年的赋税，条件是老百姓要继续承担驿站的供应。这是官府对老百姓的反抗在一定程度上做了让步。

第三种反抗形式是骚扰驿递。王骥征麓川时，驿递沿途老百姓不堪其扰，纷纷起来骚扰驿递，驿递正常运转受到极大的威胁。

第四种形式是举兵起事。王骥征麓川时，贵州苗民起事，反抗官府的压迫。有的土司起事不一定是驿递直接引发，但仍然是官府的盘剥造成的，与驿递负担有着或多或少的联系。如云南武定的起事，贵州水西宣慰司安氏与永宁宣抚司奢氏起事。这些起事直接导致了驿递的中断，对驿递的影响最大。

---

① 黔南布依族苗族自治州史志编纂委员会编：《黔南布依族苗族自治州州志·交通志》，贵州人民出版社 1993 年版，第 70 页。

② （明）郭子章：《黔草》卷一，文渊阁《四库全书》本。

③ 黎邦正、刘重来、郑家福编：《明实录类纂·四川史料卷》，武汉出版社 1993 年版，第 155 页。

第七章　西南驿递制度的乱象

第一节　不断放宽的乘驿制度

一、对官员乘驿制度的不断放宽与接待规格的提高

《大明会典·应付通例》明确规定，新选云贵并川陕行都司所辖地方官员赴任，俱不支米，陆路可以应付驴头车一辆，水路应付红船。也就是说，驿站应付官员的情况并不多。但实际情况却并非如此。官员升职或离职，照例不用驿站应付，但官员升迁了，官越当越大，小小的驿丞得罪得起吗？还是要应付。官员离职了，驿丞就不理不睬了，似乎也于人情世故说不过去；更何况今天离职了，谁知道什么时候复职呢？万一这个官员今天离职，明天又复职了呢？反正吃的住的用的又不是驿丞私人的，哪犯得着为此开罪人呢？所以离职的官员也要应付。

万历时期，贵州巡抚郭子章特别规定："升任、丁忧等官，据例原无夫马，特以云贵边方，相应量给，知府给马六匹，夫十六名，廪给一分；府佐、知州、知县，止许给马五匹，夫十二名，廪给一分。此外不许额外应付一夫一马。三司府卫首领、县佐教官，止许给马三匹，夫四名，口粮一分；吏目典史考满、转选，仓巡驿臣，止许给马二匹，夫二名，口粮一分；此外多给不准应付。如系劣转、王府去任，此是不肖官员，不拘品级大小，一概

不准应付。"① 郭子章当时发布告示的目的是整顿驿务，减轻驿递的负担，特别做了如此详细的规定，但他的告示与《大明会典·应付通例》相比，仍然对乘驿的规定放宽了许多。实际情况应该比这要糟糕得多，否则郭子章用不着如此郑重其事地强调不许多给夫马。

据萧端蒙《议处驿站六事疏》中称："切见往来使客滥用夫马，非其仆从之多、辎重之盛也。盖其阴受贿赂，附带商货故耳。自川湖来者虽有此弊，数犹无多，惟云南地方素产奇货，其石屏、象牙、苏木之类，俱系违禁及重难对象，奸商黠贾惮雇倩之为奢，乐途次之无滞，往往计赂过客，浼永夹带。而贪鄙之徒，利贾人之财，遂为容隐，妄称行李，概索军夫，驾托家丁，皆骑驿马。故经过官员有行李八十余扛者，有家属二三十人者。苟非潜夹，何以有此？中间虽有素黩货宝，囊箧本多者，要之惟附搭之弊为甚。即今贵州民穷财殚，一夫一马，当他省之十，滥扰若此，人何以堪？臣自巡历以来，痛加禁革，但法例太轻，人不畏警。臣切以为因时救弊，宜重为法禁，今后但有夹带私物，附搭客货，与附骑驿马者，俱听臣及巡抚都御史按察司查拿问罪，其审系附搭得实情重者，仍比照黄船事例，本人与商人各充军，庶法重而人知畏，驿站或得少苏矣。"② 萧端蒙的奏疏是针对夹带私货、附搭客货。而从其奏疏中可以发现，不仅来往官员要应付驿马，官员的家属、家丁也要应付驿马，所有的行李都要挑夫，而这竟然是非常正常的事情。难怪郭子章要做出上述规定。如果家里的人多一点，当不止五、六人，加上家丁，五、六匹马肯定是不够的；而所有的行李都要挑夫，十几个挑夫就有点紧张了。但有的官员还不满足，还要帮人带私货，有的官员竟然有八十余扛行李，二三十个家属。一般的驿站倾其所有，也难以满足一个官员的需要。这二三十人还要吃喝，对于一般的驿站来说，又是一大笔开支。

---

① （明）郭子章：《黔记》，赵平略点校，西南交通大学出版社 2016 年版，第 537—538 页。

② （明）谢东山修，（明）张道纂：《贵州通志》，贵州省图书馆影印明嘉靖三十四年刻本，第 444 页。

《大明会典·应付通例》明确规定："总兵镇守官征哨出入，正统二年奏准各乘原关马匹，其驿马驴车俱不许应付。"① 也就是说，对在境内执行公务的官员来说，他们本有乘坐马匹，就不再需要驿站应付了。但实际情况仍然不会如此。既是本省总兵镇守官，其权位远远大于驿丞，有所索求，驿站也不敢不应付。郭子章规定："本省司道，副参系公事差遣者，照牌应付，马不得过二匹。"② 就充分考虑了实际情况，放宽了官员乘驿的政策。但郭子章之所以特意规定，并再三申告，说明超过此限的人很多。

西南地区有军事机构，有土司衙门，有各级政府机构，官员之多，远远超过内地。就贵州来说，除了巡抚衙门，还有布政司、巡按司、都司三个省级机构，这与各省没有区别，而贵州还多一个宣慰司衙门，播州宣慰司也在贵州境内。至于下设机构就太多了。而贵州在明朝是一个开发中的省，还有很多地区是所谓的"生界"，即政府管不了，土司政权也管不了的地区。这使得贵州地域人口更加有限，对于这样一个省份，这些机构就显得更多了。

陆粲的《担夫谣》说军人服役归来，还没来得及休息，官员又来了："归来息足未下坡，邮亭又报官员过。朝亦官员过，暮亦官员过。贵州都来手掌地，焉用官员如许多？"③ 这其实并不夸张。当时贵州的范围要比现在小得多。今日贵州的荔波、罗甸、册亨、望谟等县都在广西境内；今天的天柱县当时是天柱所，在湖广境内；今天的威宁彝族回族苗族自治县，当时是乌撒土府，在四川境内；赫章亦在四川境内；今遵义地区的全部，黔南布依族自治州的部分地区，都是播州宣慰司的辖地，杨应龙叛乱后，播州平定，播州宣慰司的部分地区划归了贵州，但仍然有一半土地属于四川。整个贵州，"府、州、县、司、卫、所，军民通共一十四万八千九百五十七户，五

---

① 转引自（明）郭子章：《黔记》，赵平略点校，西南交通大学出版社 2016 年版，第536 页。

② （明）郭子章：《黔记》，赵平略点校，西南交通大学出版社 2016 年版，第 538 页。

③ （明）郭子章：《黔记》，赵平略点校，西南交通大学出版社 2016 年版，第 947—948 页。

十一万二千二百八十九丁口"①。整个贵州的人口只相当于今天一个中等县，确实是名副其实的"手掌地"，而贵州的官员数量却远多过一般省份。

贵州的军事单位比一般省份更为密集，贵州有 24 个卫，这个数字就很大，湖广都司只有 27 个卫，还包括贵州境内的平溪、清浪、偏桥、镇远、五开 5 个卫。也就是说，实际上贵州境内有 29 个卫。而湖广（今湖北、湖南二省）境内只有 22 个卫，广东都司（包括今广东省、海南省）只有 15 个卫，广西都司只有 6 个卫，江西都司只有 3 个卫。对比之下，可见贵州卫的密集程度。卫多，卫官就多，每个卫"掌印兼管马指挥一员，金书管屯指挥一员，管操兼管局管舍余指挥一员，捕盗指挥一员。经历司，经历一员。卫有吏、户、礼、兵、刑、工房吏六名。镇抚二员，吏一名"②。卫多，千户所的千户也就多，百户所的百户就更多。"左所掌印千户一员。金书管操千户一员。捕盗千户一员。所镇抚一员。管军屯百户十员。"③ 不是每个千户所都有三个千户，但一般的千户所都有两个千户，正千户是正五品，副千户是从五品。一个卫一般都有五个千户所，一个千户所有两到三个千户。29 个卫中，普安卫有 7 个千户所，赤水卫有 9 个千户所；还有普市守御千户所、黄平守御千户所，这两个所各有 3 个千户。则贵州共有约 153 个千户所，有 306 至 459 个千户。一个千户所有 10 个百户所，百户是正六品，153 个千户所就有 1530 个百户。知县仅仅是正七品，百户的品级还在知县之上。从最初的制度上说，卫所官员不用给驿，但这一制度早被突破，郭子章特别规定，"府佐、知州、知县，止许给马五匹，夫十二名，廪给一分。三司府卫首领、县佐教官，止许给马三匹，夫四名，口粮一分，吏目、典史考满、转

---

① （明）郭子章：《黔记》，赵平略点校，西南交通大学出版社 2016 年版，第 461 页。
② （明）谢东山修，（明）张道纂：《贵州通志》，贵州省图书馆影印明嘉靖三十四年刻本，312 页。
③ （明）谢东山修，（明）张道纂：《贵州通志》，贵州省图书馆影印明嘉靖三十四年刻本，312 页。

选，仓巡驿臣，止许给马二匹，夫二名，口粮一分，此外多给不准应付"①，既然品级低的知县，甚至没有品级的驿丞，都可以给马、给夫、给廪给，品级更高的百户为什么不能给马、给夫、给廪给呢？卫所官员相对于驿丞来说，地位要高，他们经过驿站，驿站往往需要应付，尤其是当地驿站，更是不能不应付。官多，公事也就多，公文亦更多，这些公文的传递，公差的往来，都会给驿递带来骚扰。特别密集的军事单位，就意味着贵州的驿递要承担更多的负担。

贵州还有若干土司衙门。包括播州宣慰司，贵州境内有 2 个宣慰司，宣慰使是从三品。此外，贵州还有 2 个安抚司，80 个长官司。安抚使是从五品，长官司正长官是正六品。长官司的设置不一，有的长官司有正、副长官各一员，有的只有正长官，或只有副长官。如都坪、都素两个长官司各有两个正长官；偏桥长官司有一名正长官，两名副长官。而这还不包括贵州宣慰司下属的大小头目。

贵州省府一级地方政府也更密集。如今铜仁市，在明朝有石阡府、铜仁府、思南府 3 个府，今黔东南自治州有黎平府、镇远府、思州府 3 个府，今黔南自治州有都匀府、平越府 2 个府。

有如此多的军事与行政单位，有如此多的土司衙门，而如此小的地域，如此少的老百姓，贵州驿递的负担远远高于其他地区，也就是自然的了。

云南的情况与贵州差别不大，作为边地，军事机构的密集程度不亚于贵州。云南有 20 个卫，20 个守御千户所，卫一级的军事机构比贵州略少，但独立的守御千户所要比贵州多得多，军官也不比贵州少。而云南的土官有五百多家，是西南地区最多的。

四川 17 个卫，比贵州、云南略少，但四川有一个行都司，军事机构也算比较密集。四川的土官有三百多家，比云南少。当地官员对驿递的影响要

_____

① （明）郭子章：《黔记》，赵平略点校，西南交通大学出版社 2016 年版，第 537—538 页。

比云南、贵州都略小。

但放宽官员乘驿的规定仅仅是驿递负担过重的一个原因。"天顺三年二月辛酉，黜监察御史周必兆为民。先是，必兆巡按四川，枉道过江西安福县，省其家。同乡致仕知县杨季安与有隙，奏其诸不法。命锦衣卫遣官执必兆至京，下狱鞫，得季安所奏必兆皆诬。但必兆枉道归时，多支驿廪，故黜为民。"① 周必兆身为监察御史，竟至于在驿站多支口粮，最终因此落职。但这件事颇有让人费解之处，因为退休知县告状，周必兆被锦衣卫逮到京城审问，审问的结果竟然都是诬告，仅仅因多支驿站口粮一事，被贬成了普通老百姓，则退休知县诬告周必兆，应是在朝大臣中有人支持。而朝廷中有人要整周必兆，抓到京城审问，竟然没有其他犯罪事实，则说明周必兆其实是一个很难得的清正廉洁的官员。清正廉洁的周必兆，何以会看上驿站的一点口粮呢？假如驿站不该多给，驿站就不会主动多送一点廪粮给周必兆。周必兆既然不贪，就绝不至于主动索要廪粮。最大的可能是，周必兆不是有意多支驿廪，而是驿站招待过往官员，并给过往官员一些额外的口粮钱，已经成为惯例。所以周必兆没有必要拒绝，而驿站拿给他也很自然。因为朝中官员蓄意加害周必兆，周必兆才会因此丢官。

官员经过一地，对当地官员来说，或者是巴结的机会，或者是因为友情等因素，都要尽量款待好这个官员。所以对于驿站的官员接待，各地都会不断提高标准。

"弘治己酉春二月，予与其郡太守周君梁石纂修纯皇帝实录，归自贵藩，二守何君健之以出游为请，予许之。"② "既游铁溪之五日，健之复请予与周守渔于长潭。"③ "余既游长潭之三日，是为三月上巳，周君与健之各携肴

---

① 黎邦正、刘重来、郑家福编：《明实录类纂·四川史料卷》，武汉出版社 1993 版，第515 页。

② （明）郭子章：《黔记》，赵平略点校，西南交通大学出版社 2016 年版，第 268 页。

③ （明）郭子章：《黔记》，赵平略点校，西南交通大学出版社 2016 年版，第 266 页。

酒，请游西峡，以修兰亭故事。"① 镇远知府周瑛等人陪石阡知府祁顺先后游了铁溪、长潭、西峡，他们驱獭捕鱼，饮酒赋诗，可谓畅游。祁顺竟然在镇远住了九天时间。周瑛与祁顺仅仅是同级，招待就这样殷勤，如果是上司，更免不了要好好招待。提学副使徐樾在镇宁州按考，毕事之日，"州守莫子赞、漆子登及守备谢钦以游观请，愿半日留，为山洞光。予一笑而往……徐子颓然发浩歌，童冠者八士，抠衣而进。立斯须间，歌《湛露》……而歌者继作。二三子列席酌旨酒，俎杂山肴。有事于奔走数十人。环崖而侍者，翼如也。"② 徐樾游双明洞，不仅知州、驻军最高长官都来了，还有唱歌的演员，有几十个招待侍奉的人。这一游，花费必不会少。徐樾到镇宁办公事，不一定住在驿站，招待费用也不一定由驿站出，但当地官员对上级官员的态度于此可见。上级官员经过境内，地方官员一般都会尽可能地招待好，驿站的招待标准就会不断提高。而标准一提高，当地老百姓的负担就加重了。

官员对上级官员刻意接待，有时也并非心甘情愿，因为如果不好好接待，可能招来祸患。正德八年十一月，"刑科给事中田汝籽劾奏：'四川总兵官时源玩寇殃民、老师费财，假军需以科索，拥精兵以自卫，所过骚扰，民不安业。汉中知府杨一钧，特以承奉不至，竟受挞肤薅鬓之辱，其下卑官不足言矣。乞将源逮至京师，治以重罪。'诏以汝籽所劾真伪未辨，下所司知之"③，知府与总兵官同是朝廷官员，但知府因为接待不周，竟会被总兵官"挞肤薅鬓"，可见对上级提高接待标准，是地方官不得已的选择。

二、对差役乘驿的不断放宽

正统六年五月戊戌，"行在刑部郎中林厚奉诏四川审狱，言八事：'……

---

① （明）郭子章：《黔记》，赵平略点校，西南交通大学出版社 2016 年版，第 264 页。
② （明）郭子章：《黔记》，赵平略点校，西南交通大学出版社 2016 年版，第 235 页。
③ 黎邦正、刘重来、郑家福编：《明实录类纂·四川史料卷》，武汉出版社 1993 年版，第 584 页。

四川州县至京，不下数千里，申复奏本，若非驰驲赍赴，不无久淹人难。而各卫府无给驿例。乞钤奏本送至都、布二司，类集三、五起，驰驲奏报。……臣等带去吏典，乞水路俱与简要一舡，陆路亦给与马。所至与俱宿分司。其文册案牍，沿途有司量给兵夫卫送．'奏入，上悉从之"①，卫与府差人原不给驿，但林厚认为，这样一来，差人的旅途就会不顺利，就会耽误事情，所以请求放宽乘驿限制，同时要求让自己的随从也可以乘驿，都得到了皇帝的批准。这样一来，乘驿的限制就有了一个很大的突破。林厚还要求派兵夫卫送文牍，但文牍由差人携带，则差人就都需要护送了，这更是极大增加了驿站的负担。

三、对生员乘驿的不断放宽

明王朝在府、州、县设有官学（未设学的州县较少），一些卫所也有卫学，每隔一段时间，这些地方官学就会选拔一些学养优良的学生送入太学，称为贡生。贡生进京，最初不用驿站应付，但考虑到云贵地区太过偏僻，家庭条件差的贡生没有能力凑足路费，因而规定驿站要予以应付。郭子章规定，每个贡生只准应付两匹马。为什么要规定呢？当然是超过规定的情况太多了。驿站对普通贡生为什么也要超规定应付呢？不是自找麻烦吗？其实不然，由于官学生员名额极其有限，能够进入官学的学生多是官绅子弟，普通百姓的子弟凤毛麟角。而贡生名额更为有限，能够被选为贡生进入太学学习的，更是权势人家的子弟。如麻哈州艾世美曾任湖广松滋县知县，其子艾友芝是举人，艾友兰是贡生。麻哈州土同知宋儒的弟弟宋守臣是万历元年（1573 年）的恩贡。对于这些人，驿站同样得罪不起。即使是贫家子弟，学而优则仕，能进入太学学习的生员，一般都会当官。得罪了他们，同样是不划算的事情。

---

① 黎邦正、刘重来、郑家福编：《明实录类纂·四川史料卷》，武汉出版社 1993 年版，第 494 页。

四、对举人乘驿放宽及举人数量大幅增长

学生在通过各地的乡试后，成为举人，就有了进京参加会试和殿试的资格，照例，进京参加考试的举人应该由驿站提供食宿并给予马匹船只。但按规定，只应该有一匹马与一份廪给。而这一规定也被突破，郭子章规定："举人马三匹，贡生马二匹，多者不准应付。云南举贡亦照此例，多者裁。"[①]

而随着明王朝对人才需求量的增大，举人的数量也日益增加。永乐九年（1411年），云南始设科举考试，二十八人中举。宣德四年，贵州附云南乡试，云贵共十一人中举，其中云南十人。正统六年，云南增加三个考生名额；正统十一年，云南增加两个考生名额。景泰七年（1456年），定额三十名，云南二十名。成化四年（1468年），云南增加四个名额；成化十年，云南增加五个名额。至万历四十三年（1615年），云南乡举名额增加到四十七名；崇祯十五年增加到四十九名。

宣德四年，贵州始附云南乡举。当年，云贵共十一个名额，而贵州仅有一人，普安州刘瑄得中。宣德七年，贵州考生增加为五名；正统六年，贵州增加两个考生名额；正统十二年，贵州增加三个考生名额；景泰元年和景泰四年，诏不限额，这两年，两省考生达到五十五名。成化四年，贵州增加六个名额。弘治八年，贵州再增加三个名额。正德五年，贵州增加二个名额。嘉靖九年（1530年），贵州开设科举考试，定解额二十五名；嘉靖二十五年，增加到三十名。万历二十二年，贵州再增加五个名额。由最初宣德七年的五名考生，增加到后来的三十五名，增加了整整七倍，驿站的负担也随之有了极大的增加。每个举人给马三匹，三十多人，又是一个不小的数字。崇祯九年，贵州又增加了三名；崇祯十五年，达到四十名。

---

① （明）郭子章：《黔记》，赵平略点校，西南交通大学出版社2016年版，第538页。

四川的乡试名额，宣德元年（1426 年）是三十五名，正统六年增加到四十五名，景泰七年达到了七十名，正德五年一度增加到八十名，但后来又恢复到了七十名。万历四十三年为七十五名，崇祯十五年八十三名。[①]

举人数量不断增加，驿递的负担也就随之增加，这对驿递的影响虽然比官员乘驿的影响小得多，但也是驿递负担增加的一个因素。

第二节　进贡制度对驿递的骚扰

西南贡道，据《滇志》记载有上下路之分，上路"由永昌过蒲缥，经屋床山，箐险路狭，马不得并行。过山至潞江，江外有高黎贡山，路亦颇险，山巅夷人，立栅为寨。在三代，为徼外地，过腾冲卫西南行，至南甸、干崖、陇川三宣抚司。陇川，有诸葛孔明寄箭山。陇川之外，一望数千里，绝无山溪。陇川十日，至猛密。二日，至宝井。又十日，洞吾。又十日，至缅甸。又十日，至摆古，莽酋居之，即古喇宣慰司。摆古，夷语也"，下路"由景东历者乐甸，行一日，至镇沅府。又行二日，始达车里宣慰司之界。行二日，至车里之普耳山，其山产茶。又有一山耸秀，名光山，有车里头目居之，蜀汉孔明营垒在焉。又行二日，至一大川原，广可千里，其中养象，其山亦为孔明寄箭处。又有孔明碑，苔渺不辨字矣。又行四日，始至车里宣慰司，在九龙山之下，临大江，亦名九龙江，即黑水之末流也。由车里西南行八日，至八百媳妇宣慰司，又西南行一月，至老挝宣慰司。又西行十五六日，至西洋海岸，乃摆古莽酋之地也"[②]。可见当时云南与西南地区各民族的联系十分广泛。

四川在明朝成了内地入藏的主要通道，从藏区来的进贡队伍多由四川进入内地。永乐五年（1407 年）、十二年，明成祖派使者传诏，督促乌斯藏诸

---

① 郭培贵：《明代乡试录取额数的变化及举人总数的考述》，《东岳论丛》2010 年第 1 期。
② （明）刘文征：《滇志》，古永继校点，云南教育出版社 1991 年版，第 993—994 页。

王和四川相邻的卫所、土司共同修复和添置驿站，使西藏与内地的交通得以畅通。

进贡是明朝后期驿递制度一个非常大的负担，地方官谈到危害驿递制度的诸多因素时，基本上都要谈到这一点。如刘大直的《驿传道议处驿站事略》、萧端蒙的《议处驿站六事疏》，都谈到了进贡造成的驿递骚扰。为什么进贡会严重地骚扰驿递呢？驿递被骚扰的程度究竟严重到什么程度呢？

进贡实际上有几种情况。第一种是已经纳入明朝版图的土司的进贡。这些土司大多在元朝时就已经纳入中央王朝的统治之下，服从中央政府的领导，缴纳一定的赋税，并承担着出兵支持中央政府的义务。虽然是世袭土官，但袭职时要履行一定的手续，得到中央政府的认可。在特殊的情况下，中央政府也可以剥夺他们的封号，不再承认他们的土司地位。第二种是虽然在名义上服从中央政府的领导，实际上是独立王国，既不交纳赋税，也不履行袭职手续，更不承担着为中央政府出兵、保护中央政府的义务，但是要给中央政府进贡。第三种是仅仅与明朝是邻居关系，名义上也不属于中央政府的领导，只是承认中央政府宗主的地位，所以也要给中央政府进贡。

一、明朝西南地区的进贡

早在 1365 年，朱元璋即吴王位的第二年，思南宣慰使田仁智、思州宣抚使田仁厚就分别派人表示归顺，此时朱元璋还只是诸多反元势力中的一支，不仅张士诚等其他反元队伍的势力还很强大，元朝本身也还拥有北方广大地区，二田的归顺行为是对朱元璋的一种认可，这使朱元璋十分高兴。田仁智被赐与三品银印，田仁厚亦由宣抚使改为宣慰使。宣慰使本是从三品，田仁智被赐与三品银印，是高了半格。宣抚使是从四品，宣慰使是从三品，田仁厚被任命为宣慰使，升了整整一个品级。吴元年（1367 年），田仁智、田仁厚又分别进贡，都得到了丰厚的赏赐。洪武五年正月，播州宣慰使杨铿等朝贡，同时交纳元朝授予的印牌、宣敕，仍置播州宣慰使司，杨铿等仍任原职；元贵州宣慰使郑彦文、土官宣慰使霭翠及宣慰使宋蒙古歹等进贡，郑彦文等仍担任原职，霭翠及宋蒙古歹仍世袭宣慰使职；普定府女总管适尔朝贡，以适尔为知府，世袭其官。至此，贵州境内的大土司都已归顺明王朝，这就表明，朱元璋兵不血刃地将贵州纳入了自己的版图。得到了贵州，朱元璋就可以进军云南。对于贵州土司来说，在天下混乱、群雄逐鹿的时候，他们越早选定一个最有力量、最有可能统一中原的力量，并表示归顺，他们的政治资本就越大，就越有可能在众多土司中最先得到中央王朝的支持，而占据优势。

对于明王朝来说，土司的纷纷归顺，可以使统一来得更为顺利，更为轻松。如果贵州土司不主动归顺，而要用武力一个一个平定，那就如同平定云南一样，明王朝至少要准备一支三十万的军队，要准备数万吨军粮，还要准备更多的时间。所以对于土司的归顺、进贡，明王朝都予以了丰厚的赏赐。这些赏赐相对于明王朝可能付出的军事行动的花费来说，即使再丰厚，也微不足道。而且明王朝的奖励很大一部分并不是物质的赏赐，而是一种名分上的奖励，如提高一级官位等，把长官司提升为安抚司，把从三品提高到正三品，这对明王朝来说并没有付出什么。长官司提升为安抚司，并不需要给土司更多的土地，土司原来有多大的地盘，现在仍然是多大的地盘，只是称呼变了，土司比以前更体面罢了。土司的管理机构仍然不变，土司袭职时还是要履行同样的手续，面对着政府的各级衙门，土司仍然是土司。所以土司的进贡与归顺，最划算的仍然是明王朝。

如果说云南平定之前，贵州土司的主动归附可以使明王朝免去大的军事行动，节约巨大的军事开支，那么云南平定，西南地区已经全部纳入明王朝的版图后，土司的进贡还有意义吗？赏赐丰厚会不会是一桩亏本的生意呢？其实此时的土司进贡对于明王朝来说，仍然是一件十分值得欢迎的事情，因为这至少有三个方面的意义。

可以维护民族地区的稳定。土司既然向朝廷进贡，希望得到朝廷的赏赐，当然要服从朝廷的领导。土司不是想进贡就可以进贡的，进贡周期和人数都有规定，制定这些规定的正是明朝政府。土司进贡，既要符合朝廷的规定，还要得到管理衙门的许可，尤其要得到土司所在地政府的许可。如果土司经常作乱，或放任其部下作乱，就会受到朝廷及政府部门的批评，甚至取消其进贡的资格。土司要能够经常进贡，按时进贡，就要保证其所在地区的稳定，不仅自己不作乱，也不让自己属下的老百姓作乱。所以给予进贡土司丰厚的赏赐，以使土司乐意进贡，并在规定时间进贡，是明代维护少数民族地区稳定的一个重要措施。

可以减少维护稳定的费用。如果土司不主动维护少数民族地区的稳定，朝廷自然也可以维护，但维护成本要大得多。如果政府在少数民族地区设立流官政府，政府还可以征收税款，可以要老百姓服徭役、兵役，是不是更合算呢？如果在中原地区，肯定更合算。但在西南少数民族地区，土地贫瘠，物产不丰富，赋税的收入就不大；交通不便，官员的来往、物资的运输都要更高的成本。尤其设立流官政府，要有一套政府机构，有相应的机构人员，政府机构的运作成本就不小。而且设立了政府机构，就要有军队保证政府机构的安全、维护这一地区的稳定，部队的开支又会很大。所以让各土司乐意进贡，自觉地维护当地的稳定，对政府来说，最为经济。

可以获取少数民族地区丰富多样的特产。少数民族地区虽然大多数土地贫瘠，物产不丰富，但往往有特有的出产，这些特产有的甚至很珍贵，朝廷通过收取贡品的办法，就很容易地得到了这些特产。

贵州出产好马，明初，贵州养龙司产的一匹马被献给朱元璋，就曾被命名为"飞越峰"，朱元璋十分欣赏，还专门让学士宋濂写了赞。茶叶更是贵州的特产，贵州山高雾多，茶质很好。贵州宣慰司每年贡骟马4匹，贺万寿圣节骟马4匹，三年一贡，贡骟马30匹；本色茶芽11斤2两多。思州府属土司每年供黄蜡63斤；思南府属土司每年贡黄蜡958斤12两，水银199斤8两；石阡府属土司每年供黄蜡350斤；铜仁府属土司每年供黄蜡184斤4两，水银29斤8两，硃砂16斤8两，岁征洞蛮布259条1丈5尺，每条长2

丈，宽 1 尺。洪武十五年闰二月，"贵州宣慰使霭翠来朝，贡马二十七匹及毡①、衫、环刀等物"②。

云南要贡金，嘉靖十三年（1534 年）定为二千两，万历二十二年加为五千两，虽非全由土司进贡，但土司也有承担。

象多是土司进贡。"云南贡象来源，一是境内的腾越、澜沧、景东、车里，二是周边的缅甸、八百（泰国北部）、老挝。先是土司贡献，后于万历六年、二十六年，由朝廷（或委省府）派人向产地购买。每头象给银 62.5两，每次购买 30 头，由滇西、滇南取陆路经昆明、曲靖、黔滇边界出省北运。三是从战争夺取象只，这也是一个重要途径。洪武二十一年、二十二年，麓川（今瑞丽一带）思伦发动乱，号称起兵 30 万，象 500 只，沐英等率 3 万骑兵，以火炮强弩破象阵取胜。沐英得象 37 只，其时，南京城里集中了 80 多只战象，有买得者，也有夺得者。"③ 土司贡献是明王朝得到象的一个重要来源。"老挝，俗呼为挝家，古不通中国。成祖即位，老挝土官刀线歹贡文物，始置老挝军民宣慰使司。六年，刀线歹遣人贡象马、方物。七年，复进金银器、犀象、方物谢罪。"④ 如果土司不贡献，明朝政府就要买或夺象。贡象要给赏赐，买象不一定比贡象花费更多。万历六年（1578 年）起，明王朝开始买象，因为买象比接受贡象更为经济。有明一朝，象的来源主要还是依靠进贡。夺象肯定比买象和接受贡象花费得多，以沐英的那次战斗为例，以 3 万骑兵，夺得 37 只象。按万历年间买一头象 62.5 两银子的价格算，37 只象值 2312.5 两银子，3 万骑兵的军粮、马匹的草料、死亡的抚恤、杀敌的赏赐，就算整个战斗前后只有 1 个月，其花费肯定远不止此数。

除了明王朝实际统治的土司以外，名义上服从明王朝统治的土司和与明

---

① 毡当是彝族人披在身上的"察尔瓦"，系用羊毛纺织而成，既可御寒，又可防雨，而且便于骑射。见《贵州通史》编委会编：《贵州通史》第 2 卷，当代中国出版社 2003 年版，第234 页。

② 贵州民族研究所编：《明实录贵州资料辑录》，贵州人民出版社 1983 年版，第 28 页。

③ 黄恒蛟主编：《云南公路运输史》第 1 册，人民交通出版社 1995 年版，第 48 页。

④ （清）张廷玉等纂修：《明史》，李克和等点校，岳麓书社 1996 年版，第 4662 页。

王朝毗邻的政权的进贡也同样很多，而这类进贡同样是明王朝所十分希望的，这是因为：第一，对于明王朝来说，这类进贡的规模越大，越能昭示明王朝的强大国力，以及明王朝在周围邻邦中的崇高地位，造成一种"万邦来朝"的盛世景象，也能使周围的邻国感到其不可侵犯，因而得以维护边防的稳定；第二，对于明王朝来说，赏赐这类进贡既可以维护边境地区的稳定，又可以减少维护稳定的费用，同样十分划算。

无论是名义上的土司还是明王朝的毗邻政权，都是一些小的部落。在政治上，他们希望得到明王朝的支持，以巩固自己的地位；在经济上，他们需要与明王朝进行贸易，以发展他们的经济，取得他们必须的日常生活用品。而他们无论是在军事力量还是在政治力量上，都不足以让明王朝放下天朝上国的架子，与之进行平等的交往，所以向明王朝朝贡，并通过朝贡获得丰厚的赏赐，获得对明王朝贸易的机会，就是他们最好的选择。

用武力骚扰明王朝，对于土司和明王朝周围的小部落来说，也不划算。对于他们来说，明王朝过于强大，如果明王朝认真对待，他们没有取胜的机会。而武力骚扰本身也要花费大量的人力、物力，会有很大的损伤，远不如进贡所得实惠。如麓川几次与明王朝的军事行动，明王朝固然要花费巨大的人力与物力，但麓川同样也要花费巨大的人力物力。对于明王朝来说，这些人力物力的损失可以承受，但对于麓川来说，这些损失就是他们无法承受的了。

二、土司对进贡的态度

对于明王朝来说，无论是开始取得政权时，还是统治已经稳固以后，维持进贡制度，给予进贡土司丰厚的赏赐，以吸引土司进贡，是一种十分有利的策略。而对于土司来说，无论是改朝换代之际，还是政治稳定的时期，坚持进贡，保持与中央政府的良好关系，同样是一种有利的策略。

（一）进贡越早，就越能获得很好的政治资本

改朝换代之际，局势混乱，各种势力相互角逐，这时选择最有前途的势力表示支持，就能在新政权中得到很好的地位，为自己赢得很好的政治资本。但是这需要独到的眼光。元朝末年，与朱元璋同时的就有好几股势力，如张士诚、陈友谅、明玉珍，选择哪一支力量做投资，需要审时度势，选择得不对，就可能成为被打击的对象；而选择得对，新政权给予更多的肯定，把官品级别提得更高一点，就能使土司更好地发展。虽然官品高一点，朝廷不会损失什么，但对于土司来说，却有十分重要的意义。

土司之间往往有着十分激烈的竞争，甚至经常争夺土地人口，如果级别高一点，或得到政府的支持多一点，土司在这种争夺中就会占据优势。即使没有实质性的土地与人口的争夺，品级高、政府支持，也会使土司在同辈之间更具地位。更重要的是，在土司内部，土司的世袭职位也备受觊觎，甚至有着皇位一样的吸引力。土司及时归顺朝廷，朝廷对这种归顺予以认可，并重新授予其职位，就表明此一土官的世袭地位已经不能轻易动摇，谁敢争夺这一地位，世袭土官就可以名正言顺地进行讨伐，这种讨伐还会得到朝廷的支持。洪武十七年（1384 年）十一月，"云南鹤庆府知府董赐率其千夫长、百夫长二十五人来朝，贡马及方物，赐以织金、文绮、布帛、钞锭及冠带"[①]。赐以冠带就是赐给他们身份、职位。这些进贡的土官不仅得到了各种物质的赏赐，还得到了一定的职位。

如果不及时进贡表示归顺，就等于自己的地位还没有得到新政权的认可，新政权就完全有可能认定一个新的势力成为世袭土司，取代自己。土司内部也可能冒出一个新的势力抢先归顺，取得朝廷的认可，从而取代自己。思南土司的设立就是这种情况。原本只有思州土司，没有思南土司，明玉珍

---

① 中国科学院云南民族调查组、云南省少数民族社会历史研究所、云南省文史研究馆编：《明实录有关云南历史资料摘抄》，云南人民出版社 1959 年版。

称大夏国皇帝时期，思州土司田氏的族人镇远田茂安献其地于明玉珍，被授予思南宣慰司，从此思南与思州得以并列，成为重要的土司。"东倘长官司，宣德八年置，隶缅甸宣慰。时缅甸宣慰昔得谋杀当荡头目新把的，而夺其地。新把的遣子莽只贡象、马、方物，庶免侵杀。从之，置东倘长官司，命新把的为长官。"① 新把的进贡是为了取得政治地位，以使自己有能力免于侵杀，新把的进贡后，朝廷即置东倘长官司，新把的如愿以偿地取得了自己需要的政治地位。

（二）丰厚的赏赐是土司进贡的动力

如果说在改朝换代时积极进贡、表示归顺是一种政治选择，而在中央政府的统治已经稳定时，积极进贡则是一种利益的选择。进贡的土司往往能够得到丰厚的赏赐。洪武九年（1376 年）八月，播州宣慰使杨铿率领部属张坤、赵简进贡，"赐赍甚厚"，九月，杨铿辞归，"复赐绮、帛各十四匹"②。赐赍甚厚，肯定大大超过了常规的赏赐，而辞归时又赐杨铿及其部属绮、帛各十四匹，也十分丰厚。洪武十五年五月，"金筑安抚使密定来朝，贡马六十匹，诏赐衣靴及文绮、帛各十三匹，钞五百四十八锭，寻又赐文绮、绫罗六十匹。"③ 赏赐的价值要远远大于贡品的价值。

（三）进贡是土司重要的对外交流机会

明王朝对土司离开自己的领地有着非常严格的限制，一般来说，土司不能随便离开自己的领地，因此土司的对外交流受到了极大的限制，进贡就成了土司对外交流的重要机会。

---

① （清）张廷玉等纂修：《明史》，李克和等点校，岳麓书社 1996 年版，第 4652 页。

② 贵州民族研究所编：《明实录贵州资料辑录》，贵州人民出版社 1983 年版，第 13—14 页。

③ 贵州民族研究所编：《明实录贵州资料辑录》，贵州人民出版社 1983 年版，第 30 页。

（四）进贡是土司与中原进行贸易的重要途径

土司不能随便离开自己的领地，对外贸易也就受到了严格的控制，而进贡是他们与中原进行贸易往来的好机会。"成化十五年春正月甲戌，四川乌思藏辅教王南渴坚粲巴藏卜遣都纲沙加星吉等三百六十三人来朝，贡氆氇方物，宴赉如例。辅教王乞升沙加星吉等职，不允。沙加星吉等乞将赐赉物于湖广荆州境内市茶，人六十斤，许之。"① 乌思藏都司在今西藏，他们进贡要穿越大半个中国。进贡的队伍得到了应有的赏赐，按照明朝政府的惯例，这些赏赐价值几倍于原来的物品。不过这些赏赐物不是他们特别需要的物品，所以带队的沙加星吉要求准许他们在湖广荆州境内卖掉，再购买茶叶。茶叶在西藏特别值钱。政府允许他们每人购买 60 斤茶叶。这是一支 363 人的进贡队伍，每人 60 斤，总数是 21780 斤，等于是一个庞大的贩茶商队。进贡时他们带的是氆氇②，或许他们还夹带了一些私货。对于沙加星吉来说，此次进贡等于是做了一次十分赚钱的生意。他们的氆氇以高出于平常价格的几倍卖给了明朝政府，又用其所得换来了对于他们来说十分珍贵的茶叶。单单把氆氇从西藏运出来，卖到内地，再买回茶叶，商人们就要赚钱。而沙加星吉的进贡队伍将氆氇高价卖给政府，换回茶叶，又不需要出运费，甚至路上的食宿也有驿站解决，他们的贸易成本够低的了。

既能得到丰厚的赏赐，又能增加对外交流、对外贸易的机会，土司们就会尽量地争取进贡的机会。他们甚至不顾有关规定，千方百计地走上进贡的道路。越制进贡主要有两种情况：

第一，不当进贡时进贡。土司什么时候进贡，每次进贡应该带什么贡品，都有相应规定，不是想什么时候进贡就什么时候进贡，想进贡什么就进

---

① 黎邦正、刘重来、郑家福编：《明实录类纂·四川史料卷》，武汉出版社 1993 年版，第 856 页。
② 氆氇是藏族人民手工生产的一种毛织品，可以做衣服、床毯等，举行礼仪时也作为礼物赠人。

贡什么。"洪熙元年八月丙子，云南右布政使鲁坚奏：……又言'云南、四川两处，近岁多有土人土吏，或因告奸，或因公私事赴京，悉假贡马为名，所经官司，援例应付脚力、粮草。臣计云南马一匹，时值价银四、五两耳，凡应付所费倍之。且又挟私货，在余驱迫军民负载，暨到京，私事毕，朝廷与之赏赐，一马官偿数倍，又应付脚力回还，甚损民力。乞循洪武故事，有例进贡则应付，若私己事，皆不应付，果欲贡者，听其自行，亦革奸欺之一端也。'上悉令有司施行。"①"有例进贡则应付"，是说只在规定的进贡时间内进贡，驿站才负责提供马匹与食宿。"果欲贡者，听其自行。"如果想在规定的时间外进贡，就自己负责路费与食宿，驿站不负责接待。如果接待不在规定时间内的进贡，就容易产生各种假冒进贡的事件。这则材料说明，不在规定时间进贡的情况经常发生，甚至私事也假借进贡的名义，以达到乘驿的目的。进贡所得到的赏赐远远大于所贡物品，"一马官偿数倍"，说明赏赐丰厚，这是吸引土司进贡的最为直接的动力。

第二，超过规定人数进贡。土司进贡每次可以有多少人，也有规定，但是一同进京的人往往都有赏赐，而且进京也是一次难得的公费旅游，甚至还可以是一次赚钱的机会，捎带点私货，就可以小小地赚一笔。这是一举三得的好事，谁会不尽量争取呢？当然有资格去就要去，没有资格也要争取去。土司也想多带一点人，给更多的人获得赏赐、公费旅游和赚钱的机会。但是进贡的名额有限，土司就只有不断地突破名额，尽可能地多带人了。"洪武十六年冬十月己卯，乌撒军民府知府实卜等七百七十一人来朝。"② 乌撒就是今天贵州的威宁彝族回族苗族自治县，虽然是一个人口不少，面积较大的县，但一次七百七十一人的进贡队伍，也实在太庞大了，相当于今天县里的所有乡镇领导都在进贡队伍之中。

---

① 黎邦正、刘重来、郑家福编：《明实录类纂·四川史料卷》，武汉出版社1993年版，第92页。

② 黎邦正、刘重来、郑家福编：《明实录类纂·四川史料卷》，武汉出版社1993年版，第732页。

土司进贡队伍不断地突破规定,人员数量越来越大。"嘉靖三年六月己亥,杂谷安抚司等处送都纲剌麻头目番僧引旦藏等贡贺,抵京者一百六十七人,其存留境上者一千二百五十六人。"①杂谷安抚司在今四川阿坝理县一带,也是一个不大的土司,一次竟然带了一千四百二十三人进贡。因与规定出入太大,只放行了一百六十七人,另一千二百五十六人被留在了边境。不过,不是每次超过规定人数的进贡都会被严格地控制,"万历七年十一月丁卯,四川杂谷安抚司差都纲头目一千二百七十四名,各备珊瑚等物进贡"②。正因为进贡人数的规定执行得不严格,土司就会不断突破规定人数,反正不准走也不会有什么损失,而多放一人就是赚,何苦死守着规矩呢?这种不断越制的进贡不仅给沿途带来极大的负担,朝廷赏赐起来也有困难了。于是朝廷不得不进行一些限制。"嘉靖十五年正月庚午,长河西、鱼通、宁远等处军民宣慰使司差寨官桑呆短竹等各进贡,凡四千一百七十余人。诏以人数逾额,如例减赏,并下四川巡按御史逮治都、布、按三司官违例验进之罪。"③四千一百七十余人,不仅朝廷赏赐会出现困难,就是停留在京城的住宿都很麻烦。所以这次朝廷不仅下令减赏,而且要治相关官员的罪。尽管如此,进贡的队伍仍然很大,以致万历七年,杂谷安抚司的进贡队伍仍然有一千二百四十七人。

违例验进要治罪,为什么相关官员宁可被追究责任,也不拦下超过规定的进贡人,只让符合规定人数的进贡队伍出发呢?实际上,对于相关官员来说,他们面临着一个两难的选择,如果听任进贡队伍擅自增加进贡人数,他们可能要受到上级的追究;如果不听任进贡队伍随意超过规定人数,他们就要把超过的人员留下来,要负责留下来的人的食宿,要让这些留下来的人不

---

① 黎邦正、刘重来、郑家福编:《明实录类纂·四川史料卷》,武汉出版社 1993 年版,第 888 页。

② 黎邦正、刘重来、郑家福编:《明实录类纂·四川史料卷》,武汉出版社 1993 年版,第 907 页。

③ 黎邦正、刘重来、郑家福编:《明实录类纂·四川史料卷》,武汉出版社 1993 年版,第 892 页。

生事惹事，不骚扰当地居民，直到他们的同伴从京城回来，这可是一个非常大的负担，既有非常大的钱粮开销，又有非常艰巨的维稳责任。所以相关官员宁可事后被追究责任（而且不一定追究），也不愿承担留下进贡人员的巨大负担。"天顺四年九月甲申，四川三司奏：'比奉敕番僧等朝贡京师者，不得过十人，余悉留彼伺候。缘本处迩年荒旱，若悉留所余番僧伺候，动经数月，疲于供意。宜准正统间例，以礼宴待，发回各地方伺候为便。'从之。"① 这些留下来的人等待他们从京城回来的同伴，最短也是几个月，如果人少，还勉强坚持得下去，如果人多，就更让人受不住了。嘉靖三年，杂谷安抚司留下来的竟达一千二百五十六人，对于主管官员来说，其压力可想而知。

三、进贡对驿递制度的负面影响

进贡的诱惑，不仅是丰厚的赏赐，而且还可趁机夹带私货，沿途交易，或进京交易，货物都由驿递提供人力畜力负责运送，这极大地节约了货物的成本。

"其一，谓云南管解方物人员横滥太甚，往往擅作威福，凌虐官吏，多索夫马，乃至有进宝石而五十余扛者。各该官吏见系上供之物，无不照数应付。臣查宝石系珍贵之物，虽云南额进之数非臣所知，切意其必不能及此。"② 这是贵州巡抚萧端蒙的《议处驿站六事疏》谈到的情况。官员不敢随便查验上供之物，当然也就不敢不照数应付差役。但这已经不是一般的夹带了，一杠就是一个挑夫的一挑，一次进贡五十多挑宝石肯定不可能，这其中有相当部分属于私货。成化十五年，乌思藏都司沙加星吉的进贡队伍换回的茶叶也是私货。三百六十三人的进贡队伍，每人六十斤，总数是二万一千

---

① 黎邦正、刘重来、郑家福编：《明实录类纂·四川史料卷》，武汉出版社 1993 年版，第 843 页。

② （明）谢东山修，（明）张道纂：《贵州通志》，贵州省图书馆影印明嘉靖三十四年刻本，第 444 页。

七百八十斤，等于是一支贩卖私货的商队，甚至是一支规模颇大的商队。

四、进贡制度的负担

景泰四年八月甲辰，"巡抚湖广右都御史李实奏：'四川董卜韩胡宣慰司番僧、国师、禅师、剌麻进贡毕日，许带食茶回还。因此货买私茶至万数千斤，及铜、铁、磁、锡等器用，沿途多用人船载至成都，陆路起夫扛抬，且如邛县十里、名山县二里、营经县四里、雅州十里，其间半系僰夷土民，不惯肩挑，多是背负，送运不前，又令妇女扛抬，甚至四五百里之程，及其至日，诬以偷取茶物，逼令陪补。况山岭险峻，人烟稀疏，日则野行，夜则荒宿。以彼蛮夷淫秽之俗，乱我华夏淳美之风。又经过驿站，重索酒食，稍有不从，辄用兵刃伤人。虽有伴送千、百户，难于钤束。边民见进贡得利，故将子孙学其言语，投作番僧、通事，混同进贡。……'"① 李实的奏章反映了与进贡有关的若干问题：第一，进贡队伍返回时多带货物，带私茶至几千上万斤，还有铜、铁等器皿，用船载到成都，就要起夫扛抬，需要大量扛抬人员，以致要用妇女服役；第二，扛抬路程很长，甚至有四五百里；第三，妇女服役，可能出现伤风败俗之事；第四，进贡人员还会诬陷扛抬役夫偷取货物，逼令赔补；第五，骚扰驿站，肆意需索；第六，不服从伴送官员管理；第七，肆意伤害接待人员。李实的奏章描绘了一幅进贡人员肆意妄为的图画，他们可以带回大量私货，私货可以用政府的船只运送，政府安排挑夫挑送，挑夫挑到后，还诬陷挑夫偷货，再从挑夫身上赚一笔；沿途可以有很好的招待，稍不如意，还要伤人；如果是妇女挑货，还可能胁迫妇女满足自己的淫欲。这样的好事，怎么会不让人对进贡一事充满热情，心辄向往呢？正因为有利可图，边境地区的老百姓甚至要让自己的子女学习他们的语言，投靠他们，以使其能够成为进贡队伍中的一员。

---

① 黎邦正、刘重来、郑家福编：《明实录类纂·四川史料卷》，武汉出版社 1993 年版，第 808 页。

　　土司进贡的热情越来越高，进贡越来越频繁，进贡的队伍越来越庞大，进贡的物品也越来越丰富，矿产、木头、宝石、屏石、马、象，工艺品如氆氇、毡衫、刀等都可能成为贡品。一些看起来不会给驿站增加多大负担的贡品也可能成为驿站的大负担。如宝石，如前所述，就可能多达五十余挑。每个驿站都要准备五十余名挑夫，当然是一个不小的负担。但即使这样，这种负担都还不是最大的。如果贡马、贡象，沿途驿站就更不堪骚扰了。

　　洪武十五年二月，松潘安抚司酋长藏先结等贡马一百零三匹。一百零三匹马，一下子就能把一个普通的驿站挤得满满的，加上还有上百人乃至几百人的进贡队伍，马要吃草，人要吃饭，这对哪一个驿站来说，都是一个沉重的负担。《明实录》记载的一件事情很耐人寻味，"正统六年七月己酉，敕四川都布按三司曰：'今得董卜韩胡宣慰使克罗俄监粲奏，其所进语录经文已贮成都府兴福寺，马二百一匹，欲从保县前来，初杂谷瓦及谷敦之人伐树塞路，不容经过。乞差原管进马沈镇抚男羽等往彼接取。……'"[1] 董卜韩胡有二百零一匹马进贡，要经过杂谷瓦及谷敦等地，杂谷瓦及谷敦等地的人就砍树堵路，不让他们经过。阻挡进马队伍，不仅要得罪进贡的土司，同时还有得罪朝廷的风险，杂谷瓦及谷敦的人之所以这样做，是因为贡马的队伍会给他们造成很大的骚扰，这种骚扰是如此之大，以致他们宁可得罪进贡的董卜韩胡宣慰司，甚至宁可得罪朝廷，也不放他们经过。这还是一个地区，如果具体到接待的驿站，其难度就要更大了。

　　贡马如此，贡象则骚扰更大。《滇志》言："金之累在于本土，象之累在于客途。是役也，象人以为奇货，百相索也，百相应也。入其疆，如芒刺之在背，出其疆，如重负之息肩也。先其半载，于永宁具舟，盖此路平衍，舍此无他途。"[2] 身躯庞大的象，安顿起来本身就很困难，大象们不适应沿途的气候，热了要给他们降温，冷了要给他们保暖，总之，千万不能让他们

---

　　① 黎邦正、刘重来、郑家福编：《明实录类纂·四川史料卷》，武汉出版社1993年版，第808页。

　　② （明）刘文征：《滇志》，古永继校点，云南教育出版社1991年版，第212页。

生病。如果倒毙在驿站，驿站肯定脱不了干系。问题是，不仅象难伺候，赶象的人也难以伺候，"百相索也，百相应也。"他们要什么，驿站哪敢说半个不字。"入其疆，如芒刺之在背，出其疆，如重负之息肩也。"这不是某一驿丞的口气，而是地方官的口气，也就是说，贡象不仅成为驿站巨大的负担，就是象只经过的地方，地方政府官员也都十分小心，战战兢兢，如芒刺在背，生怕出了一点问题，而象只离开某地，某地的地方官就如释重负。地方官尚且如此，何况小小驿丞呢？

在明朝，四川是中原通往西藏、云南和贵州的重要枢纽，"乌思藏所重在僧，官亦僧为之。其贡道自川入，俗称喇嘛僧，动辄数百为群，联络道途，骚扰驿递，颇为西土之累"①。

第三节　不断逃亡的驿递夫役

西南驿递出现问题，几乎与驿递制度的设立同时。西南驿递体系建立时，就面临着朝廷几十万大军开往云南，给刚刚建立的驿递体系带来了巨大的压力，以致许多驿站建立不久，就出现了老百姓逃亡的情况。洪武十七年十月，"上谓兵部曰：'驿传所以传命而达四方之政，故虽殊方绝域不可无也。近闻贵州、黄平等驿甚为使者所苦，夷人不堪，其后窜入山林者众。而后部遇都司，凡经过使臣有非理者，必置之法，以警将来。'"②

乘驿制度的不断放宽导致乘驿官员、考生越来越多，土司朝贡的人员的增加，军事行动的增加，官员越来越腐败，都使得驿递制度面临着进一步的压力。老百姓不堪重负不断逃亡，地方官也对驿站的差役避之唯恐不及。明朝思州城反复迁建，就是典型的例子。永乐十一年，罢思州、思南二宣慰司，置思州、思南等八府。永乐十三年，知府崔彦俊筑思州府城，思州府城

---

① （明）王士性：《广志绎》，吕景琳点校，中华书局1981年版，第111页。
② 贵州民族研究所编：《明实录贵州资料辑录》，贵州人民出版社1983年版，第46页。

最先建于今岑巩县治，因位置偏僻，在正统十四年（1449 年）和嘉靖二十九年（1550 年），两次被苗民攻陷。嘉靖二十九年苗民陷城时，知府李允简亦被杀。隆庆二年，根据知府张子中的建议，思州府治迁到平溪卫。按理说这是一件好事。明朝贵州东部一带的苗民经常起事，思州、石阡等府因地处偏僻，经常受到攻击，现把府城迁到卫城，府卫同城，府城的安全就比原来有更大的保障了。但是思州府治迁到平溪卫后，因为地处冲途，平溪驿也设在这里，夫役一下子增加了许多，老百姓不堪忍受。在老百姓的一再呼吁下，万历五年，思州府治又迁回旧地。

"近城凤溪一长官，目今只数家，二代不袭，可见矣。比之宣德、正统间，环城百里之夷民，十亡八九。比之成化、弘治初，二三百里之夷，亦减六七。所不能逃者，赤身裸体，食草锄山，气息奄奄，死亡无数。"① 一个长官司的辖地，竟然只剩几家人了。老百姓大量逃亡，长官当起来也没有意义，以致两代长官都不去办理袭职手续。

老百姓在不断逃亡，卫所站堡的军人也在不断逃亡。"若层台站，额军二百九十六名，今止存一十八名，普市站额军三百六名，今止存六名，消乏十九，皆因各军既无屯田养赡，又无帮贴人户及给散官钱等项，止是月支米五斗，一面扛抬，一面顾马，又因而攀累铺军，并累逃亡，又被公差逼勒中火应付等项，贫困难当，各府后虽应当粮马，又被各驿官吏棍徒包当，指称川贵各省驿站均出。"② 要扛抬，要养马，还要被勒索，站军无法承受，大量逃亡，就会攀扯铺军，进而攀扯卫所军人，攀扯当地百姓。

老百姓与军人的大量逃亡，使驿站失去了夫役的来源。有的地方实在没有办法维持驿道的畅通了，只得又招募军人。如贵州重安卫站军全部逃亡，只得招募八十七名夫役。但驿站的夫役越来越重，招募的士兵也会有一天受不住。这时，驿递制度就面临着彻底崩溃的危险了。

---

① （明）刘文征：《滇志》，古永继校点，云南教育出版社 1991 年版，第 737 页。
② （明）万敏：《议处边府革马加粮事略》，转引自（明）谢东山修，（明）张道纂：《贵州通志》，贵州省图书馆影印明嘉靖三十四年刻本，第 448 页。

第四节　不断败坏的明朝吏治对驿递制度的影响

驿站为国家政权服务，最大的受益者是政府的各级官员，而率先破坏驿递制度的其实也是政府的各级官员。明朝初年，驿递制度执行得比较严格，"洪武三十年七月，驸马郭镇从辽东出差回来，私带榛子三扛，沿途擅用驿夫运送。朱元璋得知，令郭镇自备银两，给还驿夫工食。并敕兵部在山海、松亭等关，古北、旅顺等口，悬挂榜文，'凡公差人员，不许捎带松榛等物进口渡海，违者一二斤、三五两俱分尸号令，所过官司纵容，一体治罪。'""洪武三十年六月，驸马都尉欧阳伦，违反茶禁，多次走私茶叶出境，沿途骚扰驿递，虽大吏不敢问。有家奴周保者尤横，辄呼有司科民车数十辆，遇河桥巡检司，擅自垂辱司吏，吏不堪，以闻。帝大怒，赐伦死，保等皆伏诛。""经过严法治驿，故'驿递清乐，而里甲不扰'。"① 驸马都可以杀，其他官员自然不敢以身试法。但朱元璋、朱棣以后，明朝皇帝再无如此气魄与手段，吏治渐渐败坏，驿递制度也越来越受到影响。

各级官员凭借手中的权力，不断突破乘驿的规定，迫使政府不断放宽对乘驿的各种限制。如升职、离任的官员，原本不能乘驿，但这些官员不仅要求驿站应付，往往还会索要很多夫马，为了应对这些官员已经突破乘驿规定的事实，万历间贵州巡抚郭子章不得不对各级升职、离任官员的乘驿做具体规定。自然，这些规定仍然会被突破。

仅仅是突破规定，还不能说是吏治的彻底败坏，萧端蒙《议处驿站六事疏》提到的附带商货的情况，才是吏治败坏的典型："切见往来使客、滥用夫马，非其仆从之多、辎重之盛也。盖其阴受贿赂，附带商货故耳。自川湖来者虽有此弊，数犹无多，惟云南地方，素产奇货，其石屏、象牙、苏木之

---

① 刘广生主编：《中国古代邮驿史》，人民邮电出版社 1986 年版，第 264 页。

类，俱系违禁及重难对象，奸商黠贾，惮雇倩之为奢，乐途次之无滞，往往计赂过客，浼永夹带。而贪鄙之徒，利贾人之财，遂为容隐，妄称行李，概索军夫，驾托家丁，皆骑驿马，故经过官员有行李八十余扛者，有家属二三十人者。苟非潜夹，何以有此？中间虽有素黩货宝，囊箧本多者，要之惟附搭之弊为甚。"官员过往，多要几匹马，几个挑夫，违反相关规定，影响正常的驿递制度，但总算不失官员的体面。附带商货则不同。商人带的是违禁物品，或者商人就是为了节省运费，官员为了从商人那里分一杯羹，竟然置国家制度于不顾，置官员体面于不顾，实在是吏治极端败坏的表现。竟然能够带八十余杠行李，三十多个家属，就不怕别人弹劾自己贪墨？商人免掉的是运费，官员说到底是与商人合伙，贪污国家的运费。

萧端蒙的奏疏中还提到了中途改换关文、洗擦关文的情况，都说明许多官员的贪墨手段已经十分卑劣了。刘大直奏疏中说到行李重百斤以上者，这也是一些过往官员很卑劣的做法，因为行李的扛数有限制，他们就极力加大每一扛的重量。每人只能有二十扛，但每扛都有一百八十斤，实际上也就将近四十扛了。

"天顺元年五月癸未，初，景泰七年，遣灌顶国师葛藏，右觉义桑加巴等为正、副使，同答苍地面所遣剌麻沙加星吉等往封辅教王。光禄寺署丞祁全伴送至四川，买办牛、马等物驮载。指此为由，以一科十，伤财害民。上闻之，命四川三司同巡按御史将原给敕书奏缴，其正、副脚力等项，照例减半。仍官库收有之物，估计时价，给与两平，易买货物，不许科敛害民。"①祁全是伴送人员，要负责进贡队伍物品的运输与人员的运送，但他"以一科十"，借机敛财。这样的事例想来不会是一件两件。

因为吏治败坏，上级官员来往时，下级官员就会极力讨好，不辞路远，专程看望上司。尽量搜罗奇珍异物，献给上司；带着上司搜寻境内的奇山异

---

① 黎邦正、刘重来、郑家福编：《明实录类纂·四川史料卷》，武汉出版社 1993 年版，第 514 页。

水；尽量扩大接待规模，让更多的人陪同上级，给足上司面子……而这些做法也会导致驿站负担的增加。"正统二年八月，行在大理寺右少卿陈公干四川，回经安庆府同安驿，与通判孟克谐饮酒至夜（深），克谐倚势逞凶，逼开城门以归。事觉，六科十三道劾失大体，请置之法。上命姑宥之。"① 大理寺右少卿公干，通判与之饮酒至深夜，自是私情，但接待的却是驿站。而且，如果不是逼开城门，当不至于被弹劾。明明违了法，遭到了弹劾，仍然得到了皇帝的原谅。官员们要突破一点规定，逼勒驿站给予好的待遇，或是安然享受相关官员提供的好的待遇，也就十分正常了。

正德四年，主事苏民降为四川桐梓驿驿丞，因为他过关隘时多带人，并且打人。② 这倒是很好的惩罚，欺负驿丞，就让他去当驿丞。"明代官员多次发生驰驿官员打死驿丞事。正统五年，陕西右参政郝敬乘传过华清驿，驿丞张耕野未在驿，郝命从人到张家将驿丞捆绑，殴打至死。崇祯元年六月，山东益都金岭驿驿丞黄道，因不肯违例多支夫马，被土豪活活打死。"③ 驰驿官员完全不顾相关规定，横行霸道，直接造成了驿递制度的败坏。

吏治的败坏除了体现在官员们对驿站的直接搜刮上，还体现在官员们其他诸多方面对老百姓的百般搜刮，民国向楚所编《巴县志》载："据'王志'所载：巴县徭役，若驿传、铺司、若操兵、民壮，若门役、皂快，若禁卒、弓兵，若庙夫、斋夫、仓夫、库夫、船夫、渡夫、茔夫、灯笼夫及裱背、鼓吹、刷印等役，既层见叠出，而修河、运饷、工作（土木营造）诸事，复加派于额外。"④ 派不尽的徭役，收不完的钱款，千方百计，变着法子搜刮老百姓的钱财，老百姓生活越来越穷苦，他们承担驿递负担的能力也就越来越低，这就同样影响到了驿递制度。

① 黎邦正、刘重来、郑家福编：《明实录类纂·四川史料卷》，武汉出版社 1993 年版，第 489 页。

② 黎邦正、刘重来、郑家福编：《明实录类纂·四川史料卷》，武汉出版社 1993 年版，第 1031 页。

③ 刘广生主编：《中国古代邮驿史》，人民邮电出版社 1986 年版，第 282 页。

④ 巴县县志办公室：《巴县志选注》，重庆出版社出版发行 1989 年版，第 159 页。

宦官乱政是明朝后期政治的一个突出现象。明太祖朱元璋时，对宦官干政的现象有所警惕。但任用宦官，实在亦是朱元璋就已经开始了。永乐时期，许多宦官在"靖难之役"中背叛建文帝，为朱棣即位立了功，也因此掌握了更多权力。但洪武、永乐两朝，皇帝自握权柄，宦官危害不大。至英宗时，王振专权，对朝政影响颇多，尤其是几次征麓川，连年用兵，给西南地区的老百姓带来了极大的负担，贵州苗民纷纷起事，湘黔驿道贵州段一度完全闭塞。

成化年间，云南镇守太监钱能、王举向猛密索宝石不得，请朝廷征讨，造成了西南边地的动荡，亦给云南驿递带来了很大的伤害。

正德十年（1515 年），明武宗朱厚照派遣太监刘允到乌斯藏迎活佛，刘允从三峡进入四川，舟船相连二百余里，到达成都后，"日支官廪百石，蔬菜银百两，锦官驿不足，取傍近数十驿供之。治入番器物，估直二十万，守臣力争，减至十三万。工人杂造，夜以继日。居岁余，始率将校十人，士千人以行，越两月入其地"①。刘允的结局不论，单就在成都一年多时间，就几近使当地驿传崩溃。

第五节　藩王制度对西南驿递制度的影响

一、蜀王府与四川驿递

洪武十一年（1378 年），朱元璋封了六个王子，年仅 11 岁的皇子朱椿被封为蜀王。洪武十五年，朱元璋下达了修建蜀王府的命令。洪武二十二年，为蜀王到成都做准备，朱元璋又专门命户部运钞 30 万赴蜀府，以备赏赐。根据明朝制度，皇帝的嫡长子继皇位，其余众子分封为亲王，亲王的嫡长子继亲王位，其余众子分封为郡王，郡王的众子分封为镇国将军，其余依

---

① （清）张廷玉等纂修：《明史》，李克和等点校，岳麓书社 1996 年版，第 4921 页。

次为辅国将军、奉国将军、镇国中尉、辅国中尉、奉国中尉。亲王每年禄米万石，郡王二千石，镇国将军一千石，辅国将军八百石，奉国将军六百石，镇国中尉四百石，辅国中尉三百石，奉国中尉二百石，公主及驸马二千石。据王世贞统计，至万历时期，蜀藩共有亲王数 1，郡王数 7，将军数 46，中尉数 72，郡县主君数 56，合计 182 人。到明王朝后期，四川一年要为蜀藩提供十万石以上的禄米。明朝蜀王府还有大量的田产，至万历年间，成都附近州县的土地，百分之七十都是蜀王府的土地。蜀王府对驿递制度的影响主要体现在如下方面：

第一，四川要为蜀王府提供巨额禄米，极大地增加了四川百姓的负担，也相应地减弱了老百姓承担驿递负担的能力。

第二，蜀王府占有大量田产。尤其很多老百姓为了逃避官府的赋税与劳役，借助蜀王府的势力，还主动"投献"田产，这些田产不用交纳赋税，不用提供劳役。一些田产"投献"给了蜀王，免去了赋税与劳役，但赋税与劳役的总数不会变，这些赋税与劳役要转嫁到其他百姓的身上，这也使得老百姓的负担再度加重，承担驿递负担的能力再度降低。

第三，蜀藩人数众多，而四川地方官员照例应该出席其各种吉礼及丧礼，蜀府官员进京，朝廷遣官到蜀府，都直接成为驿递的负担。洪武二十三年十二月，蜀王之国，各处土官来朝，以致锦官驿太小容不下，只有改造。而丧葬更是给四川官员添加了不少麻烦。"亲王丧，辍朝三日，礼部遣官掌行丧葬礼，翰林院撰祭文、谥册文、圹志文，工部造铭旌，遣官造坟，钦天监官卜葬，国子监监生八名报讣各王府。御祭一，皇太后、皇后、东宫各一，在京文武官各一。自初丧至除服，御祭凡十三坛，封内文武祭一。"成化十三年，四川按察使彭韶上奏："亲王、郡王薨逝，皆遣官致祭，缘各府事殷，使臣络绎，人夫劳扰。"希望改派本地官员。官府都承受不了，驿递受到的骚扰就可以想见了。

第四，蜀藩与朝廷的来往频繁，直接成为驿递的负担。尤其藩王府的不法官吏，更是经常敲诈勒索，骚扰驿递。

二、木府与云贵驿递

"还在正统四年前后，沐英家族就已经占有'圃墅田业三百六十处'，沐晟因此对人夸耀说，足够全年'日食其一'。再至万历三十八年前后，周嘉谟向明神宗朱翊钧上了一道《查庄田册疏》说，沐氏庄田之在云南靠内各府、州、县境内者，已达八千三十一顷三十七亩之多。甚至红河南岸土司区'猛纵横四百余里'的地方，亦被沐氏圈为'勋庄'。"① 八千三十一顷三十七亩是什么概念呢？据《滇志》记载，云南一省的官民田地是六万九千九百三顷八十九亩七毫零，沐英一家的田地占了云南一省的近八分之一。临安府的官民田地是八千七百六十四顷一十八亩八分，只比沐英一家的田地略多一点。永昌府只有二千三百多顷，楚雄府只有五千多顷，蒙化府只有二千多顷。亦即稍微小点的府，要三个府合起来才与沐英一家的田地差不多。如果算上红河南岸土司区的四百余里勋庄，沐英一家的田地占云南的四分之一到三分之一。沐英家族还先后掠夺和积藏了珍宝二百五十多库，每库五十箱，每箱重百斤以上，其中有赤金、落红、马蹄、丹砂等等。② 如此强的搜刮能力，就意味着云南的百姓承担了非常巨大的负担。而老百姓负担的加重，就直接影响了老百姓承受驿递负担的能力。

第六节　不断动乱的社会对明朝驿递制度的毁灭

有明一朝，西南地区一直不很平静，动乱不断，而到明朝末年，这种动乱越来越频繁。动乱带给了驿站危险，增加了驿递的负担，最终不仅动摇了明王朝的统治，也带来了明朝驿递制度的彻底毁灭。

---

① 尤中：《云南民族史》，云南大学出版社 1994 年版，第 415 页。
② （明）周嘉谟：《查庄田册疏》，转引自尤中：《云南民族史》，云南大学出版社 1994 年版，第 418 页。

洪武十八年（1385年）四月，思州苗民起事；九月，洞人吴面儿起事。洪武十九年正月，傅友德等讨平云贵地区的叛乱；六月，平越麻哈苗民起事。洪武三十年，水西发生叛乱，镇远侯顾成讨平；三月，古州土人起事，龙里千户吴得、镇抚井孚被杀。洪武年间，贵州几乎每年都有两起以上的少数民族起事。

正统十四年，因王骥征麓川，云贵地区普遍受到骚扰，不堪骚扰的老百姓纷纷起事。二月，邛水苗民攻陷思州府；草塘苗民攻陷石阡府，知府胡信被杀。随后，苗民相继攻陷平越卫、黄平千户所、思南府。七月，苗民攻陷赤水卫城，都司张祥被杀。

成化三年，山都掌百姓起事，兵部尚书程信统川、湖、云、贵四省兵讨平。永宁州打罕土司韦阿礼叛乱，调广西泗城兵讨平。

嘉靖二十九年，起事苗民先后攻陷思州府和石阡府，思州府知府李允简被杀。

万历二十七年，播州宣慰使杨应龙叛乱，先后攻下綦江县、龙泉长官司等地，都司杨国柱，龙泉司长官安民志，参将杨显，守备陈云龙、阮士奇、白明逵，指挥杨续芝等先后战死。二十八年六月，播州平定。播州之乱，贵州多地残破。

天启年间，水西土司安邦彦与永宁宣抚司奢崇明叛乱，云贵川三地受祸。贵阳被围达十月之久。

在四川，洪武二十一年，先是麓川思伦发起事；六月，东川少数民族起事；九月，越州土官阿资起事。

在云南，万历十一年十月，陇酋岳凤、耿酋罕虔与缅人相连，起事；十一月，孟养、猛密、车里、八百等兵入犯。

有时，驿站甚至成为被直接攻击的对象。“普安军民指挥司屡言百夫长密即叛，杀屯田官刘海、尾洒驿丞余成及试百户杨世杰，劫夺驿马、焚馆舍。"① "萧美，土沱驿丞，骂奢贼遇害。"② 一些驿站建在城中，安全系数要高一些。一些驿站并未建在城中，没有军队保护，一有动乱，驿站的安全就完全失去了保障。

持续不断的战乱，带给各驿站巨大的负担。驿站除了要承担运送军粮、急送公文战报等巨大负担以外，还受到军官的骚扰。正统年间，麓川之役时，总督等官"不体朝廷之心，苟安偷利，行李二百扛，用夫五六百人，声势喧哄，沿途劳扰"③。而如播州之乱、水西与永宁土司之乱，更是旷日持久，几乎给驿递制度毁灭性的打击。多次战乱之后，大明王朝气数已尽，明王朝的驿递制度也随之成为历史。

---

① 贵州民族研究所编：《明实录贵州资料辑录》，贵州人民出版社1983年版，第292页。

② （清）霍为桑等修，（清）熊家彦纂修：《巴县志》卷二，清同治六年刻本。

③ （明）詹英：《陈言征麓川状略》，转引自（明）刘文征：《滇志》，古永继校点，云南教育出版社1991年版，第734页。

第八章　西南驿递制度与西南社会

第一节　扩大了明王朝的民族交流

一、促进了明王朝与西南邻邦的交流

西南驿递制度完善后，明王朝与西南邻邦交流日益频繁，明朝的宝石主要从猛密（今缅甸蒙米特）一带采买，猛密以南有宝井，是重要宝石产地。从腾冲经陇川、猛卯（今瑞丽），沿瑞丽江而行，经猛乃、猛密、宝井（今缅甸抹谷），可以到缅甸王城阿瓦（今缅甸曼德勒）。由阿瓦继续南行，可以到达洞吾（今东吁）、摆古（今缅甸勃固一带）。这条道路是明朝从腾越入缅的重要道路，被称为贡道上路。从景东经者乐、镇沅、普洱等地至车里，然后分道，一条西南行至八百媳妇，继续往西至摆古，一条东南行至老挝宣慰司（今老挝博琅勃拉邦），这条道路被称为贡道下路。

干崖，旧名干赖睒，"永乐三年，干崖长官司曩欢遣头目奉表贡马及犀、象、金银器，谢恩，赐钞币。五年，设古刺驿，隶干崖。曩欢复遣子刀思曩朝贡，赐赉如例。自是三年一朝贡不绝。"① 干崖长官司在今云南盈江县。

"八百，世传部长有妻八百，各领一寨，因名八百媳妇……洪武二十一年，八百媳妇遣人入贡，遂设宣慰司。二十四年，八百土官刀板遣使贡象及

---

① （清）张廷玉等纂修：《明史》，李克和等点校，岳麓书社 1996 年版，第 4648 页。

方物。……自是及永乐初，频遣使入贡，赐予如例。永乐二年，设军民宣慰使司二，以土官刀招你为八百者乃宣慰使，其弟刀招散为八百大甸宣慰使。"八百媳妇在今缅甸掸邦东部。整个明朝，八百媳妇基本上保持着对明政府的朝贡。①

景东土司曾一次贡象达 500 头，象奴达 300 人。从临安有驿道经蒙自，接红河水道出越南。

驿递制度的完善，贡道的畅通，促进了明王朝与西南邻邦的交往，并促进了很多民族部落最终与中华民族的融合。

二、促进了明朝中央政府与西南地区各民族的交流

（一）促进了中央政府与四川各民族的交流

明朝以前，藏族地区与中央政府的来往，都是经青海、甘肃，这是旧时的唐蕃古道。明朝起，由四川入藏成为主要道路。明代入藏通道的具体线路，是由成都至雅州、碉门、鱼通，或经黎州进入藏区。

洪武二十年，明太祖遣使臣招抚长河西、鱼通、宁远诸处，并采纳使臣建议，改善这些地区的交通状况。碉门至岩州，量地理远近，均立邮传。永乐五年，命阐化王与护教、赞善二王，必力工瓦国师及必里、朵甘、陇答诸卫所、川藏诸族，复置驿站，通道往来。永乐十二年，派中官杨三保为使臣，令阐化、护教、赞善三王与川卜、川藏等共修驿站。诸未复者尽复之。自是道路毕通，使臣往还数万里，无虞寇盗矣。其后贡益频数。②

明朝时，川西北的藏族主要聚居在松潘与朵甘，松潘约相当于今天的阿坝藏区，朵甘约相当于今甘孜藏区。明王朝沿袭元人的办法，继续用喇嘛教笼络民心，凡元朝法王后裔来朝者，都给予优厚的赏赐，对其所推举的人员，也都授予官职。政治上的互相信任也促进了经济上的进一步交往，输入

---

① （清）张廷玉等纂修：《明史》，李克和等点校，岳麓书社 1996 年版，第 4664 页。
② 陈世松主编：《四川通史·元明卷》，四川人民出版社 2010 年版，第 386 页。

藏族地区的主要商品是茶叶，"秦蜀之茶，自碉门、黎、雅抵朵甘、乌思藏，五千余里皆用之，其地之人，不可一日无此"，布匹、瓷器、铁器、铜器及各种日用品都受到藏区的欢迎。藏区以马匹、氆氇、皮毛、藏香、酥油等作为交换。朝贡也是藏区与内地贸易的一种方式。由于驿道的畅通，土司头人与上层喇嘛的朝贡队伍络绎不绝。

明朝四川境内的少数民族主要有岷江上游地区的羌族，明王朝在这一地区实行土司制度。由于明王朝与藏民族的交往大大增多，汶川、茂州、保县等地已经由纯粹的军事政治要镇而发展成为物资交流集散的中心，许多汉族商贩和农民逐渐来到这里安家落户，羌民与其他各族人民的交往日益增多，先进的生产工具与生产技术亦随之传到这一地区，极大地推动了羌区经济的发展。

四川的彝族元明时称为罗罗。明王朝在彝族地区设有建昌卫土指挥使司、建昌土知府、马湖土知府及一些长官司，还有很多关堡、驿站，明朝在这一地区大量设立卫所，开设军屯、民屯。随着大量屯田军民进入凉山，耕地面积不断扩大，内地先进的生产技术被引进，这一地区的经济得到了很大发展。洪武十七年，景川侯曹震开通眉州至建昌的古驿道，"'四川至建昌驿道所经大渡河，往来之人多死于瘴疠。臣问诸父老，自眉州娥（峨）眉至建昌有古驿道，平易可行，无瘴毒之患，而年久蔽塞。已令四川军民乘此闲暇之时开通此道，以温江至建昌各驿马移置峨眉新驿为便。'俱从之"。洪武二十一年十月，又增置四川建昌府九驿。① 建昌是云南与四川交流的重要通道，从黎州沉黎驿，经建昌地区的泸沽马驿（建昌北）、龙溪马驿（建昌北）、泸川马驿（建昌东）、自白水马驿（建昌南）、禄马马驿（建昌南）、达阿用马驿（建昌卫治），由阿用马驿往南，路通云南武定府。"自四川永宁驿（今四川叙永）开始，经普市驿（今叙永普市）、摩尼驿（今叙永摩尼）、赤

---

① 黎邦正、刘重来、郑家福编：《明实录类纂·四川史料卷》，武汉出版社1993年版，第1233页。

水驿（今毕节川黔交界处）、阿永驿（毕节县境）、层台驿（今毕节层台）、毕节驿、周泥驿（在今毕节与七星关之间）、乌撒在城驿（今威宁县城）、黑张驿（今赫章县）、瓦甸驿（今赫章与威宁间），然后到云南倪塘驿、可渡驿而达曲靖。"① 亦是连接四川与云南的一条重要通道。随着驿道的开通，各民族的交流也得到进一步发展。

四川东南是土家族的聚居地，有酉阳、秀山、黔江、彭水和石柱五个自治县，现属重庆直辖市管辖。这一地区明朝并未设立驿站，但由于湘黔驿道的贯通，重庆与湖广水陆驿道的贯通，这一地区与外界的交流亦更为方便，且整个明朝，这一地区的土司采取了与朝廷积极合作的态度，他们积极出兵，参与明王朝的很多军事行动，主动朝贡，争取更多的朝廷支持，这也使得土家族与其他各民族的交流更为频繁。

播州宣慰司亦是多个少数民族的聚居地。明代开通了重庆至贵阳的驿道，从百节马驿，经白渡驿、东溪马驿（綦江南），安稳马驿（綦江东南）、松坎驿（桐梓北）、桐梓驿、播川驿（桐梓城）、永安驿（播州北）、湘川驿（遵义）、乌江驿（播州西）、养龙坑驿、底寨驿、札佐驿至贵阳。此外，从播州宣慰司还可以经余庆、白泥到达黄平，上湘黔驿道。播州宣慰使长时间与明王朝中央政府保持着良好的关系。洪武五年，播州宣慰使杨铿首度向明王朝进贡后，播州宣慰司的贡使即络绎不绝。明王朝还经常征用播州土兵。驿道的贯通，与明王朝的广泛联系，都使得播州地区的各个民族与其他地区的其他民族有着广泛地交流。

（二）促进了中央政府与贵州各民族的交流

镇远至平越（今福泉）一带，以前大多是"生苗"控制区域，不仅朝廷无法与之进行联系沟通，就是土司对这些地方也不熟悉。驿道的开通给贵州各民族的交流带来了大的便利。黎平至靖州驿道的开通，使得今贵州黔东

---

① 《贵州通史》编委会编：《贵州通史》第 2 卷，当代中国出版社 2003 年版，第 127 页。

南地区的交通条件得到了极大的改善，黎平府及今榕江、剑河一带的广大地区，是今侗族、苗族的聚居地，由此驿道经靖州，即可达内地。驿道的开通，使得这一地区与湖广的联系被接通了。

今贵州黔南布依族苗族自治州亦是少数民族聚居地，明朝政府在这一带设立了都匀、邦水、平浪、平州六硐、九名九姓、陈蒙烂土、丰宁等长官司，黔桂通道正穿越这一地区，从平越驿往南，经都镇驿（今都匀市北）、来远驿（今都匀市南），通过独山州、荔波县，到达广西庆远府（今广西宜山）。黔桂通道与湘黔驿道相连，黔桂通道的开通，使这一地区的少数民族得以与其他民族有了更多的沟通。

水西土司是明朝的大土司，其领地包括今毕节市、六盘水市的大部及安顺市、贵阳市的部分，四川省叙永县、古蔺县的部分，还包括今云南威信等地，贵州黔西南、遵义市等地的零星土地。这一地区是以彝族为主的少数民族聚居地，滇黔驿道的贵州段，几乎贴着水西土司的边地，有时甚至穿过水西土司的领地。水西土司还有龙场九驿贯通其境内，有由龙场九驿连接的川黔驿道西线，有由贵阳经养龙坑驿至播州，连接四川与贵阳的川黔中线，还有云南与四川连接的驿道。滇黔驿道、川黔滇驿道、川黔驿道中线及川黔驿道西线，在水西土司领地内构成了两纵两横的驿道格局，这就极大地方便了水西土司领地内的广大少数民族民众与外界的交流。

（三）促进了中央政府与云南各民族的交流

明朝实行军屯、商屯与民屯，大量汉族人口进入云南，使得很多地方的汉族人口超过了少数民族，而原来一些少数民族聚居的地区成为多民族杂居地。明朝后期，白族的聚居地就被压缩到了大理府一带，其余各地都成了散居区。大理处在昆明至金齿的驿道上，洱西驿就在大理府城南，也在昆明至丽江的驿道上。金齿继续往西南行，过腾冲，可达孟密、孟养、陇川等地。从大理到丽江，再往北，是通往藏区的重要道路。因为处于两条驿道的交汇点上，大理白族得以和其他各民族进行广泛的交流，白族的经济文化得到了很好的发展。

西南的彝族主要聚居在曲靖、乌蒙、乌撒、越嶲、水西一带。在明朝，乌撒、乌蒙、越嶲都划归四川，水西划归贵州。云南的彝族主要聚居在曲靖府、寻甸府、武定府等地，曲靖、寻甸都在云南经四川乌撒、贵州毕节、赤水至四川永宁的驿道上，这是四川连接云南的主要通道，也是云南重要的出省驿道。从昆明经武定，到达建昌卫的阿用驿，也是云南与四川的一条交通要道。这两条重要通道经过彝族的广大地区，使彝族与其他民族的交流得以扩大。整个明朝，彝族土司与朝廷的关系一直比较复杂。大多数时间里，这些土司都与朝廷保持着较好的关系，但也常常起事，反抗明王朝的统治。在彝族土司与朝廷关系很好的时期，彝族土司通过朝贡、助兵等途径，得以扩大与外界的交流；但与朝廷对峙的时期，彝族百姓与外界的交流就被割断。

纳西族在明朝时被称为"么些"，丽江是纳西族的主要聚居地。洪武十六年，纳西族木得被任命为丽江府土知府。丽江是云南茶马的通道，"茶马西道：始于六大茶山，经思茅、宁洱、景谷、景东、南涧和弥渡等 13 个驿站进入下关，再分两路，一路经保山入缅甸、印度，另一条向西北而行，经大理、丽江、中甸（今香格里拉县）、德钦到拉萨，再到尼泊尔、印度，史称茶马大道"①。明朝设有丽江府至大理府的驿道，这一驿道的开通，使得丽江与昆明、与明王朝的联系得到加强。洪武十六年，丽江诸部落头目一次就贡马一百二十七匹；十七年，丽江知府木得再度贡马。纳西贵族频繁进贡，物质上得到了朝廷丰厚的赏赐，政治上也得到了朝廷的大力支持。永乐六年，朝廷发放三千一百八十石小麦，赈济丽江府饥民；永乐十年，朝廷再次赈济丽江饥民。

哈尼族在元朝写作"斡泥"或"禾泥"，明朝多作"窝泥"。明初窝泥族的主要聚居地在临安府、元江府一带，即今红河、元阳、金平、文山、绿

---

① 李娅玲：《普洱文化通论》，云南人民出版社 2009 年版，第 104 页。

春、元江、思茅等地。明初，朝廷在这里设立了思陀、溪处、亏容、左能、教化三部、纽兀等长官司。明朝在元江府设有因元驿，从因元驿向西南行可以到达普洱，继续向西南行，到达八百媳妇（泰国北部）、老挝。从临安有驿道经蒙自，接红河水道出越南。元江府处于西南贡道上，元江府土官亦频繁进贡，与明朝廷保持着良好的关系。洪武十七年，永乐三年、九年、十二年及正统元年，元江府都先后遣使贡象、马、方物。嘉靖三十二年（1553年），元江首领那恕贡象12只；永乐十二年，平缅宣慰使思征发一次贡马600匹。临安府处于云南与越南联系的重要通道上。明朝时，亦完善了驿递制度，"明洪武十三年，站赤改为驿站，至十五年，临安府以60华里为度，在重要适中地区设驿站。临安府蒙自县设蒙自驿、梨花驿；建水州设新建驿（州东城外）、曲江驿（今曲江镇）；石坪州设宝秀驿，阿迷州设阿迷驿、罗台旧驿、矣马洞驿；广西府城设在城驿。在次要道上设堡、铺，铺与铺之间相距10至40里以上不等，形成传递文报网络。临安府未设堡而设铺，建水州设11铺，石平州设7铺，阿迷州设4铺，广西府（即今泸西）设1铺，弥勒州设2铺"[1]。哈尼族聚居地区驿道的开通，加强了哈尼族人民与外界的交流。

随着明朝在云南的开发步骤加快，云南很多少数民族地区都设置了驿道。栗粟族在明朝称为"栗些"。栗些的分布区域在北胜州至云龙州一带。永乐二年，在北胜州设澜沧驿与清水驿。由宾川渡江至北胜、滇蒗，可通盐井卫。

第二节　促进了西南地区经济的发展

西南驿递制度的完善，加强了西南地区与内地的交往，随着交往的频繁

---

[1] 云南省红河哈尼族彝族自治州志编纂委员会：《红河哈尼彝族自治州志》第2卷，生活·读书·新知三联书店1997年版，第11页。

和交往规模的扩大，物资的交流也因之得以扩大，西南地区的经济发展亦得到了促进。如四川的茶叶、盐业生产，贵州的农业、种植业生产，云南的采矿业发展，都与驿递制度的完善有着直接关系，本节主要谈谈四川的茶叶与贵州农业的发展。

一、四川的茶叶生产

明朝西南驿递制度的完善，使西南边境的进贡队伍得以顺利进入内地，西南驿道的畅通，意味着西南贡道的畅通，而进贡队伍的源源不断意味着西南地区与中原地区的贸易交流持续不断。进贡队伍或常常夹带私货，或得到批准允许进行一些贸易，激发了内地与边疆地区贸易的进一步发展。在特定的背景下，这种与进贡联系起来的贸易对经济发展的促进作用甚至非常之大，远比其他促进经济发展的方式更有成效。明朝川藏地区的茶叶贸易就是如此。

宋代四川是全国茶叶产量最多的地方，北宋时一年约三千万斤，"估计南宋时期四川的全部产茶量大致亦接近北宋时期年产茶三千万斤的水平"[1]。但在明朝，规模有较大的缩小，"明代川茶的总产量约在 6—8 万担之间"，一担一百斤，6—8 万担，即六百万至八百万斤。这与两宋相比，减少的幅度是非常大的。为什么茶叶生产会出现如此大的滑坡呢？一方面是因为宋朝末年与元朝末年的战乱，造成了人民的大量死亡，茶叶生产受到了极大的影响；另一方面是因为明朝的茶叶生产政策。明朝需要大量军马，而藏区需要茶叶，为了加大藏区对茶叶的依存度，使明政府在茶马交易中得到更多实惠，能够用更少的茶叶得到更多的马匹，政府实行"贱马贵茶"的政策，即有意提高茶叶的价格，压低马匹的价格。"宋元以来，碉门民间茶马比大约为每匹马换茶一千七八百斤左右。洪武二十二年以前，雅州茶马司按传统比价易马'每勘中马一匹，给茶一千八百斤'……洪武二十二年，硬性规定碉

---

[1]　贾大泉、陈一石：《四川茶业史》，巴蜀书社 1989 年版，第 38 页。

门地区的茶马比价。'诏茶马司仍旧，惟定其价：上马一匹，与茶一百二十斤；中马，七十斤；驹马，五十斤。'"但这一做法打击了藏民以马匹换茶叶的积极性，藏民不愿意再与政府交易，以致长时间里，政府专门设置的茶马司买不到什么马匹。"永乐八年，茶马司不得不自动取消官定茶马比价，以平均每匹马1186斤茶的比价，换取七十余匹老弱瘦马。"① 为了抬高茶价，明朝政府还以引额的方式，限制茶叶的生产，即给某地多少茶叶指标，超过指标的茶叶就不在官方许可收购的范围之内。明朝政府又极力打击茶叶的私贩。茶叶生产受到了极大的影响，使得明朝四川茶叶生产远远不及两宋时期。

但是，硬性的禁止始终无法阻止实际的需要，官方交易的比价无法让藏民满意，藏民们就千方百计地与私商交易。官方的比价与实际需要的比价过于悬殊，这就给了私商们极大的利益空间，茶商们因此可以获得高额利润。在高额利润的驱使下，私商偷运茶叶，官员、军人家属也偷运茶叶，进贡的少数民族头领、使节及随从也都偷运茶叶。茶叶的偷运，一定程度上促进了茶叶的生产。"在分析明代川茶产量时应考虑其'私茶盛行'的背景，加上城乡居民自产自用，未通过纳引征税的部分，其数量是不小的，估计不下二、三万担。因此，明代川茶的总产量约在6—8万担之间。"② 总产量6—8万担的茶叶中，大约二、三万担是私茶，私茶的比重占了三分之一。洪武三十年（1397年），乌思藏贡使私购茶叶返藏，被关吏扣押，朱元璋诏令免于处理，这使得贡使们贩运茶叶有了合法的先例。正统四年，僧人温卜什夏坚藏要求允许购茶六千斤返藏；正统六年，僧人星吉坚粲等要求市茶二万斤返藏。

在给进贡人的赏赐中，茶叶是重要的一项。一些进贡人甚至非常明确地要求赐与茶叶或食茶勘合（即提取茶叶的凭证）。"西番弘化寺剌麻领占坚

① 贾大泉、陈一石：《四川茶业史》，巴蜀书社1989年版，第111—112页。
② 贾大泉、陈一石：《四川茶业史》，巴蜀书社1989年版，第151页。

参巴藏卜奏，为乞讨食茶勘合事：臣本处山高水大，外夷去处，无有食茶。望朝廷可怜见，乞赖礼部给与勘合，前去湖广关支食茶，回还本处祝延圣寿，补所便益。"①　成化时期，藏族贡使对茶叶要求甚切，朝廷规定按入贡路线每人赐给食茶五十至六十斤。弘治三年（1490 年），朝廷规定食茶勘合就近在四川茶库领取。

正因为贡道的畅通，私茶与官茶的并行，使得明代四川的茶叶生产虽然不及两宋时期，但仍然保持了一个不错的水平。

二、贵州农业的发展

明朝贵州的农业得到了很大的发展，这直接得益于两个方面：一是驿递制度的完善，二是卫所屯田制的完善。贵州农业生产发展的一个重要标志是土地的开发利用有了长足的发展，这一结果最直接的原因是卫所屯田制的完善。卫所的屯军，原来都是中原地区的军民，到贵州以后，三分守城，七分屯田，贵州境内包括由湖广都司管辖的几个卫所，共有屯田 120 万亩以上。但是卫所屯种的收益一开始并不明显，贵州卫的屯田亦是刀耕火种，收获不多。随着牛耕技术的逐渐推广，贵州农业生产才有了长足的发展。徐霞客到贵州时，发现贵州的牛耕技术已很普遍，比桂西北要进步得多。牛耕技术的普遍应用，是贵州农业发展的另一个重要标志。而牛耕技术之所以能够普遍应用，得益于驿递制度的完善。洪武二十年九月，"湖广都指挥使司言：'前奉诏以靖州、五开及辰、沅等卫新军选精锐四万五千人于云南听征，今又令市牛二万往彼屯种，请令诸军分领以往，庶免劳民送发。'从之"②。从这一则资料可以看出，云贵两地屯种所需耕牛，很多从湖广地区引进。而要满足屯军对耕牛的需要，驿道的畅通是一个必要条件。尤其这些卫所大多建于同一时段，这一时段对耕牛的需要量也就很大。

---

① 贾大泉、陈一石：《四川茶业史》，巴蜀书社 1989 年版，第 161 页。
② 贵州民族研究所编：《明实录贵州资料辑录》，贵州人民出版社 1983 年版，第 53 页。

　　牛耕技术的推广为水稻的栽培提供了条件。安顺州、程番府都是重要的产米区。玉米原产美洲，明朝嘉靖年间传入中国，"万历年间郭子章所撰《黔记》中尚不见贵州有种植玉米的记载，而清初爱必达所撰《黔南识略》颇多记载，故推断包谷传入贵州的时间在明末清初。包谷传入贵州，对开发山区具有重大意义，因其耐旱高产，很快在各地推广，成为杂粮的大宗。洋芋大概也在这一时期传入贵州"①。贵州的气候与地理条件特别适合玉米与土豆的生长，土豆的产量又高，土豆传入贵州，对贵州粮食产量的提高具有重要意义。玉米、土豆的传入，与驿道完善有着密切的关系。

第三节　促进了西南地区文化的发展

　　驿递制度的完善能够促进地方文化的发展，原因有多方面。

　　第一，驿道畅通，交通便捷，使得来往人员增多，来来往往的人之中，有富甲一方的商人，有呼风唤雨的官员。对于祖祖辈辈靠土地或山林为生的农牧民来说，这些来往官员或商人所表现的是一种完全不同的生活状态，是一种足以让他们羡慕而又向往的生活状态。"朝为田舍郎，暮登天子堂。"科举制度给普通人追求这种生活状态带来了可能。通过读书改变自己的生活状态，成为当地人的一种新追求。而且，这来来往往的官员中，可能就有出身普通甚或贫寒，而通过读书改变自己命运的榜样，这就会更加激发当地人的读书热情。

　　第二，经过当地的官员住在驿站，要与当地人发生或这或那的交往，尤其是当地人要给他们抬行李，为他们牵马，在明清两朝，所有的官员都是读过书的文化人，这些读书人在与当地人交往的过程中，也会有意无意地成为文化的传播者，从而促进当地文化的发展。

　　第三，驿丞也会成为文化的传播者。驿丞虽然文化不一定高，但与祖祖

　　① 《贵州通史》编委会编：《贵州通史》第2卷，当代中国出版社2003年版，第208页。

辈辈务农或放牧的人相比，同样是地地道道的文化人，他们需要大量地与当地人交往。给当地人派劳役；从当地人那儿买菜，买土特产；驿站有些小的维修，可能还会请当地人帮忙。通过这些频繁的交往，他们可能与当地人产生深厚的友谊，成为当地青年的老师。

第四，由于西南驿站很多处于未曾开发的地区，驿站本身可能是当地最为集中的建筑群，当地人要来这里服役，将土特产和蔬菜卖到这里，所以驿站就会成为一个地方的交流中心。而来往的官员本身是有文化的人，对外面的世界知道得更多，驿丞也是有文化的人，当地人既会来这里交流物品，也可能专门来这里打听事情，了解形势，学习文化，这就使得驿站也成了当地的文化传播中心。即使同是府州县治，处于主要驿道上的城市也会因为交通方便，文化交流活动更多，而文化更为发达。明朝科举考试的成绩就是这样，科举成绩好的城市往往都在交通相对发达的地方。

文化发展的具体表现有多种形式，但在当时，主要体现在三个方面：一是读书人的增多，一些地方甚至形成了知识分子群体，这在文化不发达的地区是一个巨大的变化；二是科举成绩不错，一些地方甚至形成了官宦世家，如贵州普安的蒋家、邵家，清平的孙家，新添的丘家；三是社会风气的改变，读书人增多，官宦世家的形成，也极大地改变了社会风气，青年价值取向改变，不再讲狠斗勇，而以读书中试为荣，这造成社会风气的极大变化。如平越府"俗尚威武，渐知礼义"，镇远府"风气渐开，人文丕振，游宦者安之"。[①]

一、四川驿道沿线文化发展概况

万县是四川东部的重镇，亦是水陆交通要道，当时从万县向西放射的线路有五条：顺长江，经忠县、丰都、涪陵、长寿而至重庆；经梁山、垫江、

①　（明）郭子章：《黔记》，赵平略点校，西南交通大学出版社 2016 年版，第 189、191 页。

长寿而至重庆;经梁山、大竹、渠县达成都;经开江至达州,直通巴中一带;经开县而达宣汉一带。此外,从利川、恩施,从湖南龙山,从贵州正安,从陕西安康,都有驿道与万县相通。① 明朝万县有进士 5 人,举人 26 人。②

长寿是重庆府的重要门户,北经邻水到达顺庆府,西北经垫江通梁山、达州,水道上通重庆,下抵万县。明朝长寿有进士 33 人,举人 110 人。③

綦江县北通江津,东与南川相接,是播州宣慰司入川的重要关口,也是连接巴县与贵阳的重要关口。明朝綦江县有进士 4 人,举人 26 人。④

奉节县是进入长江三峡的关口,既是水路出川的重要一站,也是陆路出川的重要通道,还可以经建始到达湖广施州。明朝奉节县有进士 6 人,举人 32 人。⑤

宜宾在明朝为叙州,是川、黔、滇三省的交汇地,也是金沙江、岷江与长江的交汇处,地理位置十分重要,明朝在这里设有叙南卫。宜宾县所属有四驿,汶川、宣化、月波、真溪,各设驿丞一员。东路"与南溪县瓦子铺交界",再往东经泸州,达巴县;往北达富顺、自贡、隆昌、内江等地;南路"与庆符县小蒜铺交界",继续往南,达盐津,通镇雄、乌蒙;西路与"屏山县黑岩铺交界",一直往西,可达建昌。交通的发达,促进了文化的发展,明朝宜宾有进士 54 人,举人 199 人,科举成绩非常突出。⑥

太平即今万源,在四川东北,西至竹峪关接通江县,北抵陕西,为达州

---

① 汪鹤年:《万县港史》,武汉出版社 1990 年版,第 18 页。
② (清)张琴修,(清)范泰衡纂:《万县志》,《中国方志丛书》第 379 号,清同治五年刊本,第 664 页。
③ 刘君锡等纂:《长寿县志》,《中国方志丛书》第 374 号,民国三十三年铅印本,第 400—402 页。
④ (清)宋灏修,(清)罗星纂:《綦江县志》卷七、八,清道光六年刻本。
⑤ (清)曾秀翘主纂,(清)杨德坤撰:《奉节县志》,四川省奉节县志编纂委员会点注,四川省奉节县志编纂委员会 1985 年重印,第 184 页。
⑥ (清)刘元熙修,(清)李世芳纂:《宜宾县志》,《中国方志丛书》第 392 号,清嘉庆十七年刻本,民国二十一年重印本,255—269 页。

经东乡出川的必经之道。虽然是山区，但驿递通畅，文化也较为发达。明朝太平有进士 4 人，举人 10 人。①

纳溪县地处川南要冲，明朝设有纳溪水马驿、纳溪递运所、渠坝驿、大洲驿、峡口水驿，西由江安通叙州（今宜宾），南通九姓司、永宁宣抚司（今叙永），东连合江，北通泸州。明朝纳溪有进士 2 人，举人 22 人。②

明朝四川处于驿道上、科举成绩不俗的县还有不少。

梓潼县处于由川入陕的要道上，明朝有进士 5 人，举人 14 人。③

由成都出发，横穿川中而抵川东门户万县的道路亦是一条重要通道，渠县就处于这条通道的中部。渠县是科举成绩十分突出的一个县，整个明朝有进士 17 人，举人 63 人。④ 梁山（今梁平）亦是这条中部通道中的一站，同时梁山东至万县，西经垫江达长寿、重庆府，亦是一条重要通道，明朝设有白洋、太平、沙河、袁坝四驿。明朝梁山有进士 7 人，举人 34 人。科举成绩虽不及渠县，但仍然比较突出。⑤

江安县与纳溪县相邻，亦是川南要冲，科举成绩比纳溪更为突出。明朝江安县有进士 7 人，举人 29 人。⑥

汉州即今广汉，是成都东北的重要门户，明朝的汉州领有什邡、德阳、绵竹 3 县，明朝汉州共出了进士 24 人，举人 101 人。⑦

---

① 贺维翰等纂：《万源县志》，《中国方志丛书》第 363 号，民国二十一年铅印本，第 535—537 页。

② （清）赵炳然等修，（清）徐行德等纂：《纳溪县志》，《中国方志丛书》第 364 号，清嘉庆十八年修，民国二十六年铅字重印本，第 238 页。

③ （清）张香海等修，（清）杨曦等纂：《梓潼县志》，《中国方志丛书》第 365 号，清咸丰八年刊本，第 338 页。

④ 陈铭勋修：《渠县志》，《中国方志丛书》第 368 号，民国二十一年铅印本，第 302 页。

⑤ （清）朱言诗等纂修：《梁山县志》，《中国方志丛书》第 378 号，清光绪二十年刊本，第 955—959 页。

⑥ 严希慎等修，陈天锡等纂：《江安县志》，《中国方志丛书》第 375 号，民国十二年铅印本，第 235 页。

⑦ （清）刘长庚等修，（清）侯肇元等纂：《汉州志》，《中国方志丛书》第 387 号，清嘉庆十七年刊本，第 639 页。

彭县在成都市的北部，明朝彭县有进士 11 人，举人 33 人。①

高县当宜宾与云南的通道上，由宜宾渡长江。经庆符、高县、筠连，抵云南的盐津，南趋昆明。明朝高县有进士 4 人，举人 23 人。②

东乡即今宣汉，东与开县相接，北通万源，南连达州，处于由川入陕的重要交通干线上。明朝东乡有进士 6 人，举人 17 人。③

大足县在重庆府西北，科举成绩也十分不错，明朝大足县中了进士 7 人，举人 71 人。④

明朝由重庆府入陕，可以走太平（今万源）或广元，而无论是走太平还是广元，都要经过大竹，成都至万县的陆路，大竹也是必经之地。明朝大竹共有进士 11 人，举人 56 人。⑤

明朝双流县属于成都府。明朝双流县有进士 9 人，举人 42 人。⑥

另外，明朝建昌安氏一次就送子僧保等 42 人到国子监学习。⑦

虽然没有直接的证据证明科举成绩与驿道的关系，但这些科举成绩好的县都在驿道上，本身就是一个证明。

---

① （清）张龙甲等修，（清）龚世莹等纂：《彭县志》，《中国方志丛书》第 391 号，清光绪四年刊本，第 585 页。

② （清）敖立榜、（清）曾毓等纂修：《高县志》，《中国方志丛书》第 390 号，清同治五年刊本，第 562 页。

③ 庞麟炳、汪承烈等纂修：《宣汉县志》，《中国方志丛书》第 385 号，民国二十年石印本，第 1644 页。

④ 郭鸿厚、陈习珊等纂修：《大足县志》，《中国方志丛书》第 384 号，民国三十四年铅印本，第 523—525 页。

⑤ 陈步武、江三乘纂，郑国翰、曾瀛藻修：《大竹县志》，《中国方志丛书》第 380 号，民国十七年铅印本，第 613 页。

⑥ 殷鲁等修：《双流县志》，《中国方志丛书》第 373 号，民国十年修，民国二十六年重刊本，第 319 页。

⑦ 《明史·四川土司传》，转引自陈世松主编：《四川通史·元明卷》，四川人民出版社 2010 年版，第 198 页。

二、贵州驿道沿线文化发展概况

湘满驿，在普安州治北，今盘县县城，明朝时是普安州城和普安卫卫城。洪武十六年初，置普安军民府，以土酋那邦妻适恭为知府，佐以流官。适恭卒，以子普旦为知府。二十二年，普旦与越州阿资、本府马乃等，起兵反抗朝廷，袭陷普安府。不久即被平定，罢普安府，置普安军民指挥使司，领其地，隶云南都司，寻改隶贵州都司。永乐元年，置普安安抚司，以土酋慈长为安抚，隶普安卫。十三年，慈长谋为不轨，改安抚司为普安州，首次设立流官，隶贵州布政司，领罗罗夷民十二部，号十二营，名其部长曰营长。普安长期在土司、土官的统治之下，却是贵州省文化发达的地区之一。洪武十三年建普安州儒学，是明朝贵州最早的官学。普安处于云南到贵州的交通要道上，外来文化对普安的影响不小。贵州科举考试最初是与云南合考，普安占地利。宣德四年，云贵合试，贵州一人中举，为普安州刘瑄，即明朝贵州的第一个举人出自普安州。宣德七年，贵州 5 名举人，普安州就占了 2 名，为王玺、章善。宣德十年赵珂，正统三年盛裕，正统十二年钱昂，景泰元年张仪等都先后考中举人。成化十三年，贵州 16 个举人名额，普安州取 3 名。后来亦不乏中举者。普安受科举影响较大的当数蒋氏、邵氏，明朝蒋家、邵家都出了两名进士。蒋廷璧，字文光，嘉靖元年（1522 年）举人，次年进士，由青城教谕历国学，升元江通判，遂恬退不仕。蒋宗鲁，字道父，嘉靖十六年举人，任浚县知县，历官云南巡抚。蒋宗鲁还十分关注家乡的文化教育事业，并曾为普安州学置买学田。蒋宗鲁子思忠、思孝，均为嘉靖四十年举人。蒋思孝嘉靖四十四年进士，官至副使。蒋思忠任知县。蒋宗鲁孙蒋明良，天启元年举人。

明洪武十四年置清平堡，二十三年，改清平卫指挥使司，隶贵州都司。清平驿"在卫城南一里，洪武十六年建。为瀸霾驿，隶四川黄平安抚司，洪武十九年改清平驿，隶平越卫"①。清平即现在凯里市炉山镇，在湘黔驿道上，便利的交通使清平与外界的联系增多，这使得清平人的眼界更加开阔，对文化知识也有了更多需求。正统八年（1443 年），清平卫指挥使石宣建清平卫学。成化十三年，清平孙瀚中举，任桂林府同知。孙瀚做官后，十分重视乡邦教育，曾于正德七年（1512 年）为清平卫购置学田。孙瀚的中举做官，极大地激发了清平人读书求学的热情。孙瀚的儿子孙重，字威卿，正德五年举人，历任绵竹知县、云南左卫经历。孙重子孙衣、孙衮。孙衣，嘉靖十年举人，官云南保山县知县，云南府同知。孙衮，字益之，嘉靖二十六年进士，选庶吉士，转御史。历升湖广蕲黄江防金事。曾上疏言清平马政之苦。孙衣子孙应鳌，黔中王门著名学者，官至国子监祭酒、工部尚书。孙世祯，字兴甫，清平人，万历元年举人，万历五年进士，自幼与孙应鳌交游，每有心得，都要向孙应鳌请教，历官至云南副使。清平孙氏还有孙应鹏，嘉靖三十七年举人，官通判；孙旁，嘉靖四十年举人，官通判。

贵州驿，洪武间建于城北门外，万历二十二年改为贵阳府学，贵州驿迁至南门外，即今贵阳城。洪武十五年八月，设贵州都指挥使司，贵阳成为贵州的军事中心。洪武二十六年，设贵州、思州二宣慰司学，贵阳成为贵州的文化重镇。永乐十一年设贵州布政使司，永乐十八年（1420 年）设贵州提刑按察司，贵阳成为贵州的政治中心。景泰元年，贵州专设巡抚。随着贵州省级机构的不断完善，贵阳的地位也越来越重要。三司大小官员虽远不如今天的行政人员多，但也是一个不小的群体，这些官很多都带着家属来到了贵州，他们的子弟就在贵阳的学校学习，贵阳渐渐成为全省的文化中心。贵州宣慰司司治亦在贵阳，宣慰使安氏、宣慰同知宋氏都住在贵阳；贵阳还有贵州卫、贵州前卫两个军事机构。贵阳当湘黔驿道的终点，滇黔驿道的起点，同时北经雅关、札佐到遵义，经雅关、龙场至黔西、毕节，南通金筑等土司直达广西，是重要的交通枢纽。来贵州工作的官员中，不乏饱学之士，贵州

---

① （明）沈庠修，（明）赵瓒纂，《贵州图经新志》卷十二，贵州图书馆影印弘治刻本。

各地青年有很多也来到贵阳求学，贵阳就逐渐具备了形成知识分子群体的条件。贵阳早期知识分子群体中有王训、詹英、秦颙等，还有一大部分王阳明的弟子，如汤啍、陈文学、叶梧等。

新添驿，洪武十四年建，在新添卫城北门外。新添卫即今天的贵定县，亦处在湘黔驿道上，明朝出了十多位举人，以丘氏父子最为有名。丘东昌，新添卫指挥丘东鲁之弟，隆庆元年举人，任营山县教谕，官至知州。其子丘禾实、丘禾嘉。丘禾实，万历十九年解元，二十六年进士，官翰林院编修，后升为左庶子，著有《循陔园文集》8卷，诗集4卷，郭子章《黔记》即由丘禾实写序。丘禾嘉，万历四十年举人，官至宁远巡抚。

普利驿在普定卫城南门外，今安顺市政府所在地，建于洪武年间。景泰元年，贵州考中十三名举人，普定卫即有四人，为赵侃、张清、邓源、潘愈，赵侃随后考中进士。成化七年、十九年，贵州各有十六位举人，普定均中四人。梅月，普定人，嘉靖五年进士，历官川南道副使。其子惟和、惟诗。梅惟和，嘉靖三十八年进士，历官广东按察使。梅惟诗，万历元年举人，官知县。

可以说，在明朝，普安、清平、贵阳、新添、安顺已经形成了知识分子群体，知识分子群体的形成，是文化有了一定发展的表现，同时又促进着文化的进一步发展。而这些形成知识分子群体的地区，都在湘黔与滇黔驿道上，不是偶然的。

明朝贵州科举较为突出的还有思南和都匀。思南虽不处于主要交通干线上，但思南在土司时期即重视教育，又是贵州最早设立府的地方之一，设府以后，府学亦随之设立，有较好的教育基础。而且思南航运便利，货物由思南出发，可以直达长江，因而是四川与贵州交流的一个重要中继站。都匀同样不在主要交通干线上，但都匀亦较早即设有来远驿，通过都镇驿与主要交通干线湘黔驿道相连。同时从来远驿往南到平浪长官司，再南到丰宁长官司，通广西南丹州，是连接贵州与广西的重要通道。思南、都匀文化的发达，同样得益于交通的发展。

赤水、永宁的科举成绩亦不俗，这两个地方处于川黔驿道之上，是明朝初年云南与外界联系的重要通道。赤水、永宁两地科举成绩的变化最能说明驿递的作用。永乐年间，贵州尚未正式有科举，就有三个举人，贵州第一个进士是赤水卫的张谏。景泰四年（1453年），贵州十八个举人，赤水卫占了三人，永宁卫两人。景泰七年，贵州十个举人，赤水卫三人，永宁司一人。天顺三年（1459年）十名举人，赤水卫两人。天顺六年十名举人，赤水卫一人，永宁卫与永宁司共三人。嘉靖十六年，云贵分科，贵州二十五名举人，永宁卫尚有四人，但赤水卫无。自此至明朝结束，赤水卫只有七名举人，永宁卫有十余名，总之大不如前。一个重要原因就是明朝后期永宁、赤水经毕节至云南驿道的作用已经大不如前了，云南出省，更多地是走湘黔驿道，而不再走这条驿道了。

三、云南驿道沿线文化发展概况

临安府建水州北连通海驿，东接阿迷驿和蒙自驿，西接宝秀驿，是明朝滇南的重要交通枢纽。交通的便捷，同样促进了文化的发展，加之洪武年间，山西右参政王奎、山西右布政使韩宜可贬谪至临安卫，二人到临安后，即被卫指挥万中托以卫中子弟的教育，二人人品学问都足为楷模，对当地青年学子影响极大。永乐九年，云南开始举行乡试，当年建水就有二人考中举人。正统七年，建水出了第一个进士。嘉靖四十年乡试，全省录取40人，临安府占了14人，而建水有11人。"在滇南四府举行的院试中，建水学子中榜的常占一半以上；在省城举行的乡试中，临安府学子中榜的也达半榜以上，因而这'临半榜'之谓。""明代建水共出文进士30人（其中翰林6人）、武进士25人；文举人299人，其中解元5人、亚元6人；武举人35人，其中解元7人。"万历年间，建水进士萧崇业任给事中，前往琉球册封新立的中山王，成为"滇中航海第二人"。也是在万历年间，建水进士包见捷因为熟悉历朝典章，为建水赢得了"文献名邦"的御赐匾额。①

昆明处于云南驿道交通的中心点，文化非常发达，在明代科举成绩也很好。再如曲靖，亦是交通要冲，在明代科举成绩也很突出。

四、几位驿丞对西南文化的贡献

一些驿丞本身有一定的学术修养，尤其是一些因事被贬到西南边地的驿丞，如正德、嘉靖时期被贬到贵州的五位驿丞王守仁、刘天麒、张原、陈邦敷、陆粲，以及弘治间贬到四川任驿丞的范璋，云南的驿丞孙儒忠、杨洪等。

王阳明，名守仁，字伯安，因为曾经在阳明洞修行过一段时间，人们就称他为阳明先生。二十八岁时，王阳明以第七名的成绩考上进士，从此步入仕途。先后任刑部云南司主事、兵部武选司主事。正德初年，宦官刘瑾专权，王阳明上疏反对刘瑾的胡作非为，被贬为贵州龙场驿驿丞。王阳明到龙场后，生活极其艰苦，搭草棚，住山洞，开荒种地。但王阳明没有被困难压倒，而是坚持学习，最终认识到道德原理和道德规则都源自于人的本质需要，提出了"心即理"的著名论断，这就是中国哲学史上著名的"龙场悟道"。王阳明还在龙场建立了龙岗书院，教育来自全国各地的学子，使得偏僻的龙场一度成为全国有名的心学圣地。席书就任贵州提学副使后，又请王阳明到贵阳讲学，王阳明在贵阳提出了著名的"知行合一"学说。

作为著名的思想家，王阳明本不重视诗文创作，但在贵州，王阳明经历了生活中的各种磨难，经历了思想上的大彻大悟，接触了他未曾接触过的人和事，也看到了他从未见过的山和水，新鲜的事物，新鲜的感受，触动着他，使他不能不写。他虽无意于在诗文创作方面下功夫，但是深厚的文学功底又使他写出来的作品很多都是上乘之作，如《瘗旅文》《象祠记》，就是突出的代表。

王阳明在龙岗设立书院，后来又应席书之邀，在贵阳讲学。在龙场时，

① 杨丰：《建水史话》，云南人民出版社2003年版，第63—71页。

就有外省学子不远千里来到龙场，向王阳明请教。在贵阳讲学时，围着听讲的学生常常达到几百人。在王阳明来贵州之前，贵阳学子参加科举考试不是很积极，而听王阳明讲学之后，很多学生对儒学的学习热情普遍提高。他们或参加科举考试，走上仕途，为国为民出力；或读书讲学，陶冶性情，为移风易俗垂范。王阳明离开贵阳后，王阳明的很多弟子和后学相继来到贵州，他们秉承王阳明的文化担当精神，以弘扬儒学为己任，同样给贵州文化带来了很大的影响。这些直接接受阳明先生教育的是黔中王门的第一代学者，有汤礼、陈文学等。王阳明在贵州的第二代、第三代弟子更多，其中尤以李渭、孙应鳌、马廷锡三人取得的成就较高，被称为"贵州王学三先生"。

也有一些宦黔官员，他们亦是王门弟子。如徐樾、蒋信，还有贵州巡抚郭子章，都是王门后学。徐樾、蒋信先后任贵州提学副使，十分关心对后学的提携与奖励。郭子章担任贵州巡抚近十年，对贵州文化的发展更是做出了很大的贡献。他所著的六十卷《黔记》，至今仍是研究贵州历史的十分重要的资料。

刘天麒，字仁征，临桂人。弘治年间进士。为工部都水主事，分司吕梁。正德初年宦官专权，有宦官经过吕梁，刘天麒很是冷淡，宦官勒索时，刘天麒又尽量抵制，宦官很生气，骂着离开了吕梁，到了北京后，就告刘天麒的刁状，刘天麒被抓到了北京锦衣卫监狱，关了一阵，后贬为安庄驿驿丞。不久，王阳明也被贬到了贵阳，两人结为知己。后来刘天麒病逝，王阳明为他写了祭文。

张原，陕西三原人。进士，任吏科给事中，因不满朝政腐败，多次进言，被贬为贵州新添驿驿丞。新添即今天的贵定县，与贵阳较近，张原因此经常到贵阳，住在贵阳李升家。李升家有一个园子，园子里有四香亭，张原很是喜欢，写了《四香亭记》。嘉靖初年，张原被召回朝廷，任兵科给事中，后晋升为户科右给事中。大礼议事件中，因参与抗议皇帝不合礼仪的行为，被施以杖责，并因创伤去世。

刘天麒、张原都是具有铮铮铁骨的儒家君子，他们本身的行为，就是儒家学者的榜样。张原的《四香亭记》，写的也就是儒家所推崇的孔颜之乐。他们在贵州的活动，无疑会给贵州的青年学子树立很好的榜样，从而促进贵州文化的发展。

陈邦敷，字自宽。嘉靖九年任贵州巡按，因进言而被贬为贵州新添驿驿丞。陈邦敷到新添后，首先体会到的不是自己被贬的痛苦，而是边地百姓的痛苦。当时新添是明朝的一个卫，卫军同时担负着养马、驿递等任务。卫军多数家境贫寒，养马时如果出了差错，马生病或死亡，就有可能导致卫军家破人亡。陈邦敷目睹边地卫军的痛苦，写下了著名的《养马谣》，不仅反映了卫军的悲惨境遇，同时也反映了流官和土官的矛盾、卫所军户与土官和流官的矛盾，是极为珍贵的历史资料。最难能可贵的是，陈邦敷不仅看到了边地军民的痛苦，同时也探索了解决的办法。他认为，要让边地军民改变目前的生活现状，唯有从教育入手。嘉靖十三年，陈邦敷在新添卫城建中峰书院，招收当地百姓的子弟入学。中峰书院成为儒学在贵州传播的一个重要基地。

陆粲，苏州人。进士，为兵科给事中，敢于直言。嘉靖间，因批评权臣张璁、桂萼被贬为贵州都镇驿驿丞。都镇驿在麻哈州城内，原额马五匹，马价与草料银四百七十两，供馆银七十三两九钱，铺陈银八两。在贵州的驿站中，都镇驿是一个很小的驿，生活艰苦。但陆粲更关心的是边军的生活。他写下了著名的诗歌《担夫谣》和《边军谣》。《担夫谣》中，陆粲一方面对边军艰苦的生活情状充满同情，一方面为朝廷的养军制度深深地担忧。养军是为了杀贼，但朝廷平时不爱护战士，一旦战火燃起，战士们还会拼命杀敌吗？《边军谣》既反映了当时边地军户的悲惨生活现状，同时也可以让人们进一步了解当时的卫军制度。军人每月能够领到几斗粮食，但粮食掺满泥沙，而他们同时要被强行卖余粮备荒，凑不足余粮，就会面临着揭瓦拆屋的命运。一旦有战事，他们还要自己准备军装。这样的军队的战斗力，也就可以想见了。

同陈邦敷一样，陆粲不仅看到了边地军民的痛苦，同时也探索解决的办法。他同样认为，要改变边地军民的生活情状，唯有从教育入手。因为陆粲重视教育事业，且本身有着很高的文化水平，上级机关让他兼管平越卫学，在贵州儒学传播中发挥了更重要的作用。陆粲兼修葺了张三丰的礼斗亭，并作《礼斗亭铭》。在贵州，陆粲还刻有《三泉文集》，同样为丰富贵州文化做出了贡献。

范璋，余姚人。进士，授工部都水主事，忤权贵，弘治十一年谪吕合驿丞。寻升本县知县，迁学舍，拓县治，具见才为，升四川成都府通判。①

漕溪驿驿丞孙儒忠曾捐资建桥，"三善桥，在石宝镇共和村纳溪河，明宏治八年漕溪驿丞孙儒忠捐资修建，名纳溪桥。清道光三年天台寺僧志宽募捐重修，更名三善桥"②。铜罐驿驿丞杨洪曾捐建万寿桥等桥，"杨洪，铜罐驿驿丞，廉静寡欲，驿中所需，悉准时购办……捐俸建万寿桥、石梁三洞，再圮再修"③。现在已不清楚孙儒忠与杨洪的其他事迹，也不知道他们在文化上是否有建树，但孙儒忠与杨洪不仅不让驿递扰民，同时独力捐资建桥，对于当地民风民俗，有着很好影响。

第四节　促进了西南地区的城镇繁荣

一般来说，西南地区城镇的繁荣与驿道的畅通都有一定的关联。尤其是贵州，明朝以前开发地区不多，驿站与卫治、所治往往成为一个地区仅有的属于官府的房舍。一个驿站一般有十多间房，据《重修花林驿记》所载，四川忠州的花林驿有正厅一间，左右廊庑十间，鼓楼三间。④ 云南易龙驿后改为察院，"驿官公廨前厅三间，后厅三间，两厢房六间"⑤。十多间房是一般

---

① （明）刘文征：《滇志》，古永继校点，云南教育出版社1991年版，第385页。
② 忠县志编纂委员会：《忠县志》，四川辞书出版社1994年版，第240页。
③ （清）霍为桑等修，（清）熊家彦纂修：《巴县志》卷二，清同治六年刻本。
④ （清）吴龙簬纂：《忠州直隶州志》卷一，清道光六年刻本。
⑤ （明）王尚用修，（明）张腾纂：《寻甸府志》上，上海古籍出版社影印明嘉靖刻本，第27页。

驿站的规模。此外驿站还有不少马棚。如清朝贵州皇华驿有马棚 8 间，新添驿有马棚 15 间。十多间房加上十来间马棚，在居住分散的地方，已经是一个有一定规模的居住区了。再加上驿站所在地一般都设置有军卫或防御千户所，卫治与所治还有一些房子。驿站一般要选在驿道上合适的地方，交通相对方便，这样的地方本来可能就是老百姓愿意选择的居住地，住户也会多一点。所以在没有城镇的地方，驿站所在地往往最具有发展成为城市的可能。而在本来有完整的城镇建制的地方，交通方便，贸易就会增加，来来往往的流动人口也会随之增加，城市会因此更加繁荣。当然，驿递也会增加居民的负担，尤其是驿递负担过大而地方政府处理得不好，使劳役的分配极为不平均的时候，居民也会因为负担过重逃离驿道，逃离驿站所在的城市，会影响城市的发展。明朝贵州思州府城的两次迁移很好地反映了明朝西南地区驿递与城市关系的两面性：驿递的繁忙可能带来城市的繁荣，也可能给城市带来极大的负担，使老百姓不堪重负，选择逃离繁忙的驿道。但只要不是驿递负担畸重，劳役极不平均，这样的现象是可以避免的。

一、驿道与四川城镇

成都是四川的政治、经济、文化中心，也是西南最大的城市、最大的交通枢纽，处于西藏与内地连接的重要通道上，商业十分发达，城市也非常繁荣。

雅安，明朝时为雅州。洪武初年，千户余子正修筑雅州石城。雅州在成都入藏与成都至建昌的两条交通要道上。"明洪武四年（1371 年）重修成都城，为利出入畅通，新建城门正对四方大道：东龙泉路（通重庆府），南双流路（通雅州入藏卫）"①，"成都至建昌卫，由锦官驿经唐安马驿（崇庆）、白鹤驿（邛州），百丈驿（名山东）、雅安驿（雅州）……达阿用马驿

---

① 成都市交通局等编：《成都市交通志》，四川人民出版社 1994 年版，第 6 页。

（建昌卫治），由阿用马驿往南，路通云南武定府"①。因为地处两条交通要道的交汇处，雅安成为重要的商品交易场所，汉藏贸易十分活跃，藏人在这里把马、氆氇等物换成盐、茶、布等。洪武年间，曾在雅州设立阜民司，管理购买西藏马匹，恢复茶课，以济边用。"明朝实行茶引制度。茶引是茶叶缴税后，官府发给的专卖、运销等的凭证……1569 年（隆庆三年），给雅安（即黎州、雅州）茶引三万，而给松潘（今四川松潘）等地的茶引总共才四千，给内地的茶引总共也只有四千。从这个数据对比中，可见当时雅安边茶地位之重要和茶马贸易的繁盛。"② 便利的交通，促进了雅安的发展。

"各条大道的许多交易市场和商旅的集散地、食宿点，在长期的商贸活动中，逐渐形成为居民辐凑的市镇。如促进各大路沿线社会的城镇化发展。如打箭炉昌都本为荒凉的山沟，明代开碉门、岩州茶马道后，逐渐成为往来驮马集散之地，清代开瓦斯沟路，建泸定桥，打箭炉设茶关，渐成各族商贾云集的商业城市。灵关道上的拖乌、荣经、越嶲，石门道上的宜宾，茶马大道上的雅安、汉源都是因贸易而产生或发展的城镇。"③

二、驿道与贵州城镇

贵阳既是贵州布政司的治所，又是湘黔驿道、滇黔驿道、川黔驿道中线和西线的交汇点，贵州驿所在地，交通的便利极大地促进贵阳经济、文化的发展，官署与民户亦随之增多，商业亦更加兴旺。天启年间，贵阳在北门外扩建外城，城区扩展至今威清门、六广门、洪边门一带。贵阳城内外形成十四个坊市，城内有三牌坊市、四牌坊市、谯楼街市、凤宪坊市，都是繁华的商业区。南门外的马荣街市是驮马汇集的地方，北门外的馆驿前市直接服务于南来北往的旅客。

---

① 王立显主编：《四川公路交通史》，四川人民出版社 1989 年版，第 29 页。
② 耿俊杰、王杰：《雅安史略》，四川大学出版社 2010 年版，第 126—127 页。
③ 陆文熙、周锦鹤：《四川古代道路及其历史作用》，《西昌学院学报（社会科学版）》2007 年第 3 期。

镇远驿亦是湘黔驿道上的驿站，有水运便利，云贵驿道上的客货由此可以直下湖广，达洞庭湖而至长江，而从湖广来的客货要在此换乘马匹，所以镇远成了重要的客货聚散地，也聚集了全国各地的商人。明末清初，镇远即由各地商人建成了两湖、江西等八大会馆，十二座戏楼，城内形成了沙湾市、辰州市、南京市、饶州市、普定市等近十个坊市，镇远成为云贵高原上最为繁华的城市之一。今天的镇远仍然保存了古城垣、古桥等 200 多处古建筑。其中有全国重点文物保护单位青龙洞建筑群，共包含 35 座单体建筑，建筑面积 6600 平方米。洞中建楼，楼中藏洞，构造极为精巧。1986 年，镇远古镇被列为国家历史文化名城。

普利驿在今安顺市市府。明朝时，这里既是普定卫的卫城，又是安顺州的州城，一段时间内，镇宁州与永宁州亦将办公场所设于此处，地位非常重要。普利驿既是滇黔驿道上的重要一站，又可以经过西堡、水西土司的要架则溪、架勒则溪通往乌撒，连接川黔驿道，是贵州境内的一个重要交通枢纽。安顺地势相对平坦，物产富庶，安顺城内有局前街市、十字街市，城外有马场市和牛场市，大宗牲畜贸易很繁荣。"普定城垣峻整，街衢宏阔。南半里，有桥。又南半里，有层楼跨街，市集甚盛。"[1] 弘治《贵州图经新志》谈到普定卫的风俗时说：普定卫人"背义趋利"，"卫俗本淳朴，迩颇失其故态，与人交际，虽词令可观，皆谲诈而不情。或见人一衣一室之华，辄恧罟之。虽亲长师交之间，恩礼亦簿。惟贸贸日趋于利，风俗日降，势不可为。然转移而返之旧也，则有望于君子焉"[2]。这一评价显然是站在重义轻利、重农轻商的传统立场上的，未必公正。由"卫俗本淳朴"，到"惟贸贸日趋于利"，说明普定卫人们的价值观念发生了很大的变化。这里的人也非常善于经商。镇远的近十个坊市中，多以外省商人为主，而贵州本地商人中，只有普定人最多，形成了普定市。这也说明普定的商业非常发达。

---

① （明）徐弘祖原：《徐霞客游记全译》，朱惠荣译注，贵州人民出版社 1997 年版，第 1497 页。

② （明）沈庠修，（明）赵瓒纂，《贵州图经新志》卷十四，贵州图书馆影印弘治刻本。

三、驿道与云南城镇

在云南，不仅驿道的畅通促进了城镇建设，一些府州县甚至一度只有驿站，没有府州县的城池。如广西府在城驿，建于洪武十八年，而广西府城是成化年间知府贺勋所筑；马龙驿属曲靖军民府马龙州，洪武二十八年建，而马龙州城由知州张鉴创筑于万历四十一年；广通县路甸驿建于洪武十五年，而广通县城为巡按御史毛堪建于万历四十五年（1616 年）；石屏州宝秀驿建于洪武十六年，而石屏州城为知州蒋彝建于成化年间。没有城池，只有驿站，驿站就在一定程度上起到了城池的作用，创筑城池时，也一定会考虑到驿站的因素，借助驿站已经形成的一些条件。这说明驿站的建设促进了城镇的建设。

保山，即永昌府府城。永昌府设有金齿驿、沙木和驿、蒲缥驿、南甸驿、罗卜思庄驿、孟哈驿、小保场驿、老姚关驿、景汞驿、邦曩驿、猛哈驿、蛮莫驿、永平驿、打牛坪驿、腾冲驿、龙川江驿等十多个驿站。永昌东达昆明，西南经腾冲直达孟密、宝井等地，是重要的滇西干道枢纽。自永昌东由哀牢山至竹鲁凹，通顺宁府；自永昌府至河湾，北通云龙州；自永昌西北至北冲，通十五喧，接野人界；自永昌西南由潞江，从邦别小路至镇安所、芒市、遮放至猛卯（今瑞丽），至碗顶河边，与木邦交界；自永昌南至施甸，经姚关、湾甸、镇康、耿马至猛猛。[①] 保山的地理位置在滇西干道上非常重要。由此向东，是经济发达的云南内地，道路宽敞，气候温和；由此无论是向西还是向北、向南，都是少数民族聚居的滇西辖区，道路险恶，气候复杂。所以来往于这条干道上的商人军人，都要在此歇息休整，补充给养，永昌府城就成了滇缅贸易货物的主要转输港口，有大客栈十余家，马栈

---

① （清）刘毓珂等纂修：《永昌府志》，《中国方志丛书》第 28 号，清光绪二十一年刊本，第 45 页。

十多家，货栈五六家，驿道的畅通，交通的发达，带来了永昌的繁荣。①

建水城东迎晖门外草站村有新建驿，隶临安府；城北40公里有曲江驿，隶建水州；向北与通海驿、江川驿、晋宁驿和滇阳驿相联结；往东接阿迷驿和蒙自驿；往西有宝秀驿。陆路除继续与安南频繁交往外，还开辟了临安府至老挝的路线。"建水共设12铺，北路有府前铺、白鹤铺、南床铺、阿卜铺、青花铺、曲江铺、马柯铺，与通海县的铺舍相交接；东路有甸尾铺、龙泉铺、梭罗铺，与蒙自县铺舍相交接；西路有板桥铺与石屏县铺舍相交接。"建水不仅交通发达，还有几千名外来的军人在此屯田，开垦了大量荒地，带来了内地的先进农耕技术，"临安府盛产金、银、铜、铁、锡、铅和茶、糖、纸、布等多种产品，采矿业和手工业也达到较高水平。""由于物产丰腴，商业繁茂，而有'甲第连云，歌钟振海''人民殷富，人文亦盛。自省会而下，称第一'的景象，故有'金临安'之誉。"临安城不仅是滇南矿产品的集散地，而且也是金属器皿的加工制作中心。②

第五节　促成了贵州布政司的设立与各级政府机构的完善

明以前，贵州虽然设立了各种行政与军事机构，但主要仍然是羁縻性质的，整个贵州仍然以土司政权为主。为了加强贵州与中央政府的联系，洪武四年，设立贵州卫。洪武十五年八月，设贵州都指挥使司，并设立了普安卫、尾洒卫、黄平卫等卫所。卫所的普遍设置，使贵州与中央政府的联系进一步加强。永乐十一年，思州、思南二宣慰司为争夺砂坑，起兵相攻，朝廷将二宣慰司撤销，设立思州、新化、黎平、思南、镇远、石阡、铜仁、乌罗八府，后撤销乌罗、新化二府，并设立贵州布政司。至此，贵州省的历史正式开始。永乐

---

① 陆韧：《高原通途：云南民族交通》，云南教育出版社2000年版，第103—104页。
② 杨丰：《建水史话》，云南人民出版社2003年版，第54—56页。

十八年，设立贵州等处提刑按察司，贵州省级政府机构的设置完成。

贵州布政司之所以得以设立，主要得力于贵州各卫所的广泛设立。卫所的设立使朝廷得以迅速调兵，平息思州、思南二宣慰司的叛乱，并将二宣慰司改设流官政府，也使贵州的省级政府机构的安全能得到有效的保障。而驿道的畅通，也是贵州布政司设立的一个重要条件。第一，驿道的畅通，使中央政府的各种政令能够及时传达到各卫所，使军队的迅速调动成为可能，这样才能够以迅雷不及掩耳之势控制两个宣慰使。第二，驿道的畅通，能够使新建的贵州布政司保持与中央政府的紧密联系，保持政令的畅通。第三，贵州省级政府虽然设立，但因为所管辖的大部分仍然是大大小小的土官，能够正常征收赋税的下级政府机构仍然不多，即使是已经改土归流的六个府，也仍然主要是土官土民，省级政府机构及地方政府机构所需要的运转经费远远不够，需要邻省的协济，而要保持邻省的协济能够及时运达贵州，就需要驿道的畅通。如果没有畅通的驿道，就没有稳定的后勤保证，中央政府就不能贸然设立一个新的省级机构。第四，贵州布政司的设立，也是湘黔滇驿道贯通后国家政治与军事的需要。湘黔滇驿道贯通以后，湖广、四川、云南、广西成为一个整体，而贵州成为连接这一整体的枢纽，尤其是连接云南与内地，贵州的作用尤为重要，因而湘黔滇驿道的贯通使得贵州的战略地位得以突出，设立布政司成为必然的选择。

贵州布政司设立以后，省级政府机构设在贵州卫城，因为贵州都司也设在这里；同时这里也是整个贵州的地理中心和交通中心，从地理上来说，这里处于贵州中部；从交通上来说，湘黔滇驿道与川黔驿道在这里交汇，从贵州卫城往南，可以直通广西。但是刚刚撤销思州、思南二个宣慰司所设立的六个府离这里都还较远，最近的镇远府相距贵州卫都有几百公里。省级政府所在地只有贵州卫等军事机构及贵州宣慰司等土司衙门，省级政府之下没有任何一级地方政府，这不仅从形式上来说不合常理，就实际管理来说，也有诸多不便。所以完善省属各级地方政府，就是贵州布政司设立后的当务之急。

　　思州、思南二宣慰司改为六个府以后，其下属各土司仍然存在。正统九年，施秉长官司改为施秉县；弘治七年，思印江长官司改为印江县；弘治十一年，镇远溪洞金容金达长官司改为镇远县。

　　成化十年，置程番府；弘治六年（1493年），置都匀府；弘治八年，置麻哈、独山二州，清平、永从二县；隆庆二年，迁程番府治于省会，改名为贵阳；万历十四年，置定番州于原程番府；万历二十九年，分播州地置府州县，分属四川、贵州，其中平越府、黄平州、湄潭、瓮安、余庆等一府一州三县属贵州，改龙泉坪长官司为龙泉县；万历三十年，升安顺州为安顺军民府。至此，贵州布政司共领贵阳等十府、定番等九州、印江等十九县，所属地方各级政府相对完善。

　　驿道的畅通在贵州布政司所属各府州县的设立与巩固中起到了重要作用。一些地方处于驿道交通线上，地理位置重要，交通方便，因而具备了设立府州县的条件。如贵阳原为贵州宣慰司司治所在地，设置贵州卫时，以贵阳为卫治，后又于此增设贵州前卫。贵州三司均设于此，是贵州布政司治所。但这里没有下属的地方行政机构，仍然属于土司的辖区。贵阳因为是布政司治所，省级机构的人员都在这里，同时贵阳又是贵州宣慰司司治与贵州卫、贵州前卫的卫治，宣慰司与贵州卫、贵州前卫的主要活动也都在此。更重要的是，贵阳是湘黔驿道的终点，滇黔驿道的起点，处于湘黔滇大通道之上，同时贵阳还是黔桂驿道与川黔驿道的终点，是连接四条驿道的枢纽，地理位置十分重要，所以此地在洪武四年设立贵州卫后，又于洪武二十四年设立贵州前卫。两个卫所的设置，大量屯军的进入，使这一地区人口的民族比例发生了很大的变化，汉族移民所占的比例有了极大的提高。又因为交通便捷，驿道畅通，这里也成了商贾云集之地，聚集了大量外来人口。大量外来人口聚集贵阳，他们不愿意再接受土司的统治，因而贵阳建府的呼声越来越高，但贵阳府的前身程番府并不建在这里，而是建在贵阳南，距贵阳九十里的地方。隆庆二年，始将程番府移至布政司治所，并改名贵阳。将府治迁至布政司治所，既是政治形势的需要，也是由交通形势、地理位置所决定的。

安顺府的设立亦得益于驿道的畅通。安顺既是滇黔驿道上的重要一站，又可以经过西堡、水西土司的要架则溪、架勒则溪通往乌撒，连接川黔驿道，亦是贵州境内的一个交通枢纽。洪武年间，这里设有普利驿。这里原还是安顺州州治，也是普定卫卫治，一段时间内，镇宁州与永宁州亦将办公场所设于此处。

府州县要与上级政府保持联系，保证政令的畅通，就要开通驿道。所以府州县设立以后，都把设置驿道之事放在重要位置。播州平定后，川贵总督李化龙在《播州善后事宜疏》中特别提到的一条是"复驿站"：播州各驿自杨应龙对抗朝廷以来，"驿官不敢赴任，驿客不敢经行，站户逃徙，馆舍丘墟"；播州平定，播州宣慰司改土归流，原播州宣慰司改为平越府与遵义府，分属四川与贵州。土司时期就设有驿站，改土归流后，驿道更为重要，因而李化龙特地向朝廷提出此事。贵州巡抚郭子章亦很重视此事，他不仅提出了设立铺司的方案，而且对铺司的人员设置、费用的解决都做出了具体的规定。思州、思南二宣慰司改土归流后，设立了思南等府，但思南、石阡等府尚未完善驿递制度，后来又添设了思石兵备道，驿递缺乏的劣势就更显得突出。巡按御史王杏特地上疏，希望解决此一问题："贵州思南、石阡等处旧无馆驿，顷因添设兵备，遂为冲途，请官为制驿，以苏里甲供应之苦。"①王杏主要从百姓的负担着眼。即使没有设立驿站，公务的来往仍然不可缺少，因为没有完善的驿递制度，公务来往的负担就要直接派给里甲，造成了一些地区的百姓负担偏重。从王杏的奏疏中可以看出，没有完善的驿递制度，来往官员官差的接待就只能靠直接摊派解决，这种一事一派的方式，既会造成负担的轻重不均，又会造成效率低下，对政府的管理很不利。这也说明了完善驿递制度的重要意义。

---

① 贵州民族研究所编：《明实录贵州资料辑录》，贵州人民出版社 1983 年版，第 747 页。

第九章　明朝西南地区驿递线路考

第一节　四川驿递线路考

　　京城至四川水驿，从南京龙江驿至四川锦官驿，共九十四驿，七千二百六十五里。经湖广巴山驿进入四川。巴山驿七十里至万流驿，九十里至高唐驿，一百里至永宁驿，七十里至安平驿，六十里至南陀驿，一百里至五峰驿，九十里至巴阳驿，六十里至周溪驿，六十里至集贤驿，八十里至瀼途驿，六十里至曹溪驿，一百二十里至云根驿，八十里至花林驿，一百一十里至丰陵驿，八十里至东青驿，六十里至涪陵驿，六十里至蔺市驿，七十里至龙溪驿，一百里至木洞驿，一百二十里至朝天驿，一百里至鱼洞驿，六十里至铜罐驿，六十里至僰溪驿，六十里至石羊驿，七十里至石门驿，六十里至汉东驿，六十里至史坝驿，六十里至牛脑驿，六十里至神山驿，七十五里至黄舣驿，六十里至泸川驿，七十里至纳溪驿，六十里至黄坝驿，六十五里至江安驿，六十里至龙腾驿，七十里至李庄驿，六十里至汶川驿，六十里至牛口驿，六十里至真溪驿，六十里至宣化驿，六十里至月波驿，六十里至下坝驿，六十里至沉犀驿，一百二十里至三圣驿，九十里至凌云驿，六十里至平羌驿，七十里至峰门驿，六十里至青神驿，七十里至石佛驿，六十里至眉州驿，六十里至武阳驿，七十里至龙爪驿，六十里至木马驿，六十里至广都驿，九十里至锦官驿。①

万流驿，湖北巴东县治西八十里，明洪武初设，万历元年裁万流驿，添设巴中驿。"巴中驿，治东八十里，明万历初，知府请建以苏巴巫民困，设驿马三十二匹，马夫十六名，槽夫一百二十名。"先后担任巴中驿驿丞的有万历年间的侯荣禄、汤如节，崇祯年间的万鸣凤、周登先。② 设巴中驿一事，湖北《巴东县志》记载甚详："巴东当楚蜀通衢，轮蹄交错，艨艟如织。明初设巴山水驿，在县右一里许。原额站船十只，每只水夫十名，下等铺陈一副，内江陵县额凑船三只，本县丁粮编金船七只。又徭编铺陈库子一名，银三两。支应库子一名，每名银一十二两。馆夫二名，每名银四两。万流水驿在县西溯江入峡九十里许。其船只人夫馆库等数与巴山驿同，俱本县编派。但水夫本县止编八十名耳。嘉靖中因峡水险甚，新开陆路，官使多由陆行，迎送派于本县之民。而计日工食仍纳二驿。实为重役。知县许周欲以万流并入巴山作水马驿。详请改置。未果。其陆路由巴递巫二百里而遥。当王忠秦碧之变，人马苦死无算。隆庆间，贡生向朝恩力请知县邹光裕申准川湖诸上司，始题革万流驿添设巴中驿。即小桥驿。"③

高唐驿，水马驿，属夔州府巫山县，在今巫山县巫峡镇。洪武十四年置。马驿设"驿马三十二匹，夫十六名，杠夫一百二十名"；水驿"设轮船十二只，水手二十四名，桡夫七十二名"。担任过高唐驿驿丞的有万历年间的杨应联，崇祯年间的赵实行。④

永宁驿，水驿，属夔州府。"在府西三里，洪武七年创，弘治庚申，郡

① 杨正泰：《明朝驿站考》（增订本），上海古籍出版社2006年版，第176页。
② （清）佚名修：《巫山县志》，《故宫珍本丛刊》第219册，清康熙五十四年抄本，海南出版社2001年版，第8页。
③ （清）廖恩树修，（清）萧佩声纂：《巴东县志》，《中国方志丛书》第343号，清同治五年修，光绪六年重刊本，第199页。
④ （清）佚名修：《巫山县志》，《故宫珍本丛刊》第219册，清康熙五十四年抄本，海南出版社2001年版，第8页。

安杨公奇重建"。在今奉节县永安镇。①

安平驿，属夔州府，洪武二十五年置，在今重庆市奉节县西安坪。距奉节县城六十里。《明实录》载，嘉靖七年十一月，裁革四川夔州平安、马口、龙塘、枝陇四驿。疑平安驿即安平驿，《明实录》误作平安。枝陇驿，《夔州府志》无载，《明实录》载："洪武二十五年秋七月癸巳，巫山县民言：'南木隘驿道险隘，艰于送递，驿马相继走毙。惟奉节有仙女驿，古道坦夷，由仙子驿至施州，地皆宽平，若加开凿，实永久之利。'上遣行人李靖往治驿道，仍相度屯田之所。于是立屯五处，曰新村中坝，曰马口，曰石家曹，曰石轩泙，曰枝陇坝。命刑部以罪囚当罚充军者往屯之。"② 可能撤掉的即是枝陇坝这一屯田机构，而李靖既然是"往治驿道"，则这一机构也承担了驿递的功能。

南陀驿，属夔州府，在今重庆市云阳县西龙洞。洪武五年建。《夔州府志》还载有龙塘驿，在府城西南一百八十里，洪武间设；马口驿，在府城西南二百七十里，洪武间设。龙塘驿原隶建始县，永乐四年改隶府。

五峰驿，水驿，属夔州府云阳县，在今重庆市云阳县云阳镇。

巴阳驿，水驿，又名小彭驿，属夔州府云阳县，在今重庆市云阳县西巴阳。

周溪驿，属夔州府万县，在万县东五十里，今重庆万州东北大周。洪武十四年置。《明实录》作马驿。"嘉靖九年十二月己巳，改迁四川万县周溪驿于分水公馆。"③

集贤驿，水驿，属夔州府万县，在县东五里，今重庆市万州区。同治五年《万县志》载："集贤水马驿旧额站船四支，每年共修造银二十四两，每

① （明）吴潜修辑：《夔州府志》，《西南稀见方志文献》第9卷，兰州大学出版社2003年版，第100页。
② 黎邦正、刘重来、郑家福编：《明实录类纂·四川史料卷》，武汉出版社1993年版，第124页。
③ 黎邦正、刘重来、郑家福编：《明实录类纂·四川史料卷》，武汉出版社1993年版，第67页。

船水手六名，每名每年工食银七两二钱，共银一百九十六两八钱，协济旱夫三十二名，每名每年工食银七两二钱，共银二百三十两四钱，协济中马三十五匹，每匹编银二十八两八钱，共银一千八两，支应水陆银四百八两，查照水陆关文牌面廪粮支应，铺陈三副，每年备造上副，中副二，共银二十七两，铺陈库子二名，馆夫六名，每名每年工食银一十二两，共银九十六两，以上共银二千三十八两。"① 不知此"旧额"指代的具体时间，是否包括明朝。集贤驿共有四只站船，三十五匹马，二十四名水手，八名驿站工作人员，不是一个小驿站。

瀼途驿，水驿，属夔州府万县，在万县西北百里，今重庆市万州区南瀼渡。

曹溪驿，水驿，又名漕溪驿，属重庆府忠州，在今重庆市万州区南武陵镇。洪武十四年置。民国《忠州志》载有三位曹溪驿驿丞，洪武时的史可行、正统时的滕亮、万历时的张谭。清朝时曹溪、云根、花林三驿的驿丞均裁撤。②

云根驿，水驿，属重庆府忠州，在州治南，今重庆市忠县忠州镇。嘉靖年间此驿的费用被大幅减少。民国《忠州志》载有云根驿八个驿丞的姓名与任职时间，分别是洪武年时的李之福、宣德时的姜登、成化时的杜一棠、正统时的谢霁、嘉靖时的岳微、万历时的徐松与蒋廷关、崇祯时的汪应时。

花林驿，水驿，属重庆府忠州，州西八十里，在今重庆市忠县西南花岭。《忠州志》载花林驿驿丞有洪武时的张得名、景泰时的史喆、正统时的张顺山、万历时的胡隽。

丰陵驿，水驿，属重庆府忠州丰都县，在县东北三里，今重庆市丰都县名山镇。

东青驿，水驿，又名焦崖驿，属重庆府涪州，在今重庆市涪陵县东北

---

① （清）张琴修，（清）范泰衡纂：《万县志》，《中国方志丛书》第379号，清同治五年刊本，第387页。

② （清）佚名纂修：《忠州志》卷二，民国二十一年抄本。下花林驿与云根驿同。

珍溪。

涪陵驿，水驿，属重庆府涪州，涪陵州治东关，在今重庆市涪陵县城关镇。

蔺市驿，属重庆府涪州，在今重庆市涪陵县西蔺市。洪武十四年置。

龙溪驿，水驿，属重庆府巴县，嘉靖十三年改属长寿县，在今重庆市长寿县城西南。洪武十四年置。《明实录》作马驿。《大竹县志》谓："旧志有驿传一门，谓古龙溪驿即新宁馆，在县东七十里，明设驿丞于此。"① 这两个龙溪驿显然不是同一驿。

木洞驿，水驿，属重庆府巴县，在府东九十里，今重庆市巴南区东木洞镇。

朝天驿，属重庆府，在今重庆市渝中区朝天门内。

鱼洞驿，属重庆府巴县，重庆府南六十里。万历元年改为土闹坝驿，万历九年改置鱼洞水驿，或云万历元年改置。在今重庆市巴南区鱼洞镇。

铜罐（《明实录》作"铜锤"）驿，又称铜罐溪驿，属重庆府巴县。万历九年革。在今重庆市九龙坡区西南铜罐驿镇。洪武十四年置。"万历四年，复因国库帑藏空虚，财政拮据，裁省冗官。《四川总志》记称：是年四月，巴县铜罐驿、江津县石羊驿、江安县董坝驿等驿丞，均因此而被裁去。"②

僰溪驿，水驿，属重庆府江津县，在今重庆市江津县几江镇。

石羊驿，水驿，属重庆府江津县，在县治西六十里，在今重庆市江津县西南油溪镇。洪武十四年置，万历九年革。

石门驿，水驿。白沙镇驿原名白沙驿，属重庆府江津县，万历九年改置石门水驿。旧在今重庆市江津县西南石门，万历间移至江津县西南白沙镇。

汉东驿，属重庆府江津县，在今重庆市永川朱沱镇。洪武十四年置。

史坝驿，水驿，属泸州合江县，在今四川省合江县东北史坝。

---

① 陈步武、江三乘纂，郑国翰、曾瀛藻修：《大竹县志》，《中国方志丛书》第 380 号，民国十七年铅印本，第 305 页。

② 王立显主编：《四川公路交通史》，四川人民出版社 1989 年版，第 28 页。

牛脑驿，水驿，属泸州合江县，在今四川省合江县西北牛脑驿。洪武十四年置。

神山驿，水驿，属泸州合江县，在今四川泸县东南弥陀镇。

黄舣驿，水驿，属泸州，在今四川泸州市东黄舣。洪武十四年置。

泸川驿，水驿，属泸州，在今四川泸县城内。

纳溪驿，水驿，属泸州纳溪县，在县治内，今四川纳溪县城内。洪武十四年置。嘉庆《纳溪县志》作水马驿。

江安驿，水驿，属泸州江安县，在今四川江安县江安镇。洪武十四年置。民国《江安县志》载："江安铺递前明设，通邮驿，江安水驿、董坝水驿，县门铺、清水铺、泥溪铺、高坎铺、南井铺、桐树铺、石滩铺、碑山铺，清初无驿传，改为十三铺。"① 民国《江安县志》还记录了明朝一些驿丞的任职情况："孟隆，成化三年任。孙玉，弘治元年任。李儒，正德三年任；李栋樑，十三年任。张大栋，万历四年任；王腾万，八年任；陈尚裕，十三年任。金良梓；李应虹，十七年任；汪应杰，十九年任；周仕礼，二十一年任；向，阙名，三十一年任；王邦泰，三十五年任；文鉴，三十九年任。"明代驿丞姓名保存下来的不多，这是保存较多的驿。

龙腾驿，水驿，属叙州府南溪县，在今四川南溪县南溪镇。

李庄驿，属叙州府南溪县，在今四川宜宾市东李庄。洪武十四年置。嘉靖二十六年，因巡抚四川都御史张时彻等奏，革除。

汶川驿，水驿，属叙州府，在今四川宜宾市。嘉庆《宜宾县志》载："旧设……汶川驿驿丞一员、宣化驿驿丞一员、月波驿驿丞一员、真溪驿驿丞一员。"② 没有说明设置的具体时间。

牛口驿，属叙州府，在今四川宜宾市东南广镇。洪武十四年置。嘉靖二

---

① 严希慎等修，陈天锡等纂：《江安县志》，《中国方志丛书》第375号，民国十二年铅印本，第104页。

② （清）刘元熙修，（清）李世芳纂：《宜宾县志》，《中国方志丛书》第392号，清嘉庆十七年刻本，民国二十一年重印本，第63页。

十六年，因巡抚四川都御史张时彻等奏，革除。

真溪驿，水驿，属叙州府宜宾县，在今四川宜宾县西北真溪。

宣化驿，属叙州府宜宾县，在今四川宜宾县西北宣化。洪武十四年置。嘉靖二十六年，因巡抚四川都御史张时彻等奏，改水驿为马驿。此次奏请共撤掉三个水驿，将一水驿改置为马驿，增加了两个马驿。

月波驿，水驿，属叙州府宜宾县，在今四川宜宾县西北月波。

下坝驿，水驿，属嘉定州犍为县，在今四川犍为县东南么姑沱。洪武十四年置。

沉犀驿，属嘉定州犍为县，在今四川犍为县玉津镇南。

三圣驿，水驿，属嘉定州犍为县，在今四川乐山市南五通桥。

凌云驿，水驿，属嘉定州，在今四川乐山市。

平羌驿，水驿，属嘉定州，在今四川乐山市北悦来。洪武十四年置。

峰门驿，水驿，属眉州青神县，在今四川青神县南瑞峰镇。隆庆三年革。

青神驿，水驿，属眉州青神县，在今四川青神县青城镇。洪武十四年置。

石佛驿，水驿，属眉州，在今四川眉山县南石佛。嘉靖三十八年革。

眉州驿，水驿，在今四川眉山县眉山镇东。洪武十四年置。

武阳驿，水驿，又名龙爪驿，属眉州，隆庆二年改属眉州彭山县，在今四川新津县武阳镇，后移至今彭山县凤鸣镇。或云在县境龙爪滩旁。

龙爪驿，属成都府仁寿县。隆庆二年革。

木马驿，水驿，属成都府会阳县，在今四川双流县东南永安。洪武十四年置。

广都驿，属成都府华阳县，在今四川双流县东南华阳镇。隆庆二年革。

锦官驿，属成都府，在今四川成都市东隅。

一路马驿，由南京会同馆出发，从陕西黄坝驿进入四川，到达成都锦官驿，共八十二驿，四千七百九十五里。黄坝驿六十里至神宣驿，六十里至沙河驿，七十里至龙潭驿，六十五里至柏林驿，四十里至施店驿，五十里至槐树驿，七十五里至锦屏驿，六十里至隆山驿，六十里至柳边驿，六十里至富村驿，六十里至云溪驿，六十里至秋林驿，六十里至皇骅驿，六十里至建宁驿，六十里至五城驿，六十里至古店驿，六十里至广汉驿，六十里至新都驿，六十里至锦官驿。

神宣驿，属保宁府广元县，在今四川广元县东北宣河，接陕西宁强黄坝驿。

沙河驿，旧名望喜驿，属保宁府广元县，在广元城北四十里，今四川广元县北沙河镇。

龙潭驿，属保宁府昭化县，在今四川广元县南龙潭。

柏林驿，属保宁府昭化县，在今四川广元县南林沟。

施店驿，属保宁府昭化县，在今四川广元县南白鹤。

槐树驿，属保宁府苍溪县，在今四川苍溪县北槐树。洪武十九年革。该驿始建年代不详，在明代存续的时间很短。

锦屏驿，水马驿，属保宁府阆中县，旧在今四川阆中县保宁镇西，后移于今保宁镇东。

隆山驿，属保宁府阆中县，在今四川南部县南隆镇。

柳边驿，属保宁府南部县，在今四川南部县西柳驿场。

富村驿，属潼川州中江县，在今四川盐亭县东北富驿镇。

云溪驿，属潼川州盐亭县，在今四川盐亭县云溪镇。

秋林驿，属潼川州，在今四川盐亭县西南秋林。洪武中置。

皇骅驿，也作皇华驿，属潼川州，在今四川三台县潼川镇。

建宁驿，属潼川州，在今四川三台县西建林镇。洪武中置。

五城驿，属潼川州中江县，在今四川中江县城关镇。

古店驿，属潼川州中江县，在今四川中江县西古店。

广汉驿，属成都府广汉州，在今四川广汉县雒城镇。嘉庆《汉州志》

载："汉州腰站广汉驿旧设马十二匹，马夫六名，杠夫二十名。"① 没有确切说明这一配置的时间，十二匹马，无论在明朝还是清朝，都不是一个大驿站。

新都驿，属成都府，在今四川新都县城内。

一路水马驿，从龙江至重庆府朝天驿，再转马驿，朝天驿至成都府锦官驿，十一驿九百八十里。朝天驿六十里至白市驿，六十里至来凤驿，一百二十里至东皋驿，一百里至峰高驿，一百里至龙桥驿，一百里至安仁驿，一百里至珠江驿，一百里至南津驿，一百一十里至阳安驿，八十里至龙泉驿，五十里至锦官驿。

白市驿，属重庆府巴县，位于巴县西，在今重庆市西南白市驿。

来凤驿，属重庆府巴县，成化后改属永川县，后又改属璧山县，在今重庆璧山县南来凤。

东皋驿，属重庆府永川县，在今重庆永川县城东。

峰高驿，属重庆府荣昌县，在今重庆市荣昌县东峰高。

龙桥驿，亦名隆桥驿，在隆昌县治。"嘉靖四十五年十二月壬辰，初，设四川隆昌县于泸州、富顺、荣昌县之中，属叙州府。先是，三州县中有驿曰隆桥，居山谷间，为盗渊薮，设重庆府通判一员督军守之。至是守臣建言：'设通判不如设县治，令事有专统，可以责成，然后地方无患。'部覆从之。"② 隆昌县之设，是因为隆桥驿的存在。

安仁驿，属成都府内江县，在今四川内江县南沱江。正德九年，根据都御史彭泽建议，改入内江县城。③

① （清）刘长庚等修，（清）侯肇元等纂：《汉州志》，《中国方志丛书》第 387 号，清嘉庆十七年刊本，第 473 页。

② 黎邦正、刘重来、郑家福编：《明实录类纂·四川史料卷》，武汉出版社 1993 年版，第 71 页。

③ 黎邦正、刘重来、郑家福编：《明实录类纂·四川史料卷》，武汉出版社 1993 年版，第 1312 页。

珠江驿，在资州州治内，今四川资中县重龙镇。

南津驿，属成都府资阳县，在今四川资阳县东南南津。"成化五年闰二月，以四川简县南津马驿仍隶资阳县，徙资阳镇巡检司于南津隙地，以巡抚都御史汪浩言驿去简县太远，司距资阳甚近也。"① 这说明南津驿的隶属曾有过变化，最初属资阳县，后来改属简县，但南津驿离简县远而离资阳近，所以四川巡抚汪浩又将其改回，仍属资阳县管辖。

阳安驿，属成都府简州，在简州州治内，今四川简阳县简城镇。

龙泉驿，属成都府简州，在今四川成都市东南。

重庆府北至潼川州路。本府。一百廿里土陀驿。巴县。一百廿里合州合阳驿。一百廿里太平驿。一百六十里平滩驿。岳池县。百廿里顺庆府嘉陵驿。一百廿里蓬州龙溪驿。百廿里盘龙驿。西六十里至保宁府。又四十里至苍溪县。产黄丝。南六十里隆山驿。六十里柳边驿。南部县。六十里富村驿。六十里云溪驿。盐亭县。六十里秋林驿。六十里至潼川州。②

土陀驿，也作土沱驿，属重庆府巴县，原在今重庆市北水土镇，隆庆六年移置今合川县东。

合阳驿，属重庆府合州，在今重庆市合川县合阳镇。

太平驿，属重庆府合州定远县，在今武胜县西南中心镇。"梁邑东至万县一百六十里，西至垫江一百里，明原设有白洋、太平、沙河、袁坝四驿。国朝定鼎，以度支维艰，奉裁无考，惟查太平驿旱夫三十二名，每名工食银七两二钱，共银二百三十两四钱，中马三十五匹，支应银三百六十两，铺陈三副，馆夫四名，每名工食银六两，共银二十四两。以上共银一千六百四十九两四钱，本县编银九百六十五两八钱，合州编银六百五十九两六钱，定远

---

① 黎邦正、刘重来、郑家福编：《明实录类纂·四川史料卷》，武汉出版社1993年版，第61页。

② （明）黄汴纂，杨正泰点校：《一统路程图记》，见杨正泰：《明代驿站考》（增订本），上海古籍出版社2006年版，第224页。

编银二十四两。"① 三十五匹马的驿站在明朝算是一个中等驿站。清朝时，太平驿减至额三匹马，一名半马夫。

平滩驿，属顺庆府岳池县，在今四川岳池县西南坪滩。

嘉陵驿，属顺庆府南充县，在今四川南充市。

龙溪驿，龙溪是水驿还是马驿，《四川公路史》未明确说明，"经土沱马驿（重庆北）、盘龙驿（广安南）、龙溪驿（大竹东）、分水马驿（万县境）、集贤水马驿（万县东）、云阳水马驿（云阳境），往东路通湖广"②。杨正泰先生作水驿，"龙溪水驿，属顺庆府蓬州。嘉靖三十六年改属顺庆府大竹县，原在今四川蓬安县境，确地待考。嘉靖三十六年移于今四川梁平县西北袁驿镇"③。《明实录》称在洪武十四年建马驿五，其中有龙溪驿，但此龙溪驿属于夔州府。《明实录》还记载了嘉靖三十六年，龙溪驿改隶大竹县。《大竹县志》载："旧志有驿传一门，谓古龙溪驿即新宁馆，在县东七十里，明设驿丞于此。"④ 但土陀是马驿，分水亦是马驿，无两个马驿中间有一水驿之道理。

盘龙驿，属保宁府南部县，嘉靖三十六年改属顺庆府广安州，原在今重庆市合川县东北盘龙，嘉靖中移置今四川广安县南。

苍溪驿，属保宁府苍溪县，在今四川苍溪县西马桑。"洪武三十五年十一月癸巳，设雅州苍溪、龙滩、虎跳三驿。"⑤

隆山驿，属保宁府阆中县，在今四川南部县南隆镇。

柳边驿，属保宁府南部县，在今四川南部县西柳驿场。

---

①　（清）朱言诗等纂修：《梁山县志》，《中国方志丛书》第 378 号，清光绪二十年刊本，第 840 页。

②　王立显主编：《四川公路交通史》，四川人民出版社 1989 年版，第 29 页。

③　杨正泰：《明代驿站考》（增订本），上海古籍出版社 2006 年版，第 48 页。

④　陈步武、江三乘纂，郑国翰、曾瀛藻修：《大竹县志》，《中国方志丛书》第 380 号，民国十七年铅印本，第 305 页。

⑤　黎邦正、刘重来、郑家福编：《明实录类纂·四川史料卷》，武汉出版社 1993 年版，第 1236 页。

富村驿，属潼川州中江县，在今四川盐亭县东北富驿镇。

云溪驿，属潼川州盐亭县，在今四川盐亭县云溪镇。

秋林驿，属潼川州，在今四川盐亭县西南秋林。洪武中置。

成都府北至龙州路，从锦官驿经新都驿、广汉驿、古店驿、五城驿、建宁驿至皇华驿。一百八十里金山驿。绵州。一百八十里西平驿。江油县。九十里武平驿。一百里青川千户所古城驿。一百廿里龙州小溪驿。涪江源发于此。北至陕西文县界。①

金山驿，属成都府绵州，在绵州州治内，今四川绵阳市。

西平驿，又名平度驿，属龙安府江油县，在今四川平武县东南平驿。

武平驿，原属龙安府，"宣德九年十一月戊寅，置四川龙州宣抚经历司经历、知事各一员。改龙州武平驿、小河驿、水进驿、小溪驿、古城驿隶龙州宣抚司。"② 在今四川平武县城内。

古城驿，属龙安府，在青川千户所，今四川平武县东古城。

小溪驿，涪江源发于此。属龙安府，在今四川青川县城内，明置。北至陕西文县界。

成都府西南至会川卫路。锦官驿。百三十里唐安驿。崇庆州。百十里白鹤驿。邛州。一百廿里百丈驿。雅州名山县。百廿里雅州雅安驿。百廿里新店驿。八十里箐口驿。并属（荣）［荥］经县。百廿里黎州沉黎驿。百四十里河南驿。百廿里镇西驿。八十里利济驿。并属越嶲卫。八十里邛部州龙泉驿。百廿里泸沽驿。马湖府之西八百里。南七十里溪龙驿。六十里建昌卫泸川驿。六十里禄马驿。百廿十里阿用驿。七十里白水

---

① （明）黄汴纂，杨正泰点校：《一统路程图记》，见杨正泰：《明代驿站考》（增订本），上海古籍出版社 2006 年版，第 225 页。

② 黎邦正、刘重来、郑家福编：《明实录类纂·四川史料卷》，武汉出版社 1993 年版，第 52 页。

驿。七十里巴松驿。七十里大龙驿。并属会川卫。五十里会川卫。①

唐安驿，属成都府崇庆州，在今四川崇庆县崇阳镇。

白鹤驿，属邛州。洪武中改白鹤馆置，在今四川邛崃县临邛镇。

百丈驿，属雅州名山县，在今四川名山县东北百丈。

雅安驿，属雅州，在今四川雅安县城关镇。"东行官道，县治东门一里过雅安桥，四里周公渡过河，十里大兴场，五里水津关渡，十里草坝场，由草坝五里羊脑坪，十五里至水口观音场，又十里竹箐关，与洪雅官道相接。西行官道，县治出西门，五里过宋村渡，五里多营坪，十五里大深溪，五里飞仙关，出多功峡，与芦山分界。"② 这是成都通往藏区的重要通道，地理位置十分重要。明末清初，雅安驿站废弃，"康熙四十一年，西陲用兵，安设站马六匹，夫三名，扛夫六名，以司运递"③。

新店驿，属雅州荥经县，在今四川荥经县北新添。"明置箐口、新店上下二驿，驿丞各一员，驿史各一名，抄牌各一名，箐口夫十二名，马十匹，新店夫十五名，马十二匹，新店下驿明崇祯间裁，箐口亦寻废。"④ 箐口驿为上驿，新店驿为下驿。

箐口驿，属雅州荥经县，在今四川荥经县西南靖口。

沉黎驿，属黎州安抚司，在今四川汉源县北建黎。明初置，清朝时沉黎驿名富林驿。

河南驿，属越巂卫军民指挥使司，在今四川甘洛县北，确地待考。

镇西驿，属越巂卫军民指挥使司，在今四川甘洛县正西。

利济驿，属越巂卫军民指挥使司，在今四川甘洛县南顺河。

龙泉驿，属邛部州。

① （明）黄汴纂，杨正泰点校：《一统路程图记》，见杨正泰：《明代驿站考》（增订本），上海古籍出版社2006年版，第224页。

② 胡荣湛修，余良选等纂：《雅安县志》卷一，民国十七年石印本，第14页。

③ （清）曹抢彬修，（清）曹抢翰纂：《雅州府志》卷五，光绪十三年补刊本。

④ 张赵才等纂修：《荥经县志》，《中国方志丛书》第369号，民国四年刊本，第165页。

泸沽驿，属建昌卫军民指挥使司，在今四川冕宁县南泸沽。土官。《明实录》记载，宣德五年七月，土官驿丞杨兴祖曾进京朝贡。

溪龙驿，属建昌卫军民指挥使司，在今四川西昌县北新华，即溪龙街。土官。

泸川驿，属建昌卫军民指挥使司，在今四川西昌县泸川。土官。

禄马驿，属建昌卫军民指挥使司，在今四川西昌县南鹿马。土官。

阿用驿，属建昌卫军民指挥使司，在今四川德昌县东阿荣。土官。

白水驿，属建昌卫军民指挥使司，在今四川西昌县南白家寨。土官。

巴松驿，属会川卫军民指挥使司，在卫治北一百四十里，今四川会理县北巴松工区。万历二年革。

大龙驿，属会川卫军民指挥使司。在卫治北六十里，今四川会理县北益门。万历二年革，崇祯五年参将苏迪筑营重修。

成都至松潘军民府，马驿十，七百六十五里。锦官驿六十里至永康驿，一百里至太平驿，八十里至寒水驿，七十里至安远驿，六十里至护林驿，七十里至长宁驿，六十五里至来远驿，六十里至镇平驿，一百里至归化驿，一百里至古松驿。

永康驿，属成都府灌县，在今四川灌县灌口镇。

太平驿，属成都府茂州汶川县，在今四川汶川县南银杏。

寒水驿，属成都府茂州汶川县，"北周天和三年复置汶川县，县治仍在姜维城，直到明宣德年间迁治寒水驿（今汶川县绵虒乡政府所在地）"[1]。"旧置于今四川汶川县城，隆庆中，移置于今县南绵虒镇。"[2]《阿坝州志》与杨正泰先生所说有异，杨先生认为寒水驿是由县城移到绵虒镇的，而《阿坝州志》认为寒水驿本在绵虒镇，是宣德年间汶川县治由姜维城移到了绵虒

---

[1] 阿坝藏族羌族自治州地方志编纂委员会编：《阿坝州志》，民族出版社 1994 年版，第 110 页。

[2] 杨正泰：《明代驿站考》（增订本），上海古籍出版社 2006 年版，第 47 页。

镇。不知孰是，待进一步考证。

安远驿，属成都府茂州，在今四川茂汶羌族自治县西南七星关。

护林驿，属成都府茂州，在今四川茂汶羌族自治县凤仪镇。

长宁马驿，属成都府茂州，在今四川茂汶羌族自治县西北沙坝东。

重庆府至播州宣慰司。"播州宣慰旧辖乌江、湘川、松坎、播川、仁水、桐梓（土官）、永安、昌江、湄潭、沙溪（十驿属播州长官），鳌溪、岑黄、白泥三驿属□□，十三驿俱当川贵孔道。"① 文中所缺鳌溪、岑黄、白泥三驿的管辖单位，白泥驿属播州宣慰使司白泥长官司，岑黄驿与鳌溪驿属播州宣慰使司余庆长官司。这是川黔东线驿道。这条驿道穿过播州宣慰司可以一直到达成都府。《明实录》载，洪武十五年，播州宣慰使司置郴塘、地松、上塘三驿，但这三驿具体在什么地方，延续情况如何，清郑珍《遵义府志》、民国犹海龙《桐梓县志》均未载。从重庆府到播州宣慰司的驿道是："经百节马驿（巴县东）、白渡马驿（江津东）、东溪马驿（綦江南），安稳马驿（綦江东南）、松坎驿（桐梓北）、桐梓驿、播州驿（桐梓城）、永安驿（播州北）、湘川驿（遵义）、乌江驿（播州西），往南达贵阳。"② 文中播州驿当是播川驿之误，清郑珍《遵义府志》、民国犹海龙《桐梓县志》、方志出版社1997年版《桐梓县志》、杨正泰《明代驿站考》（增订本）均作播川驿。

百节驿，属重庆府巴县，在今重庆市巴县南百节。

白渡驿，属重庆府江津县，在今江津县东渡市。据道光《綦江县志》载，白渡驿最先在距綦江县城二十里处，经县令张文熙申请，改设于县城北门外，后又改到垫江沙镇。

东溪驿，属重庆府綦江县，原在綦江县东南东溪，嘉靖中移至东溪东南

① （清）黄乐之、（清）平翰等修，（清）郑珍纂：《遵义府志》，《中国方志丛书》第152号，清道光二十一年刊本，第584页。

② 王立显主编：《四川公路交通史》，四川人民出版社1989年版，第30页。

赶水镇。"黄金坪、东溪、赶水、安稳坝有公馆，俱被播酋劫毁。"[1] 东溪、安稳的公馆当是驿站，赶水本有公馆，将东溪的驿站移至赶水，实际上是将东溪与赶水的公馆合而为一，撤销了东溪公馆。

安稳驿，属重庆府綦江县，在今綦江县安稳。道光《綦江县志》载，安稳驿后废。

松坎驿，属播州宣慰使司，在今贵州省桐梓县北松坎。

桐梓驿，属播州宣慰使司，今贵州省桐梓县北新站镇旧城。土官。正德四年，主事苏民因为过关隘时多带人并且打人，降为四川桐梓驿驿丞。[2]

播川驿，属播州宣慰使司，在魁岩脚，今贵州省桐梓县城东。杨正泰先生作城西，误。

永安驿，属播州宣慰使司播州长官司，杨正泰先生认为在今贵州省桐梓县城西永安，当误。清郑珍《遵义府志》载："湘川、永安、乌江驿丞三员，岁各本折米三十六石，共银三十四两一钱二分八厘。""湘川、永安、乌江三驿库、馆、厨、书各四名，凡一十二名，名七两二钱，共八十六两四钱。"[3] 永安驿在遵义县无疑。

湘川驿，属播州宣慰使司播州长官司，在今贵州省遵义市。

乌江驿，属播州宣慰使司播州长官司，在今贵州省遵义市乌江渡。据《遵义府志》载，乌江驿还有一名渡夫。过乌江以后，就是贵州境内的养龙坑驿。

第二节　贵州驿递线路考

明代贵州驿道，最主要的是从湖南通云南的主干道。从湖南入贵州后，

---

① （清）宋灏修，（清）罗星纂：《綦江县志》，清道光六年刻本。

② 黎邦正、刘重来、郑家福编：《明实录类纂·四川史料卷》，武汉出版社1993年版，第1031页。

③ （清）黄乐之、（清）平翰等修，（清）郑珍纂：《遵义府志》，《中国方志丛书》第152号，清道光二十一年刊本，第284、291页。

依次为平溪、清浪、镇远、偏桥、黄平、清平、平越、新添、龙里、贵州、威清、平坝、普利、安庄、关山岭、查城、尾洒、新兴、湘满、亦资孔等二十驿。

平溪驿在思州府东四十里，平溪卫城外偏东北处，今玉屏县城。据《黔记》记载，平溪驿为洪武四年贵州"都司马烨建"，原额马驴六十，从湖南晃州驿至此八十里。从晃州哨进入贵州后，经鲇鱼哨、南宁哨至平溪站。南宁哨在今玉屏侗族自治县大龙镇西南南宁村，鲇鱼哨在今新晃侗族自治县鱼市镇。从平溪驿向南到今天柱县，向北到铜仁府。平溪驿的具体位置及平溪驿至思州府的距离，万历《贵州通志》与《黔记》的记载相同，均为府东四十里。弘治《贵州图经新志》及嘉靖《贵州通志》均作府东北五十里。思州府治在今岑巩县，明时亦是都坪峨异溪长官司司治所在。岑巩在北纬27.21度，玉屏在北纬27.23度，玉屏确实是处于岑巩的东偏北。岑巩至玉屏的高速公路是16.7公里，前此的驿道要翻山越岭，《黔记》与万历《贵州通志》的四十里，《弘治贵州图经新志》及嘉靖《贵州通志》的五十里，都是举的概数。"玉屏以至清溪，五十余里中有桥头坡、三家桥坡。"①

关于平溪驿建置时间，《黔记》、万历《贵州通志》、弘治《贵州图经新志》都认为是洪武四年，但《黔记》卷三十五《费聚传》记载："十五年，置贵州都指挥使司，聚署司事，讨平云南叛夷，召还乡赐老。"《梅思祖传》记载："十五年，置贵州都指挥使，署思祖都指挥使。民夷安之，寻卒。"《明史·地理志》更是明确记载："洪武十五年正月置贵州都指挥使司。"既然洪武四年未设立贵州都指挥使司，"洪武四年贵州都司马烨建"的记载就有问题。《明实录》载，洪武十五年十月辛未，增置湖广、四川马驿十四，其中湖广九驿中有属于思州宣慰使司的平溪驿。《明实录》还载，正统七年十一月，"革湖广辰州府平溪巡检司及便溪水驿，改冷水驿为便水马驿，晃州水马驿为晃州马驿，贵州思州府平溪水马驿为平溪马驿"。

① 张澍：《续黔书》，中华书局1985年版，第4页。

清浪驿在镇远府东九十里，今镇远县青溪镇。明时此处设清浪卫，卫城属湖广管辖，驿站在卫西南临水处。清浪站设在卫城东南的清浪堡，洪武二十五年设，原额马驴四十八，站船三只，水手十名。从平溪驿至清浪驿八十里，中间有属于平溪卫的太平哨，属于清浪卫的宁远哨。太平哨在今三穗的太平村，从此路可以通往邛水司。为了防备苗民从邛水司出来，故设哨防守。清浪驿六十里至镇远驿。清浪驿向西十五里至靖边堡，二十里至栗子关，四十里至平蛮堡，五十里至得胜堡，到达镇远府界。

镇远驿在镇远府城西，洪武二十五年改设，原额马驴四十八，站船四只，水手十四名。镇远驿西行六十里即为偏桥驿。明时，镇远卫城与镇远府城隔河相对。弘治年间，镇远置县，县城设于卫城东。今天的镇远县城包括当时的府城、卫城与县城。从清浪卫到镇远马场坡，进入镇远府界，十里至大胜堡，五里至碗溪铺，再十里到镇远府城东关。马场坡通邛水司，万历时，巡抚郭子章在此设立二哨，拨兵 140 余名防守。从镇远府西关出发，十里至白羊铺，十五里至相见河中火铺，进入偏桥卫界。从镇远府往北是石阡府。

偏桥驿在镇远府西六十里，偏桥卫城北。驿道自镇远入偏桥，经刘家庄、新庄铺、柳塘堡，至偏桥驿，再过跨虹桥，从北门入城，从南门出城，偏桥卫城只有这两座城门。从偏桥卫城南门出城，经西角哨、杨宾哨、马路哨、黄母哨、永安哨、徐家屯，三十里至兴隆卫东坡。当时的偏桥卫城，即今天的施秉县城。偏桥卫建于洪武时期，卫城建于洪武二十二年。明朝的施秉县建于英宗正统九年，县城始建于嘉靖四十二年，在今天施秉的马号乡。偏桥驿洪武二十六年设，原额马驴五十三。

黄平驿，兴隆卫城南，今黄平县城。旧隶四川黄平安抚司，万历二十九年播平改流，割属平越府。原额马驴二十七。按《寰宇纪要》载，黄平驿名兴隆驿，弘治《贵州图经新志》及嘉靖《贵州通志》与郭子章《黔记》同，均作黄平驿。《明实录》载："洪武十七年十月丁卯，上谓兵部曰：'驿传所以传命而达四方之政，故虽殊方绝域不可无也。近闻贵州、黄平等驿甚为使者所苦，夷人不堪，其后窜入山林者众。而兵部遇（谕）都司，凡经过使臣有非理者，必置之法，以警将来。'"① 驿名黄平是无疑的，因其在兴隆卫城，故亦被称为兴隆驿。其修建时间亦在洪武十七年以前。黄平驿东北距偏桥驿六十里，从偏桥进入兴隆的东坡站，再经寨垣铺、偏寨堡，进入兴隆卫城东门。西南距清平驿七十里，从兴隆站西行，经五里哨、灯草哨、黄猴铺、石头哨、椰木哨、周洞铺、重安站、对江铺，进入清平卫界。如果从偏桥卫南行，有一条近路，到重安仅六十里路程，但因这段路要经过大片苗族地区，而其时这些苗族又尚未归顺朝廷，属于所谓的"生苗"，驿道就绕了一个大圈子。

清平驿在清平卫城内，即今凯里市炉山镇。原额马驴四十三。弘治《贵州图经新志》作"在卫城南一里，洪武十六年建。为瀑霆驿，隶四川黄平安抚司，洪武十九年改清平驿，隶平越卫"，嘉靖《贵州通志》同。万历《贵州通志》作"城南一里，洪武十三年建，为瀑霆驿，隶四川黄平安抚司，十九年改清平驿，隶清平县"。建驿时间稍有出入，尚待考证。清平县弘治年间才建。自兴隆进入清平，经羊场哨、平蛮哨、永宁哨、落登铺、永靖哨，至清平卫北门。自清平卫南门，经芦草哨、浑水哨、滴水哨、落邦铺、大塘哨、蜡梅铺界牌哨，进入平越卫界。

平越，原为平月长官司，洪武十四年置平越守御千户所，十五年改为平越卫指挥使司，万历二十九年，设平越军民府，与平越卫同城。平越驿在平越府城南，今福泉县城。洪武十六年建，原额马驴十九。平越驿东南六十里至清平驿，从清平卫入平越界，经界牌哨、荆竹哨、杨老站、羊场铺、沙子哨、陡箐营、三郎铺、平安哨，至福泉东门。西南七十里至新添驿，自福泉城南门，经武胜营、谷子铺、永靖哨、大桥哨、酉阳铺、西山哨、黄丝站、冷溪铺、安邦哨、谷忙关，至新添卫。平越北通余庆、湄潭，南通麻哈、都匀。

---

① 贵州民族研究所编：《明实录贵州资料辑录》，贵州人民出版社1983年版，第46页。

新添驿，洪武十四年建，在新添卫城北门外。天顺八年指挥王通重建，原额马驴二十五匹半。新添卫即今贵定县。从平越西行，至谷忙关哨，入新添卫，经东苗哨、双桥哨、岩头哨、云扶哨、崩土哨，至新添卫城。自新添卫城出发，经马桑冲、瓮城哨，至新安铺，进入龙里卫。

龙里驿，在龙里卫城西门外。原额马二十八匹，隶贵州宣慰司。建驿时间，嘉靖《贵州通志》、《黔记》、万历《贵州通志》均只说是洪武年间建，而未说明确的时间。弘治《贵州图经新志》载："本朝洪武四年置龙里驿。十九年置龙里站，属贵州卫，二十三年，置龙里卫指挥使司。"在龙里地方，龙里驿是明朝最早的政府建置单位。但如本书分析贵州驿的设置时间时谈到的一样，单于洪武四年在贵州建一两个驿的可能性不大。龙里驿东距新添驿六十里，西距贵州驿六十四里。出新添卫界，经新安铺、龘樬哨、龙头哨、麻子铺、东关哨至龙里。自龙里出发，经高寨石屋洞哨、大冲哨、谷觉铺，至界牌哨，进入贵州卫界，这是从龙里至贵阳的中部驿道。从贵阳到龙里有两条驿道可走，"从贵阳乌当区永乐乡入龙里县境猫场镇（今名，下同），经泡江洞、高吏目、山中间……清水江渡口出境，全长 35 公里。道路多用石块铺砌，宽 2 至 3 米不等，沿途巴江、洗马河、小谷龙和猫场均为重要集镇，至今仍为区、乡、镇政府治所"①。宽 2—3 米，在贵州是较宽的驿道了，沿途有重要集镇，亦说明这是一条交通要道。但这条驿道不经过龙里驿，应该不是当时政府建设的驿道，而是贵阳与开阳、瓮安等地连接的另一条重要通道。

贵州驿，洪武间建于城北门外，万历二十二年改为贵阳府学，贵州驿迁至南门外。原额马四十六匹零一脚。贵州驿的具体兴建时间，弘治《贵州图经新志》及嘉靖《贵州通志》均作洪武十五年建，万历《贵州通志》同《黔记》，作洪武五年建。杨正泰《明代驿站考》（增订本）作洪武十五年。

---

① 贵州省龙里县地方志编纂委员会编：《龙里县志》，贵州人民出版社 1995 年版，第 493—494 页。

贵州驿站多建于洪武十五、十六、十七年，无单于洪武五年建一贵州驿，而十年后再建第二个驿站之可能。与贵州相邻的地区的驿站建设亦在这期间。洪武十四年，诏建岳州府至辰州府的十八个驿站；洪武十五年，开云南道。明朝贵州驿站的建设应该开始于洪武十五年。当然，明朝对贵州统治权的行使始于洪武四年十二月贵州卫的设置，也许设卫时就设了驿，还有待进一步考证。

贵州原是贵州宣慰司衙门所在地，贵州卫、贵州前卫两个卫亦在此城。后建贵阳府，府城亦在此。过龙里界，向西经仡铺、龙洞堡，至贵州城南门。自贵州城北门出发，经头桥哨、阿江铺、小箐铺、黑石头、倒树铺，至威清卫界。此外，贵州还有南通定番州、北通龙场九驿的道路。

威清驿在威清卫城南门外。洪武十七年贵州都指挥同知马烨建，隶贵州宣慰司，原额马三十匹。威清驿东距贵州驿四十五里，西距平坝驿五十五里。自贵州城出发，西行至倒树铺，经关家哨、马场哨、黑泥哨、六寨铺、平桥哨至威清卫。自威清卫南门经乾塘哨、的澄铺、碗口哨、长凹哨、狗场铺、俞家哨、芦荻哨，入平坝卫界。自威清卫亦有通龙场驿的小路。

平坝驿在平坝卫，在贵州城西北。额马十八匹。平坝驿的修建时间，相关的几种史籍记载不一。嘉靖《贵州通志》："永乐中建。弘治十二年，指挥魏纪重修，隶宣慰使司。"万历《贵州通志》亦作永乐中建，隶宣慰司，马馆、铺陈由金筑司负责。《明实录》载，洪武十五年十月辛未，"增置湖广、四川马驿一十四"，其中四川五驿中有属贵州卫的平坝驿，而改隶贵州宣慰司是正统三年八月的事情。自威清卫芦荻哨西行，经龙湾哨、哼啰哨、乾塘哨、界首铺、高坡哨、望城哨，至平坝卫。自威清卫南门，经沙作铺、寒坡哨、蛙山哨、饭陇铺、横水塘至水桥屯，入普定卫界。

普利驿在今普定卫城南门外（今安顺市区），原额马二十九匹。所建时间不确，但《明实录》载永乐元年九月事情："前军都督府臣奏：'贵州都司言，普定卫遣镇抚宁忠往普安，道经普利驿，所乘马蹂践王馆，请罪之。'上曰：'驿馆以备过使止宿，朝廷未设王馆，若是诸王经过，亦不过暂时留止，岂是常制。忠不为罪，其释之。'"① 则普利驿当是永乐之前建。正统三年八月，改普利驿"隶安顺州"②。之前应隶属普定卫。据杨正泰《明代驿站考》（增订本），普利东北至平坝驿六十里，西南至安庄驿五十里；根据徐霞客《黔游日记》统计，从平坝驿至普利驿为四十七里，普利驿至安庄驿四十八里。自平坝卫水桥屯西行，经陇窝铺、杨家关哨、阿若铺、石关口哨、罗德铺，至普定卫城东门。自普定卫城西门普定站，西行经集翠岩哨、杨家桥铺、马场铺、龙井铺，至安庄卫界。

安庄驿，原额马二十四。郭子章《黔记》及万历《贵州通志》均载，安庄驿原名叠水驿，在安庄卫（今镇宁县城）。万历二十二年，更名安庄驿，驿署亦移至卫城内，不载所建时间。弘治《贵州图经新志》载："在州治南百里白水站内，洪武十五年建，先属普定府，府废，属普定卫，正统二年，改属本州。"《明实录》亦载：正统三年八月，改"十二营、康佐二长官司、在城税课司、安庄驿隶镇宁州"。嘉靖《贵州通志》卷五"职官志·镇宁州"载："安庄驿，驿丞一员，吏一员。"卷五"公署·镇宁州"下载："安庄驿，在白水站。"则安庄驿改名当不是万历年间的事。其属安庄卫管辖，因而亦被习惯性称为安庄驿。出普定卫界入安庄卫界，经马场铺、双山哨、大山哨、龙井铺，至安庄卫北门。自安庄卫南门，经白马哨、阿桥铺、石关哨、白水铺滑石哨、鸡背哨、大凹哨、马跑哨，至关山岭驿。

关山岭驿，万历二十二年设。原额马十一匹。杨正泰《明代驿站考》（增订本）未录此驿。根据徐霞客《黔游日记》统计，安庄驿至关山岭驿三十五里，关山岭驿至查城驿二十八里半。关山岭驿西行，经霞山哨、北口铺、安笼铺、象鼻岭，至查城驿。

查城驿属永宁州，永宁州即今晴隆县，查城驿即在今关岭布依族苗族自治县岗乌镇内。原额马二十五匹。弘治《贵州图经新志》："查城驿，在州

① 贵州民族研究所编：《明实录贵州资料辑录》，贵州人民出版社1983年版，第120页。
② 贵州民族研究所编：《明实录贵州资料辑录》，贵州人民出版社1983年版，第262页。

西一百三十里，洪武十五年建，隶普定府，府废，隶普定卫，正统三年，改隶本州。"本州即指永宁州。嘉靖《贵州通志》作："永宁州，查城驿，在卫治南八十里许。"万历《贵州通志》与郭子章《黔记》亦作州南八十里。"州西一百三十里"与"州南八十里"差距较大，孰说为是呢？这里涉及永宁州治的变化。据万历《贵州通志》载：永宁州治"初建于打罕寨，宣德间改建于关岭所，嘉靖十一年，巡按御史郭弘化题改于安庄卫，万历四年，兵备杨启元议安南无有司节制，题改于安南卫，城制始定"。而据《明史地理志》记载："永宁州，洪武十五年三月属普定府，二十五年八月属普定卫，后侨治卫城。"则永宁州治曾有如下地方：打罕寨、普定卫城（今安顺市区）、关岭守御千户所、安庄卫城（今镇宁县城）、安南卫（今晴隆县城），弄清了这一问题，也就弄清了造成这个差别的原因。万历《贵州通志》以及《黔记》所说的"州南八十里"，"州"指永宁州设于安庄卫城的州治。据《黔记》记载，此州治在永宁州迁走后，改成了守备署。嘉靖《贵州通志》的"卫治南八十里"，"卫"指安庄卫。而弘治《贵州图经新志》"州西一百三十里"，是指其州治设于普定卫城（即今安顺市区）时而言。杨正泰《明代驿站考》（增订本）载，普利驿至安庄驿七十里，安庄驿七十里至查城驿，则为一百四十里，与一百三十里就相差不远了。《贵州省志·交通志》载：清末，普利驿五十里至安庄驿。① 再加上安庄驿到查城驿的距离，也与一百三十里颇为相近。

尾洒驿在明普安州治东一百六十里，即今晴隆县城，明朝时的安南卫城及永宁州城。原额马三十匹。嘉靖《贵州通志》："（安南）卫城东北，洪武中建，隶普安州。"据杨正泰《明代驿站考》（增订本）载，查城驿六十里至尾洒驿，尾洒驿七十里至新兴驿。据郭子章《黔记》载，尾洒驿建于洪武十七年。《明实录》尚有一条关于尾洒驿的记载：洪武二十三年八月，"普

---

① 贵州省地方志编纂委员会编：《贵州省志·交通志》，贵州人民出版社1991年版，第3页。

安军民指挥司屡言百夫长密即叛，杀屯田官刘海、尾洒驿丞余成及试百户杨世杰，劫夺驿马、焚馆舍"①。查城站西行，经黄土坡铺、新铺、盘江铺、保甸铺、哈马章铺，至安南卫城东门。

新兴驿在明普安州治东，为今普安县治所在。原额马三十匹。修建时间不详，但《明实录》载，洪武十五年十月，"增置湖广、四川马驿一十四……贵州卫曰平坝、新溪"。贵州无新溪驿，疑即新兴驿之误。且其修建时间应该与尾洒、查城等驿时间相近。据杨正泰《明代驿站考》（增订本）载，尾洒驿七十里至新兴驿，新兴驿八十里至湘满驿。但根据徐霞客《黔游日记》计算，尾洒驿至新兴驿仅五十里，新兴驿至湘满驿五十六里。郭子章《黔记》载新兴驿至湘满驿七十里。自安南卫城南门，经乌鸣铺、蜡茄铺、牛场铺、泥纳铺、芭蕉铺，至新兴驿。

湘满驿，在普安州治北，今盘县县城，明朝时是普安州城和普安卫卫城。原额马三十匹。湘满驿所建时间不详。据《黔记》载："明永乐元年，置普安安抚司，以慈长为安抚。初，慈长来朝，言建文时于其地置贵宁安抚司，以故父者昌安抚。近吏部遵旧制，奏罢安抚司。然本境地阔民稠，岁于普安军民府输粮三千余石，且路当要冲，旧有湘满等驿，乞仍设安抚司督治为便。"永乐元年前，湘满驿建制已经存在。估计也是洪武年间开云南道路时修建的。自新兴驿西行，经板桥铺、革纳铺、撒麻铺、水塘铺、高厉铺，至普安卫卫城。自普安卫城北门，经蒿子铺、亦纳铺、大坡、鹅郎铺，至亦资孔驿。

亦资孔驿，原额马三十匹。亦资孔驿所建年代不详，当亦是洪武年间通云南道时所建。据郭子章《黔记·邮传志》记载，驿站在普安卫治西六十里，徐霞客《黔游日记》记为五十八里半，二者基本一致。

据资料记载，从湖南通云南的驿道上，一度还置有盘江驿与蜡茄驿。

---

① 贵州民族研究所编：《明实录贵州资料辑录》，贵州人民出版社 1983 年版，第 73—74 页。

"又置蜡茄驿于城西沙子岭往西十里处，后裁驿站改置蜡茄铺。崇祯元年（1628年）置盘江驿，驿馆分设于盘江铁索桥西东两端。置有门栏，定为卯时开门过桥，酉时关门禁止通行，两岸设置驿站，以便往来客商休息。后由参将李芳先率兵护桥，驿站一度停业。"① 但尾洒驿既然设在安南卫城（即今晴隆县城），不可能在城西十里的地方再建一驿站。可能蜡茄本就不是驿站名，而是铺名，但一般人并不在意二者之间的区分，就叫成"蜡茄驿"了。至于盘江驿，当是在建成盘江铁索桥后新建的驿站。原驿道走盘江渡，后来建桥了，驿道路线也就有所改变，增建驿站就有可能了。

明时，贵州与四川相连的驿道有三条，一条经奢香所开九驿，由贵州卫到永宁卫；一条到达播州宣慰司领地；再一条是从黄平驿到播州，原隶四川播州宣慰司，后改属平越府。

由贵州到永宁卫，经过龙场驿、陆广驿、谷里驿、水西驿、奢香驿、金鸡驿、阁雅驿、归化驿、毕节驿、层台驿、阿永驿、赤水驿、摩尼驿、普市驿，到达永宁卫。其中，龙场至毕节九驿即奢香夫人所开的九驿。洪武年间，贵州都指挥同知马烨镇守贵州，时水西土司、贵州宣慰使霭翠去世，由其妻奢香代立。马烨想灭掉土司政权，就找机会挑衅生事，想引起叛乱，以达到用兵的目的。正好奢香有一点小的过错，马烨借机裸挞奢香，想以此激怒其部众。奢香在水东宋氏土司夫人刘氏的帮助下，面见朱元璋，揭穿了马烨的阴谋，朱元璋不得已，召回马烨。为了报答朱元璋，奢香带领百姓开山通道，筑九驿以通四川。

龙场驿是水西九驿中的第一个驿站，就在今天的修文县城。正德初年，王阳明贬为贵州龙场驿驿丞，潜心学习，"始知圣人之道，吾性自足，向之求理于事物者误也"，得出了"心即理"的著名论断，史称"龙场悟道"。龙场驿也因之成为著名的旅游胜地。龙场九驿均建于洪武十七年。郭子章

---

① 贵州省晴隆县志编纂委员会编：《晴隆县志》，贵州人民出版社1993年版，第361页。

《黔记》记载，龙场驿在贵州城西北七十里。万历《贵州通志》同。此数字符合实际。今天贵阳到修文的公路，如不走高速，也就是三十多公里。弘治《贵州图经新志》载："龙场驿，在治城西北一百八十五里。谷里驿，在治城西北一百八十五里。"一百八十五里，当指从贵阳到威清驿，从威清驿转到鸭池河，再到龙场。但此路太远，从龙场到贵州一般不会这样走。龙场驿额马二十三匹。

陆广驿在今修文县六广镇，贵州城西北一百二十里。额马十八匹。在龙场驿至陆广驿之间的蜈蚣坡，尚存一段古驿道。

谷里驿在今黔西县谷里镇。额马十九匹。谷里驿的位置，郭子章《黔记》与万历《贵州通志》均载为贵州城西北一百七十五里，弘治《贵州图经新志》作贵州城西北一百八十里，相差不大。

水西驿在贵阳城西北二百一十里，今黔西县城。额马二十二匹。

奢香驿亦名西溪驿，在今黔西县凹水乡。额马十七匹。因其地海拔低，冬季温暖，奢香在此建有避寒宫，每年冬季在此避寒，因而称之为奢香驿。奢香驿与贵阳的距离，郭子章《黔记》与万历《贵州通志》均作城西北二百六十里，弘治《贵州图经新志》则载："奢香驿，在治城西北三百四十里；金鸡驿，在治城西北三百里。"奢香驿在贵阳城西北，而金鸡驿更在奢香驿之西，此记载显然有误。

金鸡驿在今大方县境。额马二十一匹，贵阳城西北三百二十里。

阁鸦驿在今大方县大寨乡。额马十八匹，贵阳城西北三百七十里。现仍存长约五公里的古驿道，为省级文物保护单位。

归化驿在今大方归化镇。额马驴二十四匹头，贵阳城西北三百九十里。

毕节驿在毕节卫城东南 1—2 里处，今毕节市七星关区。郭子章《黔记》与万历《贵州通志》均作在贵阳西北四百三十里。

水西九驿后，到四川尚有层台驿、阿永驿、赤水驿、摩尼驿、普市驿、黑章驿、瓦店驿。层台驿、阿永驿、赤水驿、摩尼驿、普市驿，与四川永宁驿相接。但这几个驿站都隶属于四川永宁宣抚司，黑章驿、瓦店驿与云南倘塘驿相接，都在四川至云南驿道上，故于后文叙述。

从贵州出发，经札佐驿、底寨驿、养龙坑驿到达四川播州宣慰司，是贵州与四川相连的中线。

札佐驿在贵州城北，即今贵阳市修文县城札佐镇。洪武间建，额马驴二十匹头。与贵阳的距离，郭子章《黔记》与万历《贵州通志》均作五十里，弘治《贵州图经新志》作六十里。《贵阳府志》："自省城六广门出，西北十里老鸦关，又北十里凤凰铺，又八里毛栗铺，又北七里沙子哨，有塘，又北八里斑竹园，有铺，又北七里三重堰，有塘有铺，又北十里札佐汛，有铺。"① 《贵阳府志》记载的是清朝驿站的情况，但此段路线明清相同，故札佐至贵阳的距离，当以弘治《贵州图经新志》之六十里为是。

底寨驿，在今贵阳市息烽县西山乡，明底寨长官司司治所在。洪武间建，额马驴二十匹头。与贵阳的距离，郭子章《黔记》与万历《贵州通志》均作八十里，弘治《贵州图经新志》作九十里。

渭河驿在贵州城北一百里。洪武间建，额马四匹，万历九年裁。

养龙坑驿在贵州城北，在今息烽县养龙司乡，明朝养龙坑长官司。洪武间建，额马十五匹。与贵阳的距离，郭子章《黔记》与万历《贵州通志》均作一百里，弘治《贵州图经新志》作一百二十里。养龙坑驿再北行十里就是乌江渡。而据《贵阳府志》所载，养龙坑至札佐就有一百一十五里，至贵阳当有一百七十五里。

都匀卫有都镇驿、来远驿。都镇驿在都匀府北七十里，今麻江县城内，原隶平越卫。来远驿在都匀府城北一里，原隶都匀卫。弘治八年，从都御史邓廷瓒请，二驿均改隶都匀府。② 来远驿往南到平浪长官司，再南到丰宁长

① （清）周作楫修：《贵阳府志》，贵阳市地方志编纂委员会办公室校注，贵州人民出版社 2005 年版，第 771 页。

② 贵州民族研究所编：《明实录贵州资料辑录》，贵州人民出版社 1983 年版，第 560 页。

官司，通广西南丹州。

从四川彭水到婺川，再经思南、石阡，到镇远，有水陆通道，未设驿。

从思州府（今岑巩县城），经大有（今岑巩县大有乡）、大龙（今玉屏县大龙镇）、长岭（今玉屏县田坪镇长岭村）、田坪（今玉屏县田坪镇），有通道到达铜仁府，未设驿站。

另据杨正泰《明代驿站考》（增订本）载，连接黎平府交通的尚有黄团驿，属黎平府，在今贵州黎平县城东。铜鼓驿，属黎平府，在今贵州黎平县城内。铁炉驿，属黎平府，在今贵州黎平县东北中黄。江团驿，属黎平府，在今贵州黎平县东北敦寨。三里坪驿，属黎平府，在今贵州黎平县东北稳江。西楼驿，属黎平府，疑在今贵州黎平县境。但具体路线及地点待进一步考察才能确定。《黔记》未载这些驿站的情况，弘治《贵州图经新志》记载为："黄团驿，自本驿之靖州永平驿，凡八驿，俱隶五开卫。"[1] 五开卫本属湖广都司，这些驿站属于湖广管辖，故贵州志书不载。陆洙曾贬至黄团驿，"洙，字沧浪……高邮州兴化县人……正德初，以诗闻于上，待诏金马门，晋工部侍郎，以诗讽刘瑾，瑾怒，流五开卫黄团驿。日和药济病者，放情诗酒，往来五溪十洞间，卒，葬城北关外"[2]。

川黔驿道东线，即贵州至播州宣慰司路线，从偏桥驿八十里至白泥驿，七十里至岑黄驿，七十里至鳌溪驿，七十里至湄潭驿，七十里至仁水驿，八十里至湘川驿。属播州宣慰使司播州长官司，在今贵州遵义市东。

白泥驿，属播州宣慰使司白泥长官司，在今贵州余庆县城内。

岑黄驿，属播州宣慰使司余庆长官司，在今贵州余庆县西北。

鳌溪驿，属播州宣慰使司余庆长官司，在今贵州湄潭县东南鳌溪。

---

① （明）沈庠修，（明）赵瓒纂，《贵州图经新志》卷六，贵州图书馆影印弘治刻本。
② 黎兆勋、莫友芝等编：《黔诗纪略》，关贤柱点校，贵州人民出版社1993年版，第97页。

湄潭驿，属播州宣慰使司播州长官司，在今贵州湄潭县城内。

仁水驿，属播州宣慰使司播州长官司，在今贵州遵义市东虾子镇。

湘川驿，属播州宣慰使司播州长官司，在今贵州遵义市东。

第三节　云南驿递线路考

京城至云南布政司，一路水马驿，共九十六驿七千二百里。水驿七十四驿五千八百八十五里至峡口驿，峡口驿三十五里至江门驿，五十里至江安驿，五十里至永宁驿，五十里至普市驿，五十里至摩泥驿，五十里至赤水驿，九十里至新添驿，六十里至阿永驿，六十里至层台驿，七十里至毕节驿，六十里至周泥驿，七十里至黑章驿，五十里至瓦店驿，七十里至倘唐驿，六十里至沾益驿，六十里至炎方驿，六十里至松林驿，七十里至南宁驿，四十里至马龙驿，八十里至易龙驿，七十里至杨林驿，一百里至滇阳驿。马驿共二十二驿一千三百一十五里。①

峡口驿，水驿，在纳溪县东南七十里。明杨慎有《水峡驿观瀑布泉》诗。洪武二十四年，"改四川永宁宣抚司峡口驿为永安驿，落洞驿为永宁驿，乌撒落台驿为层（台）驿，云南沾益州火忽都驿为炎方驿，卜鲁吉驿为松林驿。先是，景川侯曹震言：'云南诸处水马驿传名多重复，或仍蛮夷号，殊不雅驯。'于是，命兵部悉更定之"②。而杨正泰《明代驿站考》（增订本）所载永安驿，"属播州宣慰使司播州长官司，在今贵州桐梓县西永安"。这一永安驿与由峡口驿改置的永安驿自不是同一驿。

江门驿，水马驿，原属泸州纳溪县，在今四川叙永县北江门。江安水驿属泸州江安县，今属四川江安县江安镇。据嘉庆赵炳然等修《纳溪县志》，

① 杨正泰战略校：《寰宇通衢行》，见杨正泰：《明代驿站考》（增订本），上海古籍出版社 2006 年版，第 187—188 页。

② 贵州民族研究所编：《明实录贵州资料辑录》，贵州人民出版社 1983 年版，第 80 页。

江门马驿在县东南八十五里，江门驿铺在县东南一百二十里，而江安县江安镇在纳溪正西，相距九十公里。江安镇至江门，无论是东南八十五里的江门马驿，还是一百二十里的江门驿铺，都远不止五十里。江安镇至永宁驿，即今叙永县叙永镇，近一百二十公里。也就是说，如果从江门到江安，再从江安到永宁，又要经过江门，显然有误。所以杨正泰《明代驿站考》（增订本）此段驿道之中所记江安驿，当是误多出来的一段驿程。正确的路线应该是从江门驿直接到永宁驿，两处相距八十里。

永宁驿，属永宁宣抚司，洪武十一年置，在今四川叙永县叙永镇。土官。

摩泥驿，属永宁宣抚司，洪武十四年置，在今四川叙永县南摩尼镇。

赤水驿，属永宁宣抚司，洪武十四年置，在今四川叙永县南赤水镇南关。此赤水不是今贵州赤水市。明时这里设有赤水卫。著名的雪山关即在摩尼驿与赤水驿之间，从赤水河一直向上，直到山顶，就是雪山关。笔者2015年考察了雪山关，当时普市、摩尼一带天气晴好，但雪山关阴云密布。杨慎作《雪关谣》曰："雪山关，雪风起，十二月，断行旅。雾为箐，冰为台，马毛缩，鸟鸣哀。将军不重来，西路何时开？述途人思何将军。"[1] 现在的公路从雪山关下绕行，雪山关少有人行，因此雪山关还保存得很好。

阿永驿，属永宁宣抚司，洪武十四年置，在今贵州七星关区东北飘儿井附近。

层台驿，属乌撒军民府，在今贵州七星关区北层台镇。

周泥驿，又名周尼驿，属乌撒军民府，有小城，设兵戍守，在今贵州毕节市七星关区西撒拉。七星关就在周泥驿与黑章驿之间，在毕节市七星关区杨家湾镇七星村西南，建于河边，关所在的位置并不高，但两山陡峭，河水奔流，十分险要。

---

① 转引自（明）郭子章：《黔记》，赵平略点校，西南交通大学出版社2016年版，第787页。

黑章驿，又名黑张驿，属乌撒军民府，在今贵州赫章县城内。

瓦店驿，又名瓦甸驿，属乌撒军民府，在今贵州威宁彝族苗族自治县东北妈姑镇。

《寰宇通衢》载京城至云南布政司马驿的情况，谓从黑章驿五十里到瓦店驿，七十里到倘塘驿。① 即从黑章驿至倘塘驿共一百二十里，此说有误。黑章即今贵州赫章，从赫章到倘塘，现在车程有一百五十公里，而驿道里程仅有一百二十里，悬殊太大。《寰宇通衢》载京城到四川布政司并所属各府各卫时，涉及乌撒卫驿道情况，"峡口驿三十五里至江门驿……七十里至黑章驿，五十里至瓦店驿，七十里至乌撒在城驿"②，瓦店驿与倘唐驿之间还有在城驿，在城驿属乌撒军民府，在今贵州威宁彝族苗族自治县草海镇西。但宣威倘唐与威宁草海之间，公路里程七十五公里，中间仍可能还有一驿站。据清朱光鼎等《宣威州志》、民国《宣威县志稿》载，洪武年间设有可渡驿。清道光时，可渡驿有堡夫四十名，马六匹，由倘塘驿管辖。《宣威县志稿》："本境南北两路皆通驿站，由北门出，至十里铺十里，至来宾铺十五里，至旧堡子三十里，至倘塘二十里，至水塘铺三十里，至可渡河二十里，过河即威宁界，为由威宁进京之路。"从倘塘驿到威宁界即有五十里。"清代，境内的主要古道有……由城南起，经草海桥、张关口、望城坡、飞来石、大坪子、红石岩、黑泥坡、杨桥湾、沙石坡、可渡汛入宣威界。"③ 这是清朝的情况。2015 年 11 月，笔者实地走了叙永至曲靖一线，见到了可渡驿遗址。可渡驿在云南宣威一侧，云贵两省在此以可渡河为界。此一线路应是从黑章驿至瓦甸驿，至乌撒在城驿，至云南可渡驿，再至倘唐驿。倘塘驿至可渡驿五十里，黑章驿至乌撒在城驿一百二十里，乌撒在城驿至可渡驿约一百里。全程约二百七十里。

---

① 杨正泰：《明朝驿站考》（增订本），上海古籍出版社 2006 年版，第 187 页。

② 杨正泰：《明朝驿站考》（增订本），上海古籍出版社 2006 年版，第 181 页。

③ 贵州省威宁彝族回族苗族自治县志编纂委员会编：《威宁彝族回族苗族自治县县志》，贵州人民出版社 1994 年版，第 370 页。

倘唐驿，亦作倘塘驿，在明代属曲靖军民府沾益州，位于州北八十里，即今云南宣威县北倘塘镇。

沾益驿，在今宣威县城内，曲靖军民府沾益州北。道光时，倘塘驿和沾益驿各有马六匹，堡夫四十名。洪武十六年筑乌撒卫后所土城，设沾益州流官，州治在乌撒卫后所，军屯、铺、堡并附乌撒卫管辖。并交水、石梁、罗山三县及越州入州。[1] 乌撒后所即今宣威县城。后所土城墙有一段现仍在。

炎方驿，属曲靖军民府沾益州，位于州南八十里，今云南沾益县东北炎方。

松林驿，属曲靖军民府沾益州，位于州南一百六十里，今云南沾益县北松林。

倘塘、沾益、炎方、松林四驿驿丞均为沾益州属官。

南宁驿，属曲靖军民府，在府西北十五里，今云南沾益县城内。

马龙驿，属曲靖军民府，在马龙州州北一里，洪武二十八年建，今云南马龙县城内。西南三十里至黄土坡，黄土坡二十里至下板桥，下板桥三十里至易龙驿。

易龙驿，属寻甸军民府，洪武二十四年建，在府东南六十里，今云南寻甸县西易隆。易隆驿四十里至河口，河口三十里至杨林驿。

杨林驿，属云南府嵩明州，在州南二十五里，今云南嵩明县南杨林。杨林三十里至赤水鹏，赤水鹏三十里至上板桥，上板桥四十里至滇阳驿。

滇阳驿，属云南府，洪武十六年建，原在今云南昆明市东南，后移置今昆明市南。

杨正泰《明代驿站考》（增订本）载，一路马驿，八十三驿五千一百七十五里。自贵州亦资孔驿，七十里至平夷驿，四十里至白水驿，六十里至南

---

[1] （清）刘霈霖等修，（清）朱光鼎等纂：《宣威州志》，《中国方志丛书》第33号，清道光三十四年抄本，第23页。

宁驿，与自四川峡口驿至昆明的水马驿道相合。

平夷驿是滇黔驿道进入云南后的第一个驿站，平夷亦作平彝。康熙《平彝县志》只有平彝堡，没有平夷驿的记载，"平彝堡，原名白水堡，洪武中设夫一百名，以罪人徙充，每名岁支本卫谷九石六斗，堡田一百八十亩。名为酱豆田。立百户一员典之"①。

白水关驿，又名白水驿，曲靖军民府东北八十里，今云南霑益县东北白水，白水驿驿丞为南宁县属官。

由昆明西行至金齿卫道路。《一统路程图记》载：云南府。西八十里安宁州安宁驿。五十五里禄脿驿。属安宁。八十里禄丰驿。禄丰县。六十五里舍资驿。五十五里路甸驿。并属广通县。六十里楚雄府峨𥖐驿。四十里吕合驿。属楚雄县。北一百五十里至姚安府。西六十五里沙桥驿。镇南州。七十五里普淜驿。属姚州。六十里云南驿。云南县。七十五里定西岭驿。属赵州。南往景东府。西七十五里赵州德胜关驿。北三十里至大理府洱西驿。产屏石。西八十里样备驿。属蒙化府。六十里打牛坪驿。九十里永平驿。并属永平县。六十里沙木和驿。一百十里金齿卫。产宝石。至南京八千三百六十五里。至北京一万一千八百三十五里。②

安宁驿，属云南府安宁州，在州南，洪武十九年建。

禄脿驿，属云南府安宁州，洪武十九年建，在州西七十里，今云南安宁县西禄脿。

禄丰驿，属云南府安宁州禄丰县，洪武十九年建，在县治西，今云南禄丰县城内。

舍资驿，属楚雄府广通县，在县东四十五里，今云南禄丰县西舍资。

路甸驿，属楚雄府广通县，洪武十九年建，在今云南禄丰县西敦仁。

① （清）任中宣纂辑：《平彝县志》，《中国方志丛书》第251号，清康熙四十四年刊本，第150页。
② （明）黄汴纂，杨正泰点校：《一统路程图记》，见杨正泰：《明代驿站考》（增订本），上海古籍出版社2006年版，第223页。

峨崶驿，属楚雄府，在府西城外，今云南楚雄县城内。

吕合驿，属楚雄府楚雄县，府西三十五里，今云南楚雄县西北吕合。

沙桥驿，属楚雄府镇南州，在州西三十里，今云南南华县西北沙桥。沙桥驿土驿丞杨氏，本非世袭，永乐二年，杨均进京告袭祖职时，有圣旨："除他做驿丞，不做世袭，流官掌印，他以后不志诚时换了。钦此。"① 但杨氏后人一直承袭着这一职位。"今滇西公路由南华到天子庙坡途中之沙桥，即明代驿址所在。"②

普淜驿，属姚安军民府，府西一百二十里，在今云南祥云县东南普淜。驿丞由姚安军民府姚州管辖。"蜻蛉驿，洪武十九年置，其时路自镇南入姚，而后复经普淜。至宏治十年，开辟冲道于沙桥，径达普淜，驿遂废。"③

云南驿，属大理府云南县，在县东南四十五里，今云南祥云县东南云南驿。云南驿有两个驿丞，一个流官，一个土官。

德胜关驿，又名德胜驿，属大理府赵州，在大理府南三十里，今云南下关市。德胜关驿有两个驿丞，一个流官，一个土官。

洱西驿，属大理府，在府，今云南大理县内。地产屏石。

样备驿，属蒙化府，在府西北一百二十里，今云南漾濞县城内。驿丞由土官世袭。

打牛坪驿，属永昌军民府永平县，在县东一百二十里，今云南永平县东北大古坪。正统间置土驿丞。

沙木和驿，又名沙水驿，属永昌军民府，在府署北一百二十里，今云南保山县东北瓦窑附近。洪武二十三年置驿丞，万历十三年设土官。

金齿驿，属永昌军民府，洪武二十三年建，在府城拱北门外，今云南保山县城内。万历十三年设土官。

---

① 龚荫：《明清云南土司通纂》，云南民族出版社 1985 年版，第 117 页。
② 龚荫：《明清云南土司通纂》，云南民族出版社 1985 年版，第 118 页。
③ 霍士廉等修，由云龙等纂：《姚安县志》卷十四，民国三十七年铅印本。

定西岭南至景东府路。定西岭驿属赵州。一百里定边驿。六十里新田驿。并属楚雄府定边县。六十里板桥驿。属景东。六十里景东府。景东卫　景东驿。①

定西岭驿，又名定西驿，属大理府赵州，在赵州南六十里，今云南祥云县红崖附近。

定边驿，属楚雄府定边县，在定边县城南，今云南南涧县城内。洪武二十六年建，隆庆三年革。

新田驿，属楚雄府定边县，洪武二十六年建，在定边县城南，今云南南涧县南无量。

板桥驿，属景东府，在府北六十里，今云南景东县北文龙。驿丞为世袭土官云氏，彝族。其祖阿赛在宣德六年曾率乡兵抵抗麓川兵的侵袭，斩首三级，有功，升为巡检，仍管驿丞事。原无姓氏，从第五代云必高起，以云为姓。②

景东驿，属景东府，在府北，今云南景东县城内。驿丞为世袭土官。

大理府北至丽江府路。本府。六十里邓川州驿。属邓川州。七十里观音山驿。属鹤庆府。百廿里鹤庆府在城驿。七十里丽江府通安州在城驿。③

邓川州驿，属大理府邓川州，洪武十七年建，在州南六十里，今云南大理县北上关。

观音山驿，属鹤庆军民府，在府西南一百二十里，今云南洱源县东北上站。驿丞二，一流官，一土官。土驿丞郭氏，世袭土官。

鹤庆府在城驿，属鹤庆军民府，在府南，今云南鹤庆县城内。土驿丞田氏，白族，其祖田宗跟随土官高仲朝觐，被授该驿驿丞。永乐六年，其孙田

---

①　（明）黄汴纂，杨正泰点校：《一统路程图记》，见杨正泰：《明代驿站考》（增订本），上海古籍出版社2006年版，第224页。

②　龚荫：《明清云南土司通纂》，云南民族出版社1985年版，第277页。

③　（明）黄汴纂，杨正泰点校：《一统路程图记》，见杨正泰：《明代驿站考》（增订本），上海古籍出版社2006年版，第224页。

永进京告袭，圣旨与沙桥驿丞的相同："除他做驿丞，还不世袭，着回去等服满了就那里到任管事，流官掌印，他以后不志诚时换了。钦此。"但田氏子孙一直承袭此职，直到道光年间，仍担任土官。[1]

通安州在城驿，属丽江军民府，洪武十六年建，在今云南丽江纳西族自治县城内。隆庆二年官革，站银照旧。属土官。

昆明北至武定府路。云南府。七十里利浪驿。八十里武定府。和曲驿。[2]

利浪驿，又名利浪谷驿，属云南府富民县，在今云南富民县北利浪。

和曲驿，属武定军民府和曲州，在武定府东城外，今云南武定县西南。

本省南至元江府路。云南府。八十里晋宁驿。晋宁州。七十里江川驿。澄江府江川县。本驿九十里至澄江府。七十里通海驿。临安府通海县。五十里至曲江驿。属建水州。八十里临安府建水州新建驿。八十里宝秀驿。石屏州。二百里元江府因远驿。[3]

晋宁驿，又名儒宁驿，属云南府晋宁州，在州东北五里，今云南晋宁县东北晋城。土驿丞陆氏。正统七年，冠带通事陆安因杀贼有功，任晋宁驿土驿丞。[4]

江川驿，属澄江府江川县，在江川县北三里，今云南江川县东北江城。

通海驿，属临安府通海县，在县城东，今云南通海县城内。

曲江驿，属临安府建水州，永乐元年建，在今云南建水县北曲江。

新建驿，属临安州，洪武十四年建，在府城东，今云南建水县城内。

宝秀驿，属临安府石屏州，洪武十六年建，在石屏州东，今云南石屏县西北宝秀。

---

① 龚荫：《明清云南土司通纂》，云南民族出版社 1985 年版，第 170 页。

② （明）黄汴纂，杨正泰点校：《一统路程图记》，见杨正泰：《明代驿站考》（增订本），上海古籍出版社 2006 年版，第 224 页。

③ （明）黄汴纂，杨正泰点校：《一统路程图记》，见杨正泰：《明代驿站考》（增订本），上海古籍出版社 2006 年版，第 224 页。

④ 龚荫：《明清云南土司通纂》，云南民族出版社 1985 年版，第 40 页。

因远驿，属元江军民府，洪武十六年建，在今云南元江县城内。隆庆三年官革，站银照旧。属土官。

本省东南至广西府、广南府路。云南府。七十里汤池驿。宜良县。七十里和摩驿。属澄江府路南州。八十里普陀驿。九十里广西府在城驿。八十里英武驿。六十里福德驿。六十里发助驿。六十里高来驿。六十里花架驿。属广南府。一百里速为驿。属广南。六十里广南府在城驿。广西安隆长官司界。①

汤池驿，属云南府宜良县，在县西三十里，今云南宜良县西北汤池。洪武二十四年置汤池驿，弘治初年改汤池驿为汤池巡检司，巡检二人，流官、土官各一。土巡检为马氏，回族。

和摩驿，属澄江府路南州，在路南州东北六十里，今云南路南彝族自治县东北和摩。

普陀驿，属曲靖军民府陆凉州，在今云南陆良县东北旧州。

广西府在城驿，在府侧。洪武十八年建。

英武驿，属广南府，洪武初设，寻废，在今云南师宗县东南南岩。

福德驿，又名六德驿，属广南府，洪武初设，寻废，在今云南师宗县东南科白。

发助驿，属广南府，疑在今云南广南县境，确地待考。

花架驿，属广南府，疑在今云南广南县境，确地待考。

速为驿，属广南府，在府西六十里。万历四十一年裁革驿丞，印收土官处。

广南府在城驿，属广南府，在府城。万历四十一年裁革驿丞，印收土官处。

---

① （明）黄汴纂，杨正泰点校：《一统路程图记》，见杨正泰：《明代驿站考》（增订本），上海古籍出版社 2006 年版，第 224 页。

参 考 文 献

（明）郭子章：《黔草》，文渊阁《四库全书》本。

（明）郭子章：《黔记》，赵平略点校，西南交通大学出版社 2016 年版。

（明）谢东山修，（明）张道纂：《贵州通志》，贵州省图书馆影印明嘉靖三十四年刻本。

（明）王耒贤、（明）许一德纂修：《贵州通志》，书目文献出版社 1990 年版。

（明）刘文征：《滇志》，古永继校点，云南教育出版社 1991 年版。

（明）沈庠修，（明）赵瓒纂，《贵州图经新志》，贵州图书馆影印弘治刻本。

（明）万士英修纂：《铜仁府志》，黄尚文点校，岳麓书社 2014 年版。

（明）王尚用修，（明）张腾纂：《寻甸府志》，上海古籍出版社影印明嘉靖刻本。

（明）王士性：《广志绎》，吕景琳点校，中华书局 1981 年版。

（明）吴潜修辑：《夔州府志》，《西南稀见方志文献》第 9 卷，兰州大学出版社 2003 年版。

（明）徐弘祖原：《徐霞客游记全译》，朱惠荣译注，贵州人民出版社 1997 年版。

（清）敖立榜、（清）曾毓等纂修：《高县志》，《中国方志丛书》第 390 号，清同治五年刊本。

（清）曹抡彬修，（清）曹抡翰纂：《雅州府志》卷五，光绪十三年补刊本。

（清）曾秀翘主纂，（清）杨德坤撰：《奉节县志》，四川省奉节县志编纂委员会点注，四川省奉节县志编纂委员会 1985 年重印。

（清）鄂尔泰等修，（清）靖道谟等纂：《云南通志》，文渊阁《四库全书》本。

（清）范承勋、（清）张毓君修，（清）谢俨纂：《云南府志》，《中国方志丛书》第 26 号，清康熙三十五年刊本。

（清）黄乐之、（清）平翰等修，（清）郑珍等纂：《遵义府志》，《中国方志丛书》第 152 号，清道光二十一年刊本。

（清）霍为桑等修，（清）熊家彦纂修：《巴县志》，清同治六年刻本。

（清）李熙龄等纂修：《重修澄江府志》卷七，清道光二十七年刻本。

（清）李毓兰修，（清）甘孟贤纂：《镇南州志略》，《中国方志丛书》第 266 号，清光绪十八年刊本。

（清）廖恩树修，（清）萧佩声纂：《巴东县志》，《中国方志丛书》第 343 号，清同治五年修，光绪六年重刊本。

（清）刘霈霖等修，（清）朱光鼎等纂：《宣威州志》，《中国方志丛书》第 33 号，清道光三十四年抄本。

（清）刘毓珂等纂修：《永昌府志》，《中国方志丛书》第 28 号，清光绪二十一年刊本。

（清）刘元熙修，（清）李世芳纂：《宜宾县志》，《中国方志丛书》第 392 号，清嘉庆十七年刻本，民国二十一年重印本。

（清）刘长庚等修，（清）侯肇元等纂：《汉州志》，《中国方志丛书》第 387 号，清嘉庆十七年刊本。

（清）罗度等修，（清）郭肇林等纂：《珙县志》，《中国方志丛书》第 366 号，清光绪九年刊本。

（清）任中宜纂辑：《平彝县志》，《中国方志丛书》第 251 号，清康熙四十四年刊本。

（清）阮元等修，（清）王崧、（清）李诚等纂：《云南通志稿》，清道光十五年刻本。

（清）宋灏修，（清）罗星纂：《綦江县志》，清道光六年刻本。

（清）屠述濂修：《云南腾越州志》，文明元、马勇点校，云南美术出版社 2006 年版。

（清）王梦庚修，（清）寇宗纂：《重庆府志》，清道光二十三年刻本。

（清）吴龙簇纂：《忠州直隶州志》，清道光六年刻本。

（清）项联普修，（清）黄炳堃纂修：《云南县志》，《中国方志丛书》第 43 号，清光绪十六年刊本。

（清）徐行德等纂：《纳溪县志》，《中国方志丛书》第 364 号，清嘉庆十八年修，民国二十六年铅字重印本。

（清）杨昶等修，（清）王继会等纂：《会理州志》，《中国方志丛书》第 367 号，清同治九年刊本。

（清）佚名修：《巫山县志》，《故宫珍本丛刊》第 219 册，清康熙五十四年抄本，海南出版社 2001 年版。

（清）张龙甲等修，（清）龚世莹等纂：《彭县志》，《中国方志丛书》第 391 号，清光绪四年刊本。

（清）张琴修，（清）范泰衡纂：《万县志》，《中国方志丛书》第 379 号，清同治五年刊本。

（清）张廷玉等纂修：《明史》，李克和等点校，岳麓书社 1996 年版。

（清）张香海等修，（清）杨曦等纂：《梓潼县志》，《中国方志丛书》第 365 号，清咸丰八年刊本。

（清）赵炳然等修，（清）徐行德等纂：《纳溪县志》，《中国方志丛书》第 364 号，清嘉庆十八年修，民国二十六年铅字重印本。

（清）周埰等修，（清）李绶等纂：《广西府志》，《中国方志丛书》第 270 号，清乾隆四年刊本。

（清）周作楫修：《贵阳府志》，贵阳市地方志编纂委员会办公室校注，贵州人民出版社 2005 年版。

（清）朱言诗等纂修：《梁山县志》，《中国方志丛书》第 378 号，清光绪二十年刊本。

（清）祝宏等纂修：《建水县志》，《中国方志丛书》第 257 号，民国二十二年重刊本。

（清）佚名纂修：《忠州志》卷二，民国二十一年抄本。

《贵州通史》编委会编：《贵州通史》第 2 册，当代中国出版社 2003 年版。

陈世松主编：《四川通史·元明卷》，四川人民出版社 2010 年版。

阿坝藏族羌族自治州地方志编纂委员会编：《阿坝州志》，民族出版社 1994 年版。

巴县县志办公室：《巴县志选注》，重庆出版社出版发行 1989 年版。

陈步武、江三乘纂，郑国翰、曾瀛藻修：《大竹县志》，《中国方志丛书》第 380 号，民国十七年铅印本。

陈基栋修，缪果章纂：《宣威县志稿》，《中国方志丛书》第 34 号，民国二十三年铅印本。

陈铭勋修：《渠县志》，《中国方志丛书》第 368 号，民国二十一年铅印本。

成都市交通局等编：《成都市交通志》，四川人民出版社 1994 年版。

耿俊杰、王杰：《雅安史略》，四川大学出版社 2010 年版。

龚荫：《明清云南土司通纂》，云南民族出版社 1985 年版。

龚荫：《明史云南土司传笺注》，云南民族出版社 1988 年版。

贵州民族研究所编：《明实录贵州资料辑录》，贵州人民出版社 1983 年版。

贵州省地方志编纂委员会编：《贵州省志·交通志》，贵州人民出版社 1991 年版。

贵州省凯里市地方志编纂委员会编：《凯里市志》，方志出版社 1998 年版。

贵州省龙里县地方志编纂委员会编：《龙里县志》，贵州人民出版社 1995 年版。

贵州省盘县特区地方志编纂委员会编：《盘县特区志》，方志出版社 1998 年版。

贵州省晴隆县志编纂委员会编：《晴隆县志》，贵州人民出版社 1993 年版。

贵州省威宁彝族回族苗族自治县志编纂委员会编：《威宁彝族回族苗族自治县县志》，贵州人民出版社 1994 年版。

郭鸿厚、陈习珊等纂修：《大足县志》，《中国方志丛书》第 384 号，民国三十四年铅印本。

贺维翰等纂：《万源县志》，《中国方志丛书》第 363 号，民国二十一年铅印本。

侯应中纂：《景东县志稿》，《中国方志丛书》第 146 号，民国十二年石印本。

胡荣湛修，余良选等纂：《雅安县志》，民国十七年石印本。

黄恒蛟主编：《云南公路运输史》，人民交通出版社 1995 年版。

霍士廉等修，由云龙等纂：《姚安县志》，民国三十七年铅印本。

贾大泉、陈一石：《四川茶业史》，巴蜀书社 1989 年版。

江钟岷修，陈廷棻纂：《平坝县志》，《中国方志丛书》第 279 号，民国二十一年铅印本。

黎邦正、刘重来、郑家福编：《明实录类纂·四川史料卷》，武汉出版社 1993 年版。

黎兆勋、莫友芝等编：《黔诗纪略》，关贤柱点校，贵州人民出版社 1993 年版。

李娅玲：《普洱文化通论》，云南人民出版社 2009 年版。

刘广生主编：《中国古代邮驿史》，人民邮电出版社 1986 年版。

刘君锡等纂：《长寿县志》，《中国方志丛书》第 374 号，民国三十三年铅印本。

陆韧：《高原通途：云南民族交通》，云南教育出版社 2000 年版。

陆韧：《云南对外交通史》，云南民族出版社 1997 年版。

毛肇显纂：《余庆县志》，《中国方志丛书》第 285 号，民国二十五年石印本。

庞麟炳、汪承烈等纂修：《宣汉县志》，《中国方志丛书》第 385 号，民国二十年石印本。

黔东南苗族侗族自治州志编委会编：《黔东南苗族侗族自治州志·交通志》，贵州人民出版社 1993 年版。

黔南布依族苗族自治州史志编纂委员会编：《黔南布依族苗族自治州州志·交通志》，贵州人民出版社 1993 年版。

四川省甘孜藏族自治州白玉县志编纂委员会编：《白玉县志》，四川大学出版社 1996 年版。

桐梓县地方志编纂委员会编：《桐梓县志》，方志出版社 1997 年。

汪鹤年：《万县港史》，武汉出版社 1990 年版。

王崇焕：《中国古代交通》，商务印书馆 1996 年版。

王立显主编：《四川公路交通史》，四川人民出版社 1989 年版。

严希慎等修，陈天锡等纂：《江安县志》，《中国方志丛书》第 375 号，民国十二年铅印本。

杨伯峻译注：《孟子译注》，中华书局 1960 年版。

杨丰：《建水史话》，云南人民出版社 2003 年版。

杨金铠纂辑：《鹤庆县志》，大理白族图书馆 1983 年重印。

杨正泰：《明朝驿站考》（增订本），上海古籍出版社 2006 年版。

殷鲁等修：《双流县志》，《中国方志丛书》第 373 号，民国十年修，民国二十六年重刊本。

尤中：《云南民族史》，云南大学出版社 1994 年版。

云南省红河哈尼族彝族自治州志编纂委员会：《红河哈尼彝族自治州志》，生活·读书·新知三联书店 1997 年版。

张澍：《续黔书》，中华书局 1985 年版。

张赵才等纂修：《荣经县志》，《中国方志丛书》第 369 号，民国四年刊本。

中国科学院云南民族调查组、云南省少数民族社会历史研究所、云南省文史研究馆编：《明实录有关云南历史资料摘抄》，云南人民出版社 1959 年版。

忠县志编纂委员会：《忠县志》，四川辞书出版社 1994 年版。

钟德善、黄玉尧、姚本渊注，政协玉屏侗族自治县委员会编：《贵州玉屏县志》，贵州民族出版社 1995 年版。

周西成等修，犹海龙等纂：《桐梓县志》，《中国方志丛书》第 154 号，民国十八年刊印本。

郭培贵：《明代乡试录取额数的变化及举人总数的考述》，《东岳论丛》2010 年第 1 期。

纪慧娟、宗韵：《明代驿递夫役金派方式之变化》，《安徽师范大学学报》2003 年第 1 期。

陆文熙、周锦鹤：《四川古代道路及其历史作用》，《西昌学院学报（社会科学版）》2007 年第 3 期。

朱培麟：《三峡地区古代交通史略》，《重庆交通学院学报》2004 年第 1 期。

后　记

自 2005 年以来，一直在学习王阳明，而在学习王阳明时，一直有一个问题没有想通，王阳明被贬为贵州龙场驿驿丞，为什么会没有粮食吃，没有地方住呢？

2012 年申报国家项目时，就报了"明朝西南驿递研究"这个题目，完全是因了王阳明的问题引起。因为没有前期成果，对立项也就没有抱多大希望。幸运的是，这个项目得到了立项，现在还清楚地记得听说立项后的惊讶之情。此后，我的研究也因之集中在了历史学方面。2016 年，这个题目结项，得到了良好。2017 年，又报了一个题目，"清朝西南驿递制度研究"，目前，这个题目已基本完成。

接受了"明朝西南驿递研究"这个题目以后，我便发现了极大的困难，就是资料搜集的困难。因为明朝西南地区的资料保存下来的不多。为了做好这个题目，我只有从各种地方志、明人文集中搜集零星的资料，到实地考察。我一个人走了四川叙永至云南曲靖的古驿道线，在这条驿道线上，看了雪山关、七星关，看了倘塘关遗址。一个人走了滇黔交界的胜境关，走了云南大理至瑞丽、盈江的古驿道，在一些朋友的陪同下走了玉屏至贵阳的古驿道。

课题完成后，我点校的弘治《贵州图经新志》、嘉靖《贵州通志》都已先后出版，校对本书的一些引文时，已经参考了这两本书。但想到当时写作的时候这两本书并未出版，所以没有在参考文献中增加这两本书。

课题申报时，得到了文武、永胜两位朋友的悉心指导，特此感谢。

本书的出版事宜均是胜杰张罗的，特此感谢。

感谢人民出版社，感谢出版社的龙高君。

是为记。

贵阳学院、贵阳孔学堂签约入驻学者　赵平略

于贵阳学院诚斋

2020. 12. 28

责任编辑:陈寒节

封面设计:石笑梦

版式设计:胡欣欣

图书在版编目(CIP)数据

明朝西南驿递制度研究/赵平略 著.—北京:人民出版社,2021.6

ISBN 978-7-01-022874-7

Ⅰ.①明… Ⅱ.①赵… Ⅲ.①驿站-研究-中国-明代 Ⅳ.①F512.9

中国版本图书馆 CIP 数据核字(2020)第 252287 号

明朝西南驿递制度研究

MINGCHAO XINAN YIDI ZHIDU YANJIU

赵平略 著

人 民 出 版 社 出版发行

(100706 北京市东城区隆福寺街99号)

北京盛通印刷股份有限公司印刷 新华书店经销

2021年6月第1版 2021年6月北京第1次印刷

开本:710毫米×1000毫米 1/16 印张:16.75

字数:265千字

ISBN 978-7-01-022874-7 定价:50.00元

邮购地址:100706 北京市东城区隆福寺街99号

人民东方图书销售中心 电话:(010)65250042 65289539

版权所有·侵权必究

凡购买本社图书,如有印刷质量问题,我社负责调换。

服务电话:(010)65250042